Brennpunkte der Sportwissenschaft

Herausgegeben von der Deutschen Sporthochschule
Prof. Dr. Eckhard Meinberg
Dr. Birna Bjarnason-Wehrens
Dr. Norbert Schulz †

In Dankbarkeit gedenken wir Dr. Norbert Schulz, der die
„Brennpunkte der Sportwissenschaft" als Redaktionsmitglied
mit unermüdlichem Einsatz und Ideenreichtum entscheidend
begleitet und geprägt hat.

Claudia Steinberg | Benjamin Bonn [Hrsg.]

Digitalisierung und Sportwissenschaft

 ACADEMIA

App lite.digitanz.de, Tool Mr. Griddle aus dem Projekt: #digitanz – Digitalität und Tanz in der Kulturellen Bildung

© Titelbild: Montage Nomos Verlag
(Tero Vesalainen, natrot, Malachy120 – istockphoto.com)

Die Deutsche Nationalbibliothek verzeichnet diese Publikation in der Deutschen Nationalbibliografie; detaillierte bibliografische Daten sind im Internet über http://dnb.d-nb.de abrufbar.

ISBN 978-3-98572-002-6 (Print)
ISBN 978-3-98572-003-3 (ePDF)

Onlineversion
Nomos eLibrary

1. Auflage 2021
© Academia – ein Verlag in der Nomos Verlagsgesellschaft mbH & Co. KG, Baden-Baden 2021. Gesamtverantwortung für Druck und Herstellung bei der Nomos Verlagsgesellschaft mbH & Co. KG. Alle Rechte, auch die des Nachdrucks von Auszügen, der fotomechanischen Wiedergabe und der Übersetzung, vorbehalten. Gedruckt auf alterungsbeständigem Papier.

Besuchen Sie uns im Internet
academia-verlag.de

Inhalt

Inhalt

Sportwissenschaft zwischen Digitalisierung und (Post-) Digitalität? Zu diesem Band

Claudia Steinberg, Benjamin Bonn

Zusammenfassung

Die Gesellschaft ist in der Digitalität angekommen. Im Alltag sind digital-kulturelle Praktiken der Kommunikation etabliert. Dies gilt zunehmend auch für die Bereiche Bewegung, Spiel, Sport und Tanz, die von diesen Transformationsprozessen ebenso betroffen sind. Andererseits steht der Bildungssektor am Anfang der Digitalisierung. Wie verhält es sich in der Wissenschaft? Die Sportwissenschaft als Querschnittsdisziplin unterschiedlicher Zugänge zeigt hier kein einheitliches Bild. Immer mehr Beiträge zeigen, dass sich „Digitalisierung" in Form von E-Sport, digitaler Selbstvermessung, Lernplattformen oder digitalen Tools in den Kontexten Bildung und Gesundheit zunehmend ausdifferenziert. Fruchtbar scheint ein Blick in kultur- und gesellschaftswissenschaftliche Diskurse um Digitalisierung, Digitalität und sog. Post-Digitalität. Mit diesem Band möchten wir aktuelle Ansätze, Verständnisweisen und Entwicklungsschritte zur Digitalisierung anhand sportwissenschaftlicher Forschungs- und Lehrprojekte explizit machen. Damit ist das Digitalisierungsthema aber keineswegs erschöpft, sondern vielmehr sind erste Diskussionslinien abgesteckt und es konturieren sich nun wichtige Einsatzstellen für die weitere sportwissenschaftliche Bearbeitung.

Summary

Society has arrived in digitality. Digital-cultural practices of communication are established in everyday life. This also increasingly applies to the areas of movement, play, sport, and dance, which are equally affected by these transformation processes. On the other hand, the education sector stands at the beginning of digitization. How is the situation in the scientific field? As a cross-sectional discipline with different approaches, sports science does not offer a unified picture in this regard. An increasing number of contributions from sports science shows that "digitization" in the form of e-sports, digital self-measurement, learning platforms, or digital tools is becoming more and more widespread in the contexts of education and health. A view into cultural and social science discourses around digitalization, digitality, and post-digitality seems fruitful. With this book, we would like to make current approaches, ways of understanding, and developmental steps towards digitization explicit on the basis of sports science research and teaching projects. However, this is by no means the end of the topic of digitization, but rather the first lines of discussion have been marked out, and essential areas of application for further work in sports science are now contoured.

Schlagworte: Digitalität, Kultur, Interdisziplinarität, Sportwissenschaft

1. Von „Digitalisierung" über „Digitalität" zu „post-digitalen" Begriffsverständnissen – auch in der Sportwissenschaft?

Digitalisierung und Sport, zwei Welten, die mittlerweile längst zusammen-gefunden haben. Auch in der Sportwissenschaft ist das Analoge vom Di-gitalen kaum mehr zu trennen. Diskussionen zum E-Sport sind geführt, Positionen ausgetauscht. Künstliche Intelligenz ist auf dem Vormarsch und nicht zuletzt durch die gravierenden und fundamental wirkenden Änderungen, die die Corona-Pandemie mit sich gebracht hat, beeinflussen digitale Infrastrukturen aktuell in großem Ausmaß Forschung und Lehre in der Sportwissenschaft. Das Jahr 2020 stand daher unter einem beson-deren Vorzeichen, wurden doch in vielen Kontexten Möglichkeiten des Digitalen plötzlich zu Erfordernissen.

Über Digitalisierung sprechen wir vorwiegend dann, wenn wir Verän-derungen aus dem mehr oder minder beabsichtigten Vorstoß digitaler Technologien in bestehende Praktiken wahrnehmen. Es ist also durchaus naheliegend in einer Sachlage von Digitalisierung zu sprechen, in der bis-herige Arbeitsabläufe, Lehr-Lern-Konstellationen und vieles mehr auf ihre Übertragbarkeit in digitale Formate hin beobachtet wurden und Kommu-nikation mehr denn bislang im Homeoffice, asynchron und generell on-line verlief. Im Bereich Sport, Bewegung, Tanz und Spiel sind solche Veränderungen besonders offenkundig, wenn eigentlicher Kontaktsport kontaktlos zu verlaufen hat oder Bewegung sich auf den Raum der eigenen vier Wände beschränkt. Digitalisierung wirkt in dieser Zeit äußerst akut.

Ist Digitalisierung „done"?

Neben dem Begriff der Digitalisierung taucht in den Kulturwissenschaften mittlerweile auch der Begriff der Digitalität auf, um unsere Gegenwart zu beschreiben. Auf den ersten Blick erscheint Digitalisierung als der eindeutigere Begriff, da er von einer technischen Denkweise und dem Dualismus von Analog und Digital geprägt ist. Technische Möglichkeiten zeigen auf, dass bisher Analoges in Digitales umgewandelt werden kann. Modelle und Taxonomien wie die von Puentedura werden beispielsweise im Bildungskontext herangezogen, um insbesondere für Lehr-Lernkontexte einen Mehrwert dieser Wandlungsprozesse gegenüber „analogen" Medien bis hin zu etwas „Neuem" zu beschreiben (Puentedura, 2006; Kramer, Förtsch, Aufleger & Neuhaus, 2019). Die ersten beiden Stufen der Substitution und Augmentation sehen keine deutliche Veränderung einer digitalen zur analogen Aufgabe vor. Hier findet der digitale Medieneinsatz lediglich als Ersatz für den analogen Medieneinsatz statt. Ein Beispiel hierfür ist die Darstellung eines Arbeitsblattes als PDF auf einem digitalen Endgerät, das keine erweiterte Funktion gegenüber dem analogen Arbeitsblatt aufweist (Bresges, 2018; Kramer et al., 2019) oder im Falle der Augmentation die Funktionalität verbessert. Die beiden darüberliegenden Stufen zeichnen sich nicht nur durch eine Verbesserung, sondern gerade eine Transformation von Aufgaben aus. Auf diesem Weg wird schnell deutlich, dass es noch Klärungsbedarf für den Bereich Bewegung, Spiel und Sport geben muss und umfassendere Erprobungen fehlen (erste Anwendungsbeispiele aus dem Projekt #digitanz finden sich im Beitrag Steinberg, Zühlke & Jaeschke, 2020).

Prozesse eines digitalen Wandels sind längst nicht abgeschlossen und die Bedeutung dieser Transformation ist nicht abschließend bestimmt. Es ist allerdings Fakt, dass unsere aktuelle Lebenswelt bereits digital ist. Die Unterscheidung zwischen Analog und Digital wird damit zwar nicht belanglos. Sie verliert allerdings an Wirkkraft, wenn das Digitale bereits maßgeblich in kulturelle Praktiken eingewoben ist. Im kulturwissenschaftlichen Bereich wird diese Sichtweise durch den Begriff der Digitalität aufgegriffen, der von Felix Stalder explizit gemacht wurde in seinem Buch „Kultur der Digitalität" (Stalder, 2016). Digitalisierung steht in dieser Hinsicht für kulturelle Prozesse (vgl. Jörissen, 2016) und Digitalität bezeichnet Bedingungen, in denen das Analoge und Digitale miteinander verwoben sind. Diese fruchtbare und neue Denkweise des Digitalen könnte sich insbesondere die Sportwissenschaft zunutze machen. Welche Bedeutung sie im Unterschied zu anderen Perspektiven haben kann, zeigt Daniel Rode in diesem Band auf.

Digitalität ist normal. Oder auch schon überholt?

Der Begriff der Digitalität nimmt einen anderen Blickwinkel ein und löst sich von der technischen Perspektive auf das Digitale. Eine Annäherung bietet die Perspektive auf die Lebensweise und die Überlegung, dass die Integration des Digitalen nicht isoliert stattfindet, sondern (nicht erst seit der Pandemie) im Zentrum unseres Zusammenlebens steht. Digitalisierung steht in dieser Perspektive für einen kulturellen Wandel, der mit digitaler Technik und deren Verbreitung zusammenhängt, aber dieser auch vorausgeht. Die soziokulturelle Bedeutung diskreter, zählbarer Werte und deren Verarbeitung, Quantifizierung und Algorithmisierung spielt nicht erst mit dem Internet eine Rolle (vgl. Jörissen, 2016; Nassehi, 2019). Digitalität betrachtet das Digitale stärker im Verhältnis zum Menschen – d.h. die Auswirkungen der Integration digitaler Technik in unsere Kommunikation und Interaktion und deren Bedeutung für unsere Leiblichkeit wird fokussiert. Insbesondere die Nutzung des Internets ist mittlerweile tief in unsere Lebens- und Denkweisen integriert. Denn das Digitale ist zur Grundbedingung geworden, wie wir als Menschen miteinander kommunizieren und Bedeutung aushandeln. Neben der mündlichen Form (der Oralität) und der schriftlichen Sprache (Literalität) entsteht aus einer Wortschöpfung aus digital und Materialität/Realität nun „Digitalität" (Jörissen & Unterberg, 2019, S. 14).

Digital gilt in diesen Zusammenhängen nicht mehr nur als eine innovative und disruptive Technologie, die das gesellschaftliche Leben umwälzt. Denn, so viel ist klar, das Digitale hat Einzug gehalten in alltägliche Abläufe. Der Begriff „post-digital" (Cramer, 2014) bezeichnet deshalb die Situation, in der „digital" Stand der Dinge und Gegenstand ständiger Auseinandersetzung zugleich ist.

Wir sind „onlife" in einem post-digitalen Zeitalter?

Das Präfix „post" meint, dass ein Zustand erreicht sei, der als „Nachdigitalität" bezeichnet wird. Digitale Technologien werden nicht nur als selbstverständlich angesehen, sondern sind mit uns verschmolzen. Die Entwicklung vom stationären Computer zu einem tragbaren, persönlichen Handgerät mit integrierten Online- und Offline-Anwendungen (Wastiau et al., 2013) machte es möglich, dass technische Geräte und damit die digitalen „Welten" den Schreibtisch verlassen haben. Smartphones sind mittlerweile Teil unserer Körper und Identität, sie sind „always on us" und wir sind „always on" (Turkle, 2008).

Dies zeigt sich auch durch den rein quantitativen Anteil an Zeit, die im Digitalen verbracht wird. „In Wahrheit sind wir weder on- noch offline, sondern onlife: Wir leben zunehmend in diesem besonderen Raum, der sowohl analog als auch digital, sowohl online als auch offline ist." (Floridi 2017, S. 295 zit. n. Jörissen & Unterberg 2019, S. 11)

Tatsächlich deuten neuere Studien darauf hin, dass mobile Geräte bereits die Art und Weise verändert haben, wie Menschen sich informieren, kommunizieren, lernen und formales mit informellem Lernen kombinieren (de Witt & Gloerfeld, 2018, S. 1). Eine Metapher zur Beschreibung digitaler, mit uns verwobener Objekte fanden die Erlanger Bildungstheoretiker um Benjamin Jörissen. Das Bild des „Myzels", als ein Gebilde aus fadenförmigen Zellen eines Pilzes oder Bakteriums (Jörissen & Unterberg, 2019), hilft zu verdeutlichen, dass wir an der Oberfläche digitale Objekte als Software und Interface wahrnehmen und diese einen verhältnismäßig kleinen Teil einer Verstrickung darstellen, welche die grundlegenden Verwebungen mit uns und unsere Lebenswelt eigentlich hervorbringen.

Sportwissenschaft zwischen Digitalisierung und (Post-) Digitalität?

Während die kultur- und sozialwissenschaftlich orientierten Teildisziplinen in der (Post-) Digitalität angekommen sind, verorten sich andere einem Digitalisierungsbegriff, der auf technische Infrastruktur bezogen ist. Für die Sportwissenschaft eröffnen sich mit diesen begrifflichen Unterscheidungen verschiedene Perspektiven bis hin zu einem Spannungsverhältnis. Menschliche Bewegung ist nicht digital, aber welcher Aspekt von Körper, Bewegung und Sport ist es? Und was macht dieses Digitale mit unserer Sichtweise auf Körper, Bewegung und Sport? Es scheint, als reklamieren verschiedene sportwissenschaftliche Teildisziplinen eine andere Nuance des Begriffes für sich.

Abb. 1. Themencluster erstellt aus den Häufigkeiten der Nennung in den Beiträgen des Buches

Insgesamt zeigt der Blick auf das Feld der Sportwissenschaft, dass neben den Querschnittsthemen Video, App-Anwendungen und Social Media auch Physical Computing & Literacy, E-Sport, Mobile Learning, Virtual Reality und KI gegenwärtig besondere Relevanz erfahren (u.a. Steinberg et al., 2020). In diesen Erscheinungsformen liegen technisch-innovative Möglichkeiten für Bewegung (Geisen et al., in diesem Band), sportbezogen bedeutsame und virtuelle Sozialisationskontexte (Braumüller, 2018) oder Anlässe zur Bestimmung dessen, was wir mit Sport meinen und als solchen fördern (Borggrefe, 2018; Schürmann, 2019). Darüber hinaus steht der Gegenstandsbereich sportlicher, spielerischer und tänzerischer Bewegung rivalisierend einer Nutzung digitaler Technologien bzw. der Screentime gegenüber (vgl. bspw. Kosma & Buchanan, in diesem Band). Einige neuartige Praktiken sprechen allerdings den Gegenstandsbereich der Sportwissenschaft ausdrücklich an. Beim Quantified Self (Lupton, 2016) etwa sind Körper und Bewegungsaktivitäten Teil einer weitläufigen Datafizierung (z.B. Prietl & Houben, 2018). Digitale Tools bieten außerdem Anlässe für kreative Prozesse im Bereich Tanz und berühren Fragen zur „Digitalität in der (schulischen) Bildung" (Steinberg, Jenett, Bindel, Zühlke, Koch & Rittershau, 2019, S. 49). Virtuelle oder augmentierte Realitäten und zugehörige Technologien greifen Bewegungen auf und verbinden sie mit virtuellen Umgebungen. Das Videospiel „Kinect Sports Rivals Rock Climbing" überträgt beispielsweise Realbewegungen in virtuelle Repräsentationen, was

Forschung zur Untersuchung von Transfermöglichkeiten für reales Klettern anleitet (Jenny & Schary, 2016).

Das Verhältnis zwischen Körper, Sport, Bewegung und den Möglichkeiten und Selbstverständlichkeiten in der Digitalität ist demnach sowohl ein innovatives als auch ein spannungsreiches und eröffnet vielseitige Diskurslinien. Die Begriffe der Digitalisierung, Digitalität und Post- Digitalität deuten hierfür unterschiedliche Schwerpunkte in der Beobachtung dieses Verhältnisses an. Geht es um Wandlungen vom Analogen zum Digitalen, um die Bedeutung kultureller sport- und bewegungsbezogener Praktiken in der Digitalität, geht es um einen Blickwinkel, in dem das Digitale mit uns verschmolzen ist?

2. Beiträge in diesem Band

Die Beiträge in diesem Band gewähren Einblicke in verschiedene sportwissenschaftliche Forschungsbereiche, die sich auf Digitalisierung und Digitalität beziehen. Sie kreisen um die kulturelle Bedeutung neuer Technologien, eruieren Möglichkeiten ihrer Implementation in pädagogischen und wissenschaftlichen Zusammenhängen und diskutieren durchaus kritisch bestimmte Praktiken und Perspektiven. Eine besondere Rolle spielen pädagogisch-didaktische Schwerpunktsetzungen mit Möglichkeiten der Gestaltung von Lehr-Lernkonstellationen. Die begriffliche Vielfalt der Beiträge und die angesprochenen Ebenen zwischen übergeordneten Konturierungen und lehrpraktischen Schlussfolgerungen weisen auf das breite Spektrum an Fragen hin, die sich im Kontext von Sport, Spiel, Bewegung und Tanz ergeben. Deren Relevanz scheint nicht nur in den Jahren 2020 und 2021 allgegenwärtig, wenngleich einzelne Beiträge gerade diese besondere Situation zum Anlass nehmen. Das Gemeinsame der hier versammelten Beiträge liegt in der akuten Bedeutsamkeit des Digitalen für die Sportwissenschaft und ihren Gegenstand von Sport, Spiel, Bewegung und Tanz – ob mit Blick auf Digitalisierung, Digitalität oder Post-Digitalität.

Als Herausgeber*innen bündeln wir zunächst drei Hauptbeiträge mit übergeordneten Blickwinkeln auf die Thematik, gefolgt von Forschungsberichten und schließlich Reflexionen zu den Einschnitten, die die Corona-Pandemie auf hochschuldidaktischer Ebene mit sich gebracht hat.

Hochaktuelle Entwicklungen zur Digitalisierung fokussiert der erste Abschnitt mit den Hauptbeiträgen. Dabei geht es, wie Thomas Wendeborn es treffend formuliert, vor allem auch um einen „Blick über den Tellerrand". Dabei nimmt Thomas Wendeborn eine bildungspolitische Perspektive ein und betrachtet Technologie- und Sportentwicklung schlussendlich entlang eines für den Sportbereich bisher noch nicht vorgenommenen Konzeptvorschlags zu einer digital literacy. Eine kulturorientierte Perspektive liefert Daniel Rode, indem er den Zusammenhang von Körperlichkeit, Bewegung und Digitalisierung vor dem Hintergrund sportpädagogischer Denkanstöße beleuchtet. Mehr als über den Tellerrand geht der Blick unserer US-amerikanischen Kolleg*innen Maria Kosma und David Buchanan. Sie kritisieren aktuelle Entwicklungen zur Technologisierung von Bewegung und Sport im Gesundheitsbereich vor allem bezogen auf paradoxe Entwicklungen im Kontext von Bewegungsförderung und stellen die Bedeutung von sinnhaftem Bewegen und Bewegungsfreude jenseits von Instrumentalisierungstendenzen heraus.

Die Kurzbeiträge werden von Birgit Braumüller eröffnet. Im Anschluss an die Hauptbeiträge wendet sie die Bedeutung sozialer Medien für das Sporttreiben und insbesondere den Freizeitsport positiv. Inhaltlich anschlussfähig hieran ist der Überblicksbeitrag zu einem Forschungsprojekt von Gerrit Stassen und Andrea Schaller zur Gesundheitskompetenzförderung von Berufsschüler*innen. Das Konstrukt der Gesundheitskompetenz wird im Lichte digitaler Anwendungen entwickelt und diskutiert. Die Autorengruppe um Konstantin Wechsler, Kevin Rudolf, Chuck Tholl, Peter Bickmann, Ingo Froböse und Christopher Grieben stellt ein umfangreiches Forschungsprojekt zum E-Sport im Rahmen von Gesundheitsprävention vor. Das entwickelte Trainingskonzept zielt dabei nicht nur auf die Anwendung im Kontext professioneller Spieler*innen, sondern zeigt auch Perspektiven für Betrieb und Schule auf. Die zunehmend in pädagogischen Kontexten motivierenden Anklang findenden Web-Anwendungen und sog. Wearables beleuchtet Benjamin Bonn kritisch vor dem Hintergrund von Datafizierung und Funktionalisierung.

Die technischen Möglichkeiten der Virtual Reality Technologie eröffnen neue Forschungsperspektiven für spezifische Fragestellungen im Bereich Bewegung und Sport. Mit ihrem Beitrag zu einer innovativen digitalen Forschungsmethodik zur Erfassung mentaler und realer Rotationsbewegungen bieten Mai Geisen, Markus Raab, Petra Jansen und Stefanie Klatt einen wesentlichen Einblick in die Weiterentwicklung von Forschungsmethoden im interdisziplinären Bereich zwischen Sportpsychologie und Bewegungswissenschaft.

Digitalisierungsprozesse erreichen zunehmend auch die Sportpraxis. Die Arbeitsgruppe um Lucas Abel, Ilka Staub und Tobias Vogt befasst sich mit den Möglichkeiten und Grenzen von Videofeedback im Bereich schulischer Schwimmvermittlung. Constantin Wirth und Christian Büning widmen sich der Bedeutung und Gestaltung mediatisierter Lernszenarien im Hochschulkontext und stellen technische Möglichkeiten der Visualisierung anatomischer Funktionen durch eine Echtzeitbewegungsanalyse vor.

Zu hochaktuellen Veränderungen von Lehr- und Lernumgebungen im Bewegungskontext – bedingt durch die Corona-Pandemie – tragen zwei abschließende Beiträge bei. Stephani Howahl, Derya Kaptan und Maren Zühlke stellen Szenarien zur außer- und universitären Tanzvermittlung durch Livestreams vor und reflektieren diese vor dem Hintergrund etablierter Praxen und tradierter Bildungsziele. Zu Potentialen und Grenzen künstlerisch-pädagogischer Online-Praxislehre berichten Marco Grawunder, Simone Kieltyka und Helena Rudi aus ihrer Lehrendenperspektive.

Literatur

Borggrefe, C. (2018). eSport gehört nicht unter das Dach des organisierten Sports. *German Journal of Exercise and Sport Research*, 48(3), 447–450. doi: 10.1007/s12662-018-0532-1

Braumüller, B. (2018). Sportbezogenes Handeln in virtuellen sozialen Netzwerken. *German Journal of Exercise and Sport Research*, 48(1), 79–88. doi: 10.1007/s12662-017-0466-z

Bresges A. (2018). Mobile Learning in der Schule. In: de Witt C., Gloerfeld C. (Hrsg.) *Handbuch Mobile Learning* (S. 613–635). Springer VS, Wiesbaden. doi: 10.1007/978-3-658-19123-8_30

De Witt, C. & Gloerfeld, C. (Hrsg.). (2018). *Handbuch Mobile Learning*. Wiesbaden: Springer Fachmedien Wiesbaden.

Jenny, S. E., & Schary, D. P. (2016). Virtual and "real-life" wall/rock climbing: motor movement comparisons and video gaming pedagogical perceptions. *Sports Technology*, 8(3–4), 100–111. doi: 10.1080/19346182.2015.1118110

Jörissen, B. (2016). «‹Digitale Bildung› und die Genealogie digitaler Kultur: historiographische Skizzen». *MedienPädagogik*, 25, 26–40. 10.21240/mpaed/25/2016.10.26.X.

Jörissen, B. & Unterberg, L. (2019). Digitalität und Kulturelle Bildung. Ein Angebot zur Orientierung. In B. Jörissen, S. Kröner & L. Unterberg (Hrsg.), *Forschung zur Digitalisierung in der Kulturellen Bildung* (Kulturelle Bildung und Digitalität, Bd. 1, S. 11–24). München: kopaed.

Kramer, M., Förtsch, C., Aufleger, M., & Neuhaus, B. J. (2019). Der Einsatz digitaler Medien im gymnasialen Biologieunterricht. *Zeitschrift für Didaktik der Naturwissenschaften*, 25(1), 131–160. doi: 10.1007/s40573-019-00096-5

Lupton, D. (2016b). *The Quantified Self. A Sociology of Self-Tracking*. Cambridge: Polity Press.

Prietl, B., & Houben, D. (2018). Einführung. Soziologische Perspektiven auf die Datafizierung der Gesellschaft. In D. Houben & B. Prietl (Hrsg.), *Datengesellschaft* (S. 7–32). Bielefeld: transcript. doi: 10.14361/9783839439579-001

Puentedura, R. R. (2006). *Transformation, Technology, and Enhancement.* http://hippasus.com/resources/tte/

Rode, D. (2019). Selbst-Bildung im und durch Self-Tracking. Ein analytisch-integrativer Systematisierungsversuch zur Subjektkultur des >neuen Spiels< digitaler Selbstvermessung. In D. Rode & M. Stern (Hrsg.), *Self-Tracking, Selfies, Tinder und Co. Konstellationen von Körper, Medien und Selbst in der Gegenwart* (Körperkulturen, S. 151–182). Bielefeld: Transcript.

Schürmann, V. (2019). Am Fall eSport: Wie den Sport bestimmen? *German Journal of Exercise and Sport Research, 49*(4), 472–481. doi: 10.1007/s12662–019–00622–0

Stalder, F. (2016). *Kultur der Digitalität.* Berlin: Suhrkamp.

Steinberg, C., Jenett, F., Bindel, T., Zühlke, M., Koch, A., & Rittershaus, D. (2019). #digitanz – Die Frage nach der digitalen Unterstützung kreativer Prozesse. In B. Jörissen, S. Kröner, & L. Unterberg (Hrsg.), *Forschung zur Digitalisierung in der Kulturellen Bildung* (1 Aufl., S. 49–62). (Kulturelle Bildung und Digitalität; Band 1). München: kopaed.

Steinberg, C., Zühlke, M., Bindel, T. & Jenett, F. (2020). Aesthetic education revised: a contribution to mobile learning in physical education. *German Journal of Exercise and Sport Research, 50*(1), 92–101. doi:10.1007/s12662–019–00627–9.

Steinberg, C., Zühlke, M. & Jaeschke, E. P. (2020) #digitanz – eine App für die Tanzvermittlung. *Impulse – Das Wissenschaftsmagazin der Deutschen Sporthochschule Köln, 25*(2), 6–11.

Turkle, S. (2018). Always-On/Always-On-You: The Tethered Self. In J. E. Katz (Hrsg.), *Handbook of mobile communication studies* (S. 121–137). Cambridge, Massachusetts: The MIT Press.

Wastiau, P., Blamire, R., Kearney, C., Quittre, V., van de Gaer, E., & Monseur, C. (2013). The Use of ICT in Education. A survey of schools in Europe. *European Journal of Education, 48*(1), 11–27. doi: 10.1111/ejed.12020

Hauptbeiträge

Digitalisierung in der Sportwissenschaft – Den Blick über den Tellerrand wagen

Thomas Wendeborn

Zusammenfassung

Die Digitalisierung ist ein gesellschaftliches Megathema, welches in den vergangenen 20 Jahren auf wissenschaftlicher, bildungspolitischer und schuladministrativer Ebene enorm an Bedeutung gewonnen hat. Auch im Sport, in der Sportwissenschaft sowie dem Sportunterricht sind die Auswirkungen dieser Entwicklungen spürbar. Im vorliegenden Beitrag werden die Artifizierung, Virtualisierung und Digitalisierung analoger Sport- und Bewegungswelten vor dem Hintergrund des ko-konstruktiven bzw. ko-evolutionären Verhältnisses von Technologieentwicklung und Sportentwicklung thematisiert. Die Einordnung in den Kontext von Bildung erfolgt dabei entlang des Literacy-Konzepts. Abschließend wird gefragt, wie sich digitale Kompetenzen mit der Perspektive fachlicher Kompetenzen im Sport verbinden lassen.

Summary

Digitization is a societal mega topic that has grown enormously in importance over the past 20 years at the scientific, educational policy, and school administration levels. The effects of these developments can also be noticed in sports, sports science, and physical education. In this article, the artification, virtualization, and digitalization of analog sport and exercise worlds are addressed in the context of the co-constructive or co-evolutionary relationship between technology development and sports development. The classification in the context of education takes place along the literacy concept. Finally, it will be asked how digital competencies can be connected with the perspective of professional competencies in sports.

Schlagworte: Digitaler Wandel, Digitalisierung, Digital Literacy, Digitale Technologien, EdTech

1. Einleitung

Es hat fast schon Tradition, in nationalen und internationalen politischen Positions- und Strategiepapieren, bildungspolitischen Programmen sowie wissenschaftlichen Beiträgen zur Digitalisierung einleitend darauf zu verweisen, dass innovative Technologien unsere Gesellschaft insgesamt durchdringen, enorm beeinflussen, herausfordern und durch die Verschmelzung mit täglichen Aktivitäten zunehmend disruptive Veränderungen erzeugen (u. a. BMBF, 2016; EU, 2020; KMK, 2017; Thumel, Schwedler, Greve, Süßenbach, Jastrow & Krieger, 2020). Von einem „tiefgreifenden technischen, sozialen und kulturellen Transformationsprozess" (Holdener, Bellanger & Mohr, 2016, S. 65) ist die Rede. Der Verweis auf eine digitale Transformation geht dabei über die Digitalisierung hinaus, die zunächst nur auf die Veränderung und Ergänzung bestehender Prozesse abhebt. Transformation meint in diesem Kontext die vollständige Auflösung alter Strukturen und das Entstehen von radikal neuen Abläufen.

In der bildungspolitischen Diskussion schwingt mit der Bezugnahme auf disruptive Bildungstechnologien immer auch eine Art dogmatische Zwangssemantik des ‚Wir müssen‘, ‚Wir können nicht anders‘ und ‚Es ist nötig‘ mit. Diese mitunter technopopolistisch-neomanische Konnotation des (bildungs-)technologischen Fortschritts (definiert über sich zunehmend beschleunigende Zyklen technologischer Innovationen), in der etablierte (Bildungs-)Technologien durch neue (Bildungs-)Technologien verdrängt oder ersetzt werden, erfolgt über alle Bildungsinstitutionen, alle Altersstufen, alle Zielgruppen hinweg und ist unabhängig von Bildungsorten (z. B. Verein), Modalitäten (z. B. informell, nonformal, formal) und Inhalten (z. B. in den einzelnen Fächern) bedeutsam. Die kritischen Diskussionen (häufig untersetzt mit Klischees und Schwarz-Weiß-Darstellungen), in welchem Maße digitale Technologien in Bildungsprozesse überhaupt Eingang finden sollten, wurden von der Macht des Faktischen in der Realität überrollt. Nicht zuletzt der Ausbruch von COVID-19 im Frühjahr 2020 hat eindrucksvoll gezeigt, welchen Stellenwert digitale Technologien in Bezug auf die Wahrnehmung des Bildungsauftrags in den Ländern haben (u. a. Mauß & Hasse, 2020). Es ist zu konstatieren, dass die gegenwärtig im Fokus stehenden digitalen Bildungstechnologien die „Standardsituationen der Technologiekritik" (Passig, 2019, S. 11) bereits durchlaufen haben: Learning-Management-Systeme, Open-Educational-Resources und weitere, dem Terminus Educational Technologies (kurz: EdTech) zugehörige Technologien sind schon in den frühen 2000er Jahren entstanden. Damit haben sich nicht nur Produktionsabläufe und Geschäftsmodelle in der Wirtschaft sowie die Beschleunigung von Informations- und Kommunikationsprozessen durch die Digitalisierung verändert, auch die (Neu-)Betrachtung des Lehrens und Lernens unter der Perspektive einer „zeitgemäßen Bildung" (Mihajlovic, 2019, S. 239) ist ein Ergebnis davon.

In der Wissenschaft wird der technologische Fortschritt weitestgehend vom Hochschulforum Digitalisierung (HFD), dem Centrum für Hochschulentwicklung (CHE) und der Hochschulrektorenkonferenz (HRK) in verschiedenen Diskursen disziplinunabhängig und fachübergreifend orchestriert (Loviscach, 2019). So wurde bereits 2005 im Rahmen der Bologna-Konferenz in Bergen eine virtuelle Mobilität gefordert, d.h. die Entwicklung und Integration von E-Learning und anderen nicht klassisch unterstützten Lehr- und Lernformen für und in den europäischen Hochschulraum (eBologna; Van den Branden, 2004; Rampelt, Orr & Knoth, 2019). Entsprechend sind digitale Technologien zum Gegenstand der strategischen Hochschulentwicklung geworden und schlagen sich aufs Ganze gesehen in einer zunehmenden ‚Openness der Wissenschaft' nieder: Open Data, Open Source, Open Access, Open Science, Open Educational Resources (OER) und Open Innovation Hub University (KMK, 2019).

Diese und weitere Entwicklungen führten in der kürzeren Vergangenheit zu einer zunehmenden Öffnung der Wissenschaft in die Gesellschaft, in dem wissenschaftliche Prozesse offen zugänglich, damit nachvollziehbarer werden und somit einen nachhaltigeren Mehrwert stiften (Stichwort: Third Mission). Gleichsam stellen sie enorme Anforderungen an die Hochschulbildung und das wissenschaftliche Personal in gleich doppelter Hinsicht: *Zum einen* müssen Wissenschaftler*innen das Thema Digitalisierung unter Wahrung der hochschulischen Autonomie als dauerhafte Aufgabe in Lehre und Forschung bearbeiten. Dies bringt die Notwendigkeit der kritischen und kreativen Auseinandersetzung mit den substanziellen Änderungen der Lehr- und Forschungspraktiken mit sich, die durch die zunehmende Bedeutung digitaler Technologien erzeugt werden (Holdener et al., 2016). *Zum anderen* sind digitale Technologien nicht mehr nur als Medium und Mittel zu verstehen, sondern als Zielstellung, um Studierende auf die Erfordernisse einer digitalen Gesellschaft vorzubereiten (u. a. KMK, 2019; Wendeborn & Langer, 2020). Diese Aussage resultiert vor allem aus den Ergebnissen deutscher Schüler*innen bei internationalen Schulvergleichsstudien (z. B. International Computer and Information Literacy Study; ICILS): „Ein Drittel (33.2 %) der Schülerinnen und Schüler in Deutschland, und damit ein erheblicher Teil, lässt sich auf den unteren beiden Kompetenzstufen verorten und verfügt damit lediglich über rudimentäre und basale computer- und informationsbezogene Kompetenzen" (Eickelmann, Bos, Gerick, Goldhammer, Schaumburg, Schwippert, Senkbeil & Vahrenhold, 2019, S. 13). Der KMK (2019) folgend, soll die Akkreditierung von Studiengängen sicherstellen, dass digitale Kompetenzen curricular angemessen verankert werden. Dazu passend verfügt die ICILS-Studie (2019, S. 12) über „ein theoretisch fundiertes und empirisch begründetes Kompetenzstufenmodell für computer- und informationsbezogene Kompetenzen", welches eine inhaltliche Beschreibung von Kompetenzen ermöglicht. Sowohl die KMK (2016) als auch die Forschergruppe von ICILS (Eickelmann et al., 2019) rekurrieren auf den Terminus digitale Kompetenzen, der jedoch die fachliche Dimension des digitalen Lehrens und Lernens ausblendet (GFD, 2018).

Mit Blick auf die Prinzipal-Agent-Theorie, die einen metaphorischen Vertrag zwischen dem Arbeitsmarkt (Prinzipal) und dem Hochschulwesen (Agent) unterstellt (Jensen & Meckling, 1976), beauftragt der Arbeitsmarkt das Hochschulwesen, Absolvent*innen gemäß der aktuellen und zukünftigen Anforderungen des Arbeitsmarktes adäquat zu qualifizieren. Ein wesentliches Thema bzw. ein wesentlicher Treiber des zukünftigen Arbeitsmarktes ist dabei ohne Zweifel die Digitalisierung (u. a. BMBF, 2016), die einer fachlichen Präzisierung bedarf, damit diese einen Fokus erhält, um geübt, reflektiert und gefördert werden zu können. Entsprechend wird im vorliegenden Beitrag zunächst eine anthropologische Aspekte berücksichtigende Perspektive fachlicher Relationen von Mensch und Technik sowie Sport und Technik ausgearbeitet. Diese fokussiert vor allem das ko-evolutionäre Verhältnis von Technologieentwicklung und Sportentwicklung. Im Anschluss wird mit dem Konstrukt der Digital Literacy ein theoretisches Rahmenmodell besprochen, welches eine terminologische Einordnung digitaler Kompetenzen ermöglicht. Abschließend soll der Frage nachgegangen werden, wie sich digitale Kompetenzen mit der Perspektive fachlicher Kompetenzen im Sport verbinden lassen. Alle drei Aspekte sind für den vorliegenden Sammelband mehr als bedeutsam, weil sie im Grunde in allen Beiträgen direkt oder indirekt thematisiert werden.

2. Technologieentwicklung und Sportentwicklung – immer schon ko-evolutionär

Die Entwicklung von Sport und Technik in der Moderne ist geprägt von vielen Gemeinsamkeiten, Gegensätzen sowie gegenseitiger Beeinflussung. Hummel (2001, S. 9) glaubt bereits Anfang des 21. Jahrhunderts feststellen zu können, dass „die unter quantitativen wie qualitativen Gesichtspunkten stürmisch verlaufende Sportentwicklung in der zweiten Hälfte des 20. Jahrhunderts [...] ohne die Berücksichtigung der Einwirkungen von Technik und Technologie nicht angemessen zu erklären [wäre]". Er rekurriert dabei auf die zunehmende Bedeutung von Technologien in nahezu allen Bereichen des Sports und verweist auf sich spiralförmig hochschaukelnde „volkswirtschaftlich beachtliche sporttechnologische Komplexe" (Hummel, 2001, S. 10) von Sport und Technik. Die Technik und Technisierung als vom Menschen Gemachtes enthalten damit bei aller Ambivalenz (z. B. in Bezug auf die unterschiedlichen Deutungsversuche zum Verhältnis von Technik und Sport) stets die Option zur Steigerung des Humanen. Wenn es Ausdruck eines humanen Anliegens ist, möglichst alle Menschen für den Sport zu gewinnen und den Sport für die Teilhabe möglichst vieler Menschen zu öffnen, so hat die bisher erfolgte Technisierung des Sports dazu bereits einen großen Beitrag geleistet; sie hat in mehrfacher Hinsicht die Zugangsbarrieren zum Sport verkleinert, zum Teil abgebaut. Durch Technisierung sind neue Räume für die Sport- und Bewegungsausübung entstanden, und es ist neuer Sport geschaffen worden (kritische Diskussion dazu u. a. Borggrefe, 2018; Wendeborn, Schulke & Schneider, 2018; Schürmann, 2019).

Dieser Annahme folgend ermöglicht die Technisierung im Sport eine gesteigerte Sinnes- und Körperwahrnehmung. Wird dieses Deutungsmuster auf das Jahr 2021 übertragen, so ist absehbar, dass mittelfristig durch die technischen Möglichkeiten von virtueller Realität (VR) und augmented reality (AR) eine sich fortwährend verändernde Sportwirklichkeit erzeugt wird. Dadurch ändert sich nicht nur die Art und Weise des Sporttreibens tiefgreifend, sondern das populäre Schema von Natur und Technik wird zunehmend seine suggestive Kraft einbüßen (Meyer-Drawe, 2007). Mit dem zunehmenden Verlust der Linearität des Sports scheint die Dichotomisierung von Mensch und Maschine mehr und mehr irreführend. Es zeigt sich längst, „dass unsere Techniken einen realen intermediären Raum bilden, in dem sich die Vitalisierung des Technischen und die Technisierung des Vitalen als unauflösliche Symbiose vollziehen" (Meyer-Drawe, 2007, S. 17). Es ist unstrittig, dass Sport durch seinen leiblich-körperlichen bzw. physisch-somatischen Charakter konstituiert ist. Dennoch erfolgt durch konkrete technologische Optionen eine zunehmende Wandlung analoger Sportmuster in artifizielle, virtuelle und digitale Bewegungswelten. Das unmittelbare, körperbezogene, authentische Handeln im Sport erfährt damit eine digitale Einbettung. Unter den Begriffen wie *Neuroenhancement*, *Transhumanismus* oder *Upgradekultur* wird ein gesellschaftlicher Optimierungsdispositiv transportiert, der auch den Leib nicht ausspart (Nida-Rümelin & Weidenfeld, 2018; Spreen, 2015). Der menschliche Körper respektive der sich bewegende Mensch wird in diesen artifiziellen Bewegungswelten zum umkämpften Diskurs- und Praxisfeld: Eng verknüpft damit ist die Frage, „welcher besonderen Art die leibliche Auseinandersetzung mit der virtuellen Umwelt ist" (Pietraß, 2010, S. 28)? Denn in virtuellen Bewegungswelten ist der Grad des eigenmotorischen Bewegungshandelns sehr unterschiedlich ausgeprägt – mit weitreichenden Konsequenzen u. a. für sensomotorische Kompetenzen und die verschiedenen Dimensionen des sportbezogenen Erlebens und Verhaltens (dvs, 2019; Wendeborn & Schulke, 2019). Digitale Technologien sind dahingehend nicht mehr nur bloße Mittel oder Medien im Sport, sondern inhaltliche Gegenstände, welche in ihrer Komplexität und Dynamik sowie deren möglichen Funktionen und Folgen für die Sportentwicklung und den sich bewegenden Menschen zu bearbeiten sind.

Die Sportwissenschaft ist als Teil dieses vielschichtigen und auch ambivalenten Entwicklungsprozesses zu verstehen, da sie sich mit den subjektiven Voraussetzungsstrukturen sowie den sich verändernden Strukturen der subjektiven Sinngebungen der Sporttreibenden, den sich durch Sporttechnologien verändernden Sport- und Bewegungsräumen und letztlich mit den Technologien selbst kritisch auseinandersetzt. Während der Diskurs Anfang des 21. Jahrhunderts noch weitestgehend auf Sportgeräte- und Sportstättenbau begrenzt war, ist dieser aktuell durch einen sich immer weiter beschleunigenden Technisierungsvorgang um die Digitalisierung zu erweitern (u.a. Wendeborn et al., 2018). Datafizierung, Formalisierung, Algorithmisierung und Skalierbarkeit sowie Vernetzung und Sensorisierung sind die Schlagworte des digitalen Wandels: Blockchain, Cloud Computing, VR/AR die dahinterstehenden Technologien (Wendeborn et al., 2018). Aus diesen technischen Möglichkeiten erwachsen u. a. sportwissenschaftliche Fragestellungen, die den Transfer physisch-real erbrachter eigenmotorischer Aktivität aus der materiellen Umwelt in VR, dessen Auswirkungen auf psycho-physische Leistungsparameter und die Performance des Menschen betreffen. VR ist in diesem Kontext als eine Instanz zu verstehen, die das Sporttreiben der User*innen in einer am Computer simulierten Umgebung repräsentiert (Neumann, Moffitt, Thomas, Loveday, Watling, Lombard, Antonova & Tremeer, 2018). Sportive Wirklichkeitserfahrungen mit derartigen Signaturen (u.a. die technologische Durchdringung des Körpers) können vorerst als evolutiver Höhepunkt eines menschzentrierten Verhältnisses von Sport und Technik gesehen werden.

Durch die Anwendung virtueller Simulationen ist es beispielsweise möglich, die Performance und den psychologischen und physiologischen Zustand der User*innen neben den zentralen Komponenten des menschlichen Handelns zu beeinflussen. Die virtuelle Umwelt ist d.h. durch die Gestaltung sensorischer Interfaces (über das den User*innen bewegungsbezogene Informationen vermittelt werden), die Darstellung virtueller sozialer Präsenz (z.B. eines direkten Konkurrenten in Head-to-Head Situationen), die Möglichkeiten der Interaktion in virtuellen Lern- und Trainingsumgebungen sowie dem Ausmaß der Mitbestimmung am virtuellen Geschehen (z.B. der gezielte Einsatz von Power-Ups, oder die Wahl von In-Game-Equipment) zu kennzeichnen. Mit Hilfe systemischer Eigenschaften und Interaktionsmöglichkeiten mit der virtuellen Umgebung wird mit dem Einsatz virtueller Systeme im Sport das Ziel verfolgt, die User*innen in einen immersiven Zustand zu versetzen, bei dem ihre Aufmerksamkeit vollständig von der VR beansprucht und die physische Umgebung weitestgehend ausgeblendet wird (Pietschmann, 2015). Die User*innen erfahren im Optimalfall ein Gefühl der mentalen und physischen Präsenz im virtuellen Bewegungsraum (Neumann et al., 2018), das dazu beiträgt, Trainings- und Lernprozesse zu initiieren und zu fördern (Vignais, Kulpa, Brault, Presse & Bideau, 2015).

Verschiedene Studien verweisen auf vielfältige Potentiale der Anwendung von VR im Sport (u.a. Düking, Holmberg & Sperlich, 2018; Katz et al., 2006). Diese zeigen sich insbesondere in der individuellen Gestaltung virtueller Bewegungsszenarien, z.B. der Simulation einer spezifischen Wettkampfsituation und der Möglichkeit des (Bio-)Feedbacks in Echtzeit mittels digitaler Algorithmen oder virtuellen Trainer*innen (Düking, Holmberg & Sperlich, 2017; Kim, Son & Yoon, 2013; Neumann et al., 2018). Auf diese Weise können z. B. Entscheidungsprozesse und Pacing-Strategien zur optimalen Nutzung des Energiehaushalts erlernt oder verändert werden (Gokeler, Bisschop, Myer, Benjaminse, Dijkstra, van Keeken, van Raay, Burgerhof & Otten, 2014; Hoffmann, Filippeschi, Ruffaldi & Bardy, 2014; Murray, Neumann, Moffitt & Thomas, 2016). Mestre, Ewald und Maiano (2011) verweisen auf Zusammenhänge zwischen der Freude an der Interaktion mit der virtuellen Welt und einem verringerten Belastungsempfinden. Auch Stress und Wettkampfangst lassen sich durch die spezifische Vorbereitung im virtuellen Setting verringern (Parson & Rizzo, 2008; Stinson & Bowman, 2014) und verletzte Sportler*innen können während der Rehabilitationsphase hinsichtlich ihrer mentalen und physischen Verfassung unterstützt werden (Gokeler et al., 2014). Forschungsergebnisse zu den Effekten einer kardiovaskulären Intervention unter Einfluss systemischer Bewegungsinformationen (VR) auf beispielsweise kognitive Funktionen und assoziierte neuroplastische Veränderungen bei Sportler*innen wurden bisher nicht untersucht. Dahinter steht die Annahme, dass sich systemische Bewegungsinformationen (basierend auf VR) während der Ausführung von kardiovaskulär ausgerichteten Lern- und Übungsprozessen nicht nur auf der Verhaltens- und Erlebensebene auswirken, sondern potentiell zerebrale Strukturveränderungen (z.B. Dichte der grauen Substanz) induzieren und diese Veränderungen mit dem Level der motorischen Expertise korrelieren. Mittels neurowissenschaftlicher Methoden ließen sich diese (sport-)pädagogischen Theorien zum Lernen sowie (sport-)psychologische Theorien zum Verhalten und Erleben auf neuronale Plausibilität hin überprüfen (Ekkekakis, 2009; Wolff, 2017).

3. Digital Literacy als theoretischer Bezugspunkt

Sowohl national als auch international wird auf wissenschaftlicher, bildungspolitischer und schuladministrativer Ebene im Zusammenhang mit dem Thema Digitalisierung i.d.R. auf das Konstrukt digitaler Kompetenzen verwiesen (u. a. Eickelmann et al., 2019; Hobbs & Jensen, 2009; KMK, 2017). Jedoch sind es weniger die digitalen Technologien (z. B. Informations- und Kommunikationstechnologien) an sich, die die Gesellschaft verändern. Vielmehr ist es die Art der Nutzung, die die Alltagskultur prägt und nach immer neuen Kompetenzen der User*innen verlangt. Entsprechend verändert die digitale Allgegenwertigkeit nicht nur das Verhalten der User*innen, sondern verlangt von ihnen auch, digitale Kompetenzen im Umgang mit digitalen Technologien zur Anwendung zu bringen (Wendeborn & Langer, 2020). Dies hebt auf das dem Kompetenz-Konstrukt übergeordneten theoretischen Bezugsfeld ab. Gemeint ist das anglo-amerikanische Konzept der ‚Literacy‘, welches im deutschsprachigen Raum als Grundbildung vor allem durch Tenorth (1994; 2004) im Rahmen des aktuellen Bildungsdiskurses begründet wurde. Nach Beste (2007) hat der Kompetenzbegriff seinen Ursprung im Literacy-Konzept.

Die internationale Literacy-Konzeptualisierung wurde erheblich durch die empirische Bildungsforschung beschleunigt und orientiert auf ein pragmatisches Bildungsverständnis. Damit wird ein Bildungsverständnis adressiert, dass in Differenz zur traditionellen, geisteswissenschaftlichen (deutschen) Bildungstheorie verstanden wird. Das Verständnis von Grundbildung ist darauf gerichtet, was alle wissen und können sollten und was jeder zu erlernen hat (Tenorth, 2004). Grundbildung wird insofern mit den Basiskompetenzen in Übereinstimmung gebracht. Hierzu zählen laut Baumert (2003) die Beherrschung der Verkehrssprache, mathematische Mitteilungsfähigkeit, Selbstregulation des Wissenserwerbs, die Fremdsprachliche Kompetenz sowie die Kompetenz im Umgang mit modernen Informationstechnologien. Wichtig ist, dass Grundbildungskonzepte per Definitionen steigerungsfähig angelegt sind (vertiefend, erweiternd; quantitativ und qualitativ); sie sind grundlegend für eine weiterführende berufliche und nicht-berufliche Spezialbildung. Grundbildung ist somit nicht nur auf eine schulgebundene Grundbildung als Bildungsort zu beziehen. Öffentliche (Pflicht-)Schulen sind jedoch der Garant zur Sicherung einer Grundbildung für alle (aufgrund der bestehenden Schulpflicht). Damit ist Grundbildung ausdrücklich nicht auf die Bildungszeit an Grundschulen beschränkt, findet jedoch dort statt. Tenorth (2004) identifiziert ein systematisches Defizit darin, „dass wir in Deutschland in einem bildungstheoretischen Sinne, also nicht allein institutionell, ein Konzept von Grundbildung oder des Bildungsminimums nicht entwickelt haben oder die verfügbaren Modelle nicht anerkennen wollen." Die politisch-ideologisch begründete Scheu vor einer Selektion von Bildungsgütern hat in Deutschland die Verständigung auf einen Kanon der Grundbildung, auf ein Bildungsminimum erschwert und zeitweise verhindert (Tenorth, 2004). Die bildungstheoretischen Diskurse dazu sind im Grunde nie abgeschlossen und Prozesse des Aushandelns zur Konsensfindung sind stets erforderlich. Im Kontext dieses Sammelbandes – und das wird an verschiedenen Stellen kenntlich (z. B. Abel, Straub & Vogt, in diesem Band; Rode, in diesem Band) – ist das Problem nachzuvollziehen, wenn gefragt wird, worin das Minimum einer digitalen Grundbildung besteht? Was gehört zur digitalen Grundbildung in der Schule in welche Klassenstufe? Und, was gehört zur digitalen Grundbildung in den Sportunterricht?

Dies rekurriert zunächst auf die fachübergreifende (Baumert & Kunter, 2006) sowie domänenspezifische Modellierung professioneller Kompetenzen von (Sport-)Lehrkräften (u. a. Gissel, 2019). Erhorn, Setzer und Wohlers (2019) konstatieren, dass die bisher vorliegenden Arbeiten das Performanz-Kompetenz-Gefüge nicht ausreichend in den Blick nehmen und entweder einen dekontextualisiert-dispositionsorientierten (u.a. Kehne, Seifert & Schaper, 2013) oder einen kontextualisiert-performanzorientierten Zugang (Messmer & Brea, 2015) verfolgen. Im Ergebnis verweisen Erhorn et al., (2019, S. 190) auf einen integrativen Zugang, „der konsequent die Ebenen der Disposition, der situationsspezifischen Fähigkeiten und der Performanz berücksichtigt und auf der systematischen Analyse schulsportlicher Anforderungssituationen basiert". Damit wird auf den Kompetenzdiskurs nach Hummel und Borchert (2015) rekurriert, der sowohl an die Beachtung der logischen Differenzen als auch des unumgehbaren Zusammenhangs zwischen (subjektiven) Handlungsvoraussetzungen, anforderungsbezogenen und situationsbedingten Handlungsvollzügen sowie (objektiven) Handlungsanforderungen (Probleme, Aufgaben, Normen) gebunden ist.

Der Diskurs zur digitalen Grundbildung führt im internationalen Raum zum Konzept der Digital Literacy. Dieses wird von Bieza (2020, S. 2) „as (1) a variety of digital tool utilisations involving simpler and more complex operations, (2) security measures related to the safe use of the digital environment, and (3) information obtained mainly through Internet resources" verstanden (vgl. Abb. 1).

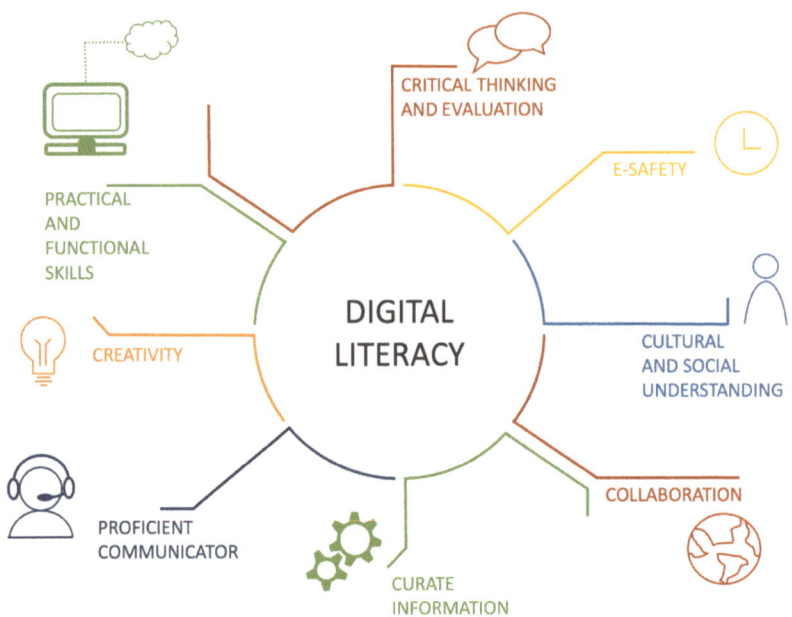

Abb. 1. Digital Literacy (erstellt nach Sibson & Morgan, 2019)

Nida-Rümelin und Weidenfeld (2018) meinen feststellen zu können, dass der Umgang mit dem Thema Digitalität im Kontext von Bildung vor allem daran krankt, dass die Ziele wage bleiben und lediglich der Umgang mit den Technologien, der für die jüngere Generation ohnehin selbstverständlich ist, in den Mittelpunkt rückt. Diesen Vorwurf löst die Beschreibung und Operationalisierung von Digital Literacy auf, da dieses Konzept pragmatisch-funktional und zumeist kompetenzorientiert angelegt ist. Es fokussiert die Anwendung in der sozialen (gesellschaftlichen) Praxis und lässt sich mit dem von Mishra und Koehler (2006) entwickelten TPACK-Modell operationalisieren.

TPACK (Technological, Pedagogical And Content Knowledge) ist international etabliert und empirisch umfänglich erforscht. Es rekurriert auf den von Baumert und Kunter (2006) beschriebenen drei Facetten des Professionswissen (Fachwissen, Pädagogisches Wissen, Fachdidaktisches Wissen) und wurde im Modell um die Komponente des technischen Wissens erweitert (Lorenz & Endberg, 2019). Durch das domänenunspezifische Geflecht unterschiedlicher Wissensgebiete, ist dieses Modell für die Kontextualisierung des fachlichen Lehrens und Lernens vor dem Hintergrund der Digitalisierung sehr gut geeignet (u.a. Wendeborn, Drogge & Kühn, 2021).

4. Verbindung digitaler Kompetenzbereiche mit der Perspektive fachlicher Kompetenzen

Es ist unstrittig, dass Lehren und Lernen die zentralen Kategorien für pädagogische Theorie und Praxis sind; unabhängig vom Setting. Es ist auch unstrittig, dass die kumulativen Forschungsergebnisse Hatties (2009) – bei aller Vorsicht und der Notwendigkeit die vielen Einzelbefunde sorgfältig zu reflektieren – die Sicht auf die Effekte von Lernen in der Schule maßgeblich verändert haben (auch in Bezug auf technikgestütztes Lernen). Die damit verbundene Zäsur betrifft vor allem die (Neu-)Betrachtung des Lehrens und Lernens im Kontext der Unterrichtsqualität; auch im Fach Sport (Herrmann, Seiler & Niederkofler, 2016). Dieser Sachverhalt ist ebenfalls unstrittig. Strittig wird es, wenn sich im Prozess der Digitalisierung das fachliche Lehren und Lernen und auch die fachlichen Gegenstände verändern. Dann treffen das Lehren und das Lernen auf Bildungspraxen, in denen Internet, Tablets, LMS und die selbstverständliche Nutzung von OER eben nicht zu den didaktischen Basiswerkzeugen gehören oder bisher gehört haben. Im Fach Sport, in dem „unmittelbare direkte Erfahrungen mit und über den Körper Thema und Gegenstand des Unterrichts sind" (Krüger & Ruin, 2020, S. 50), ist dies der Fall. In diesem Fach kommt eine, im Vergleich zu anderen Bildungsbereichen der Schule, einzigartige inhaltliche Ausprägung als Bewegungsfach mit speziellen Beanspruchungs- und Belastungsformen sowie eine durchgängig ausgeprägte methodisch-organisationale Offenheit in der praktischen Durchführung in Sporthallen, auf Sportplätzen und in Schwimmbädern usw. zum Tragen. Dabei bilden Wetteifer und Wettbewerbe, geregeltes kompetitives Verhalten im Kontext von Siegen und Niederlagen, vielfältige Bewegungen mit Körperkontakt an und mit Geräten, taktisches Bewegungsverhalten und Fouls sowie eine ausgeprägte Emotionalität zentrale Merkmale des Sportunterrichts (Hummel & Wendeborn, 2019). Diese Besonderheiten lassen fachlich digitale Kompetenzen entstehen, die in den sechs KMK-Standards (KMK, 2017) nicht erfasst sind. Für das Fach Sport lässt sich konstatieren, dass die sich stetig verringernden Anschaffungskosten für elektronische Aufzeichnungsgeräte, sowie deren hochdynamische Evolution zu weitreichenden Veränderungen in deren fachgebundenem Gebrauch führen. Diesbzgl. rücken die Schüler*innen im Sportunterricht aus einer vorwiegend passiv-rezeptiven in eine aktiv-produzierende Rolle; sogenannte Prosumer (Wendeborn et al., 2020). Dies bringt verschiedene Prämissen an das Lernen *mit* und das Lernen *durch* digitale Technologien mit sich. Das technikgestützte Lehren und Lernen im Fach Sport ist dementsprechend zunächst fachdidaktisch zu rekonstruieren, damit eine Verbindung digitaler Kompetenzen mit der Perspektive fachlicher Kompetenzen erfolgen kann (GFD, 2018; Wendeborn et al., 2021). Dabei wird ein Problem offensichtlich, welches als lehrseitige Betrachtung von technikgestützten Bildungsprozessen beschrieben werden kann (Muuß-Merholz, 2019): Obwohl die Digitalisierung im Bildungskontext vor allem die Perspektive der Lernenden einzunehmen scheint (Digitales Lernen; Lernvideos; LMS; E-Learning), sind es insbesondere die Lehrenden, die sich hinsichtlich der vielen digitalen Technologien mit der Frage konfrontiert sehen, wie sie Lehrmittel für einen technikgestützten Lehr-Lern-Prozessen gestalten. So ist es allein die Lehrkraft, die beim technikgestützten Lernen komplexe Zusammenhänge von User Experience, d. h. die „Wahrnehmungen und Reaktionen einer Person, die aus der tatsächlichen und/oder der erwarteten Benutzung eines Produkts, eines Systems oder einer Dienstleistung resultieren" (DIN EN ISO 9241–210, 2010, S. 7), der Motivation, kognitiver Belastung, Technikakzeptanz und Lernleistung auf Seiten der Lehrenden berücksichtigen muss (Karapanos, 2020). Der Gegenstand des Sportunterrichts läuft dabei Gefahr, mit technischen Artefakten um wertvolle Bewegungszeit konkurrieren zu müssen (Wendeborn, 2019).

Die Digitalisierung als Teil des gesellschaftlichen Wandels zu verstehen und nutzbar zu machen, kann jedoch helfen, Lehr-Lern-Situationen im Sportunterricht neu zu denken und umzusetzen. Dies verlangt von den im Fach Sport unterrichtenden Lehrkräften allerdings, die damit verbundenen Erfordernisse mit Blick auf die pädagogischen Ansprüche des Faches Sport auch tatsächlich gestalten zu können. Die im Fach Sport unterrichtenden Lehrkräfte arbeiten aber nicht fragmentiert und additiv als (Sport-)Pädagog*innen, Medienwissenschaftler*innen oder IT-Expert*innen; sie arbeiten in aller Regel als anwendungsbezogene Synthetiker*innen. Das Erbringen dieser integrativen Syntheseleistung – im Rahmen derer eine fachliche Förderung digitaler Kompetenzen sowie die digitale Förderung fachlicher Kompetenzen erfolgen kann – ist jedoch an bestimmte Voraussetzungen gebunden und sollte den Sportlehrkräften nicht allein überlassen bleiben. Das betrifft *zum einen* die bildungswissenschaftliche Grundlegung und Rahmung technikgestützter, realer Ausbildungsprozesse und *zum anderen* die Auswahl und Einordnung fachwissenschaftlicher Erkenntnisse in die konkreten Ausbildungskonzepte. Diese konstruktive Synthetisierung verweist auf die originäre spezielle wissenschaftliche Leistung der Fachdidaktik Sport, deren Aufgabe es ist, „Möglichkeiten und Gelingensbedingungen der fachlichen Nutzung digitaler Medien zu erforschen, fachspezifische Anwendungsoptionen aufzuzeigen, konzeptionell zu fundieren und im Rahmen der ersten, zweiten und dritten Phase der Lehrerbildung zu vermitteln" (GFD, 2018, S. 1).

5. Fazit und Ausblick

„The use of smart phones, tablets, video feedback and serious games influence how children come into contact with sport, how they acquire movement skills and how they evaluate their movement skills on video recordings" (v. Hilvoorde & Koeboek, 2018, S. 1). Es steht außer Frage, dass technologische Entwicklungen die Gesellschaft geradezu lästig mit Fragen nach den damit verbundenen Möglichkeiten und Unmöglichkeiten konfrontieren. Jede neue Technologie „fordert zu Fragen an eine alte Moral auf und denunziert ihr Zwingungsbedürfnis" (Koch, 1994, S. 139). Mit Blick auf die Geschwindigkeit, in der digitale Technologien entwickelt und weiterentwickelt werden, ergeben sich dabei völlig neuartige Perspektiven und Anwendungshorizonte im Kontext des Sports, der Sportwissenschaft und des Sportunterrichts (Wendeborn, 2019). Die Digitalisierung ist in diesem Zusammenhang als Querschnittsthema zu verstehen, welches zunächst keine Lösung systematischer Grundprobleme des Lehrens, Lernens, Bildens und Erziehens in Sport- und Bewegungspraxen bereithält. Es ist ein additives Problem, welches im Rahmen pädagogischer Prozesse von den handelnden Akteur*innen mitgedacht und mitbearbeitet werden muss.

Bereits Hummel (2001) forderte die Integration von Lehrmodulen zum Schwerpunkt Sport – Technik in den etablierten sportwissenschaftlichen Studiengängen (inkl. der Studiengänge Sport Lehramt). Mit Blick auf das Positionspapier der GFD (2018), die Dagstuhl-Erklärung (GI, 2016) sowie den Idealzyklus/Teufelskreis der Medienbildung nach Kammerl und Ostermann (2010), ist diese Forderung nach wie vor hochgradig aktuell: Die Thematisierung der Digitalisierung muss zwingend in der jeweiligen Wissenschaftsdisziplin bzw. der Fachwissenschaft des Sportunterrichts stattfinden. Dazu müssen zwei wesentliche Stellgrößen bearbeitet werden: *Zum einen* bedarf es keiner unterfinanzierten Lippenbekenntnisse zur Digitalisierung (i.d.R. über temporär zur Verfügung stehende Programm- und Projektmittel) seitens der Bildungspolitik/Hochschulen, sondern der Bearbeitung dieses Themas als ressourcenintensive Daueraufgabe. Denn viel zu oft sind fruchtbare Einzelinitiativen nicht mehr als temporäre Impulse, die im Dickicht der Digitalisierung unterzugehen scheinen (Wendeborn, Schneider & Karapanos, 2018). *Zum anderen* muss der Stellenwert der Thematik an den Hochschulen nicht nur als hoch eingestuft werden (EF-I, 2019), sondern sich auch auf der curricularen Ebene niederschlagen.

Abseits akkreditierungsorientierter Parameter moderner Ausbildungs-curricula, muss eine explizit-fachwissenschaftliche Bearbeitung in der Ausbildungspraxis, d.h. im Rahmen übergreifender Lehrveranstaltungen und Projektvorhaben, erfolgen (Wendeborn & Langer, 2020). In dieser ist die technologische (Wie funktioniert das?), die gesellschaftlich-kulturelle (Wie wirkt das?) sowie die anwendungsbezogene Perspektive (Wie nutze ich das?) von der Fachdidaktik Sport als Wissenschaft des fachlichen Lehrens und Lernens theoretisch, empirisch und konzeptionell aufzubereiten (GFD, 2018; GI, 2016). Ohne eine solche Herangehensweise können Studierende etablierter sportwissenschaftlicher Studiengänge nicht oder nur unzureichend auf die Erfordernisse eines zunehmend von Technologien bestimmten Sports vorbereitet werden. Dabei werden fachliche Kompetenzen und digitale Schlüsselkompetenzen im kritisch-konstruktiven Umgang mit digitalen Technologien zunehmend zu einem konstitutiven Merkmal einer professionellen Handlungsfähigkeit im Sport. Das betrifft sowohl die Arbeit von angehenden Sportlehrkräften in der Schule als auch die Anforderungen an Expert*innen zur Realisierung sporttechnologischer Entwicklungsprozesse. Denn zwischen technologischen Entwicklungen (Geräte, Materialien, Kleidung, Ausrüstung, Informationsübertragung) im Rahmen des wissenschaftlich-technischen Fortschritts und der Sportentwicklung besteht ein gut nachweisbarer Zusammenhang (Heinemann & Schubert, 2001). Dieses Verhältnis kann als ko-konstruktiv oder als ko-evolutionär bezeichnet werden. Davon sind alle Bereiche und Formen des Sports, die Sportwissenschaft und letztlich auch der Sportunterricht betroffen. Digitalität ist ein bedeutender Faktor der modernen Sportentwicklung mit gravierenden Auswirkungen auf die globale Sportentwicklung in allen Bereichen und Formen und das individuelle Bewegungsverhalten der Menschen in seiner biopsychosozialen Ontogenese. Dort wo digital codierte Mittel und Medien in das Übungs-, Trainings- und Wettkampfgeschehen integriert werden (traditioneller Sport in einer digitalen Umwelt), erfolgt der Wandel ursprünglich realer biopsychosoziale Sportmuster in artifizielle, virtuelle, digitale Bewegungswelten. Dadurch entstehen Mensch-Geräte-Systeme (Mensch-Maschine-Systeme) der besonderen Art. Das Bedienen dieser digitalisierten Maschinerie stellt spezielle biopsychosoziale Anforderungen an die Bediener*innen, die in der Sportwissenschaft zu thematisieren sind.

Literatur

Baumert, J. (2003). *Bildung und Schule in Berlin und Brandenburg. Herausforderungen und gemeinsame Entwicklungsperspektiven.* Berlin: Wissenschaft und Technik Verlag.

Baumert, J. & Kunter, M. (2006). Stichwort professionelle Kompetenz von Lehrkräften. *Zeitschrift für Erziehungswissenschaft, 9*(4), 469–520.

Beste, G. (2007). *Kompetenz statt Bildung? Das PISA-Konzept von Literacy – Aufklärung über Irrtümer und Missverständnisse.* Vortrag an der Evangelischen Akademie Arnoldshain am 06.05.2007. Zugriff am 20.01.2021 unter https://bit.ly/3tQVt62

Bieza, K. E. (2020). Digital Literacy: Concept and Definition. *International Journal of Smart Education and Urban Society, 11*(2), 1–15.

Borggrefe, C. (2018). eSport gehört nicht unter das Dach des organisier-ten Sports. *German Journal of Exercise and Sport Research, 48*(3), 447–450.

Bundesministerium für Bildung und Forschung [BMBF] (2016). *Bildungsoffensive für die digitale Wissensgesellschaft. Strategie des Bundesministeriums für Bildung und Forschung.* Berlin: BMBF.

Deutsche Vereinigung für Sportwissenschaft [dvs] (2019). *eSport als Herausforderung für die Sportwissenschaft.* Zugriff am 30.10.2020 unter https://bit.ly/36EzaF3

Düking, P., Holmberg, H.-C. & Sperlich, B. (2017). Instant Biofeedback Provided by Wearable Sensor Technology Can Help to Optimize Exercise and Prevent Injury and Overuse. *Frontiers in physiology, 8*, 167.

Düking, P., Holmberg, H.-C. & Sperlich, B. (2018). The Potential Usefulness of Virtual Reality Systems for Athletes: A Short SWOT Analysis. *Frontiers in physiology, 9*, 128.

Eickelmann, B., Bos, W., Gerick, J., Goldhammer, F., Schaumburg, H., Schwippert, K., Senkbeil, M., & Vahrenhold, J. (2019). *ICILS 2018 #Deutschland. Computer- und informationsbezogene Kompetenzen von Schülerinnen und Schülern im zweiten internationalen Vergleich und Kompetenzen im Bereich Computational Thinking.* Münster & New York: Waxmann.

Ekkekakis, P. (2009). Illuminating the black box: Investigating prefrontal cortical hemodynamics during exercise with near-infrared spectroscopy. *Journal of Sport & Exercise Psychology, 31*, 505–553.

EF-I – Expertenkommission Forschung und Innovation (2019). *Gutachten zu Forschung, Innovation und technologischer Leistungsfähigkeit Deutschlands.* Berlin: EFI.

Erhorn, J., Setzer, M. & Wohlers, J. (2019). Professionelle Kompetenzen von Sportlehrkräften ermitteln? Entwurf eines integrativen und gegenstandsverankerten Verfahrens. *Leipziger Sportwissenschaftliche Beiträge, 60*(2), 169–193.

European Union (2020). *Digital Education Action Plan (2021–2027). Resetting educa-tion and training for the digital age.* Zugriff am 08.02.2021 unter https://bit.ly/3tG 9x2o

Frederking, V. & Krommer, A. (2014). A7 Deutschunterricht und mediale Bildung im Zeichen der Digitalisierung. In: V. Frederking, A. Krommer & T. Möbius (Hrsg.), *Digitale Medien im Deutschunterricht. Deutschunterricht in Theorie und Pra-xis* (S. 150–182). Baltmannsweiler: Schneider Hohengehren.

Gesellschaft für Informatik [GI] (2016). *Dagstuhl-Erklärung. Bildung in der digitalen vernetzten Welt. Eine gemeinsame Erklärung der Teilnehmerinnen und Teilnehmer des Seminars auf Schloss Dagstuhl – Leibniz-Zentrum für Informatik GmbH.* Zugriff am 01.02.2021 unter https://bit.ly/2MRzCen

Gillmann, B. (2021). *„Staatliche Schulplattformen können gar nicht störungsfrei funk-tionieren".* Zugriff am 19.01.2021 unter https://bit.ly/2XSbtG6

Gissel, N. (2019). *Kritisch-konstruktive Sportpädagogik. Studien zur Bildungstheorie und Didaktik des Sports.* Hohengehren: Schneider.

Gokeler, A., Bisschop, M., Myer, G. D., Benjaminse, A., Dijkstra, P. U., van Kee-ken, H. G., van Raay, J. J. A. M., Burgerhof, J. G. M. & Otten, E. (2014). Immersive virtual reality improves movement patterns in patients after ACL reconstruction: implications for enhanced criteria-based return-to-sport rehabili-tation. *Knee surgery, sports traumatology, arthroscopy: official journal of the ESSKA, 24*(7), 2280–2286.

Heinemann, K. & Schubert, M. (2001). *Sport und Gesellschaften.* Schorndorf: Hofmann.

Herrmann, C., Seiler, S. & Niederkofler, B. (2016). „Was ist guter Sportunterricht?" – Dimensionen der Unterrichtsqualität. *Sportunterricht, 65*(3), 77–82.

Hobbs, R. & Jensen, A. (2009). The Past, Present, and Future of Media Literacy Education. *Journal of Media Literacy Education, 1*, 1–11.

Holdener, A., Bellanger, S. & Mohr, S. (2016). „Digitale Kompetenz" als hoch-schulweiter Bezugsrahmen in einem Strategieentwicklungsprozess. In J. Wacht-ler, M. Ebner, O. Gröblinger, M. Kopp, E. Bratengeyer, H.-P. Steinbacher, C. Freisleben-Teutscher & C. Kapper (Hrsg.), *Digitale Medien: Zusammenarbeit in der Bildung* (S. 65–74). Münster: Waxmann.

Hoffmann, C. P., Filippeschi, A., Ruffaldi, E. & Bardy, B. G. (2014). Energy man-agement using virtual reality improves 2000-m rowing performance. *Journal of sports sciences, 32*(6), 501–509.

Hummel, A. & Borchert, T. (2015). Entwicklung motorischer Kompetenzen schließt Förderung motorischer Fähigkeiten ein. *Sportunterricht, 64*(5), 138–144.

Hummel, A. & Rütten, A. (2001). *Handbuch Technik und Sport.* Schorndorf: Hofmann.

Hummel, A. & Wendeborn, T. (2019). Die andere Seite des Schulsports: Unfälle und Verletzungen. *Sportunterricht, 68*(3), 98–102

Initiative D21 (2015). *D21-Digital-Index 2015. Die Gesellschaft in der digitalen Trans-formation Eine Studie der Initiative D21.* Zugriff am 01.06.2020 unter https://bit.l y/2LF7JmD

Jensen, M. & Meckling, W. (1976). Theory of the firm: Managerial behavior, agency costs, and ownership structure. *Journal of Financial Economics, 3,* 305–360.

Kammerl, R. & Ostermann, S. (2010). *Medienbildung – (k)ein Unterrichtsfach?* Zugriff am 12.11.2020 unter https://bit.ly/2rdMpN3

Karapanos, M. (2020). *User Experience als Prozessmerkmal technikgestützten Lernens.* Zugriff am 01.02.2021 unter https://bit.ly/37eVB5G

Katz, L., Parker, J., Tyreman, H., Kopp, G., Levy, R. & Chang, E. (2006). Virtual Reality in Sport and Wellness: Promise and Reality. *International Journal of Computer Science in Sport, 4*(1), 4–16.

Kehne, M., Seifert, A. & Schaper, N. (2013). Struktur eines Instruments zur Kompetenzerfassung in der Sportlehrerausbildung. *Sportunterricht, 62*(2), 53–57.

Kim, J., Son, J., Ko, N. & Yoon, B. (2013). Unsupervised virtual reality-based exercise program improves hip muscle strength and balance control in older adults: a pilot study. *Archives of physical medicine and rehabilitation, 94*(5), 937–943.

Koch, C. (1994). *Ende der Natürlichkeit. Eine Streitschrift zu Biotechnik und Bio-Moral.* München: Carl Hanser.

Krüger, M. & Ruin, S. (2020). Körper und Körperlichkeit. *Sportunterricht, 69*(2), 50–51.

Kultusministerkonferenz [KMK] (2017). *Bildung in der digitalen Welt. Strategie der Kultusministerkonferenz.* Berlin: KMK.

Kultusministerkonferenz [KMK] (2019). *Empfehlungen zur Digitalisierung in der Hochschullehre.* Berlin: KMK.

Langer, J. & Wendeborn, T. (2019). *Digitalisierung im Sportlehrerstudium – Eine curriculare Analyse.* Vortrag bei dem 24. Sportwissenschaftlichen Hochschultag der dvs vom 18. – 20. September 2019 in Berlin.

Lorenz, R. & Endberg, M. (2019). Welche professionellen Handlungskompetenzen benötigen Lehrpersonen im Kontext der Digitalisierung in der Schule? Theoretische Diskussion unter Berücksichtigung der Perspektive Lehramtsstudierender. *MedienPädagogik, 10,* 61–81.

Loviscach, J. (2019). *EdTech als Diskursfalle.* Vortrag auf der Jahrestagung der Vereinigung deutscher Wirtschaftsarchivare am 10. Oktober 2019. Zugriff am 01.02.2020 unter https://bit.ly/3a0l0BR

Mauß, A., & Hasse, C. (2020). *Digitalpakt. Eine Online-Umfrage im Auftrag der GEW unter erwerbstätigen GEW-Mitgliedern an deutschen Schulen.* Frankfurt a. M.: GEW (Gewerkschaft Erziehung und Wissenschaft).

Messmer, R. & Brea, N. (2015). Fachdidaktisches Wissen und Können von Sportlehrpersonen. In U. Riegel, S. Sigrid & K. Macha (Hrsg.), *Kompetenzmodellierung und Kompetenzmessung in den Fachdidaktiken* (S. 79–93). Münster: Waxmann.

Muuß-Merholz, J. (2019). Wir verwechseln „Lehren" mit „Lernen". Die digitale Bildungswelt tut so, als denke sie lernseits. In A. Krommer, M. Lindner, D. Mihajlovic, J. Muuß-Merholz & P. Wampfler (Hrsg.), *#Digitale Bildung. Auf dem Weg zu zeitgemäßem Lernen. Eine Orientierungshilfe im digitalen Wandel* (S. 151–154). Hamburg: ZLL21.

Mestre, Daniel, R., Ewald, M. & Maiano, C. (2011). Virtual Reality and Exercise: Behavioral and Psychogical Effects of Visual Feedback. *Studies in Health Technology and Informatics, 167*(1), 122–7.

Meyer-Drawe, K. (2007). *Menschen im Spiegel ihrer Maschinen.* München: Wilhelm Fink Verlag.

Mishra, P. & Koehler, M. J. (2006). Technological Pedagogical Content Knowledge: A Framework for Teacher Knowledge. *Teachers College Record, 108*(6), 1017–1054.

Mihajlovic, D. (2019). Was ist zeitgemäße Bildung? In A. Krommer, M. Lindner, D. Mihajlovic, J. Muuß-Merholz & P. Wampfler (Hrsg.), *#Digitale Bildung. Auf dem Weg zu zeitgemäßem Lernen. Eine Orientierungshilfe im digitalen Wandel* (S. 235–242). Hamburg: ZLL21.

Murray, E. G., Neumann, D. L., Moffitt, R. L. & Thomas, P. R. (2016). The effects of the presence of others during a rowing exercise in a virtual reality environment. *Psychology of Sport and Exercise, 22*, 328–336.

Neumann, D. L., Moffitt, R. L., Thomas, P. R., Loveday, K., Watling, D. P., Lombard, C. L., Antonova, S. & Tremeer, M. A. (2018). A systematic review of the application of interactive virtual reality to sport. *Virtual Reality, 22*(3), 183–198.

Nida-Rümelin, J. & Weidenfeld, N. (2018). *Digitaler Humanismus. Eine Ethik für das Zeitalter der Künstlichen Intelligenz.* München: Piper.

Parsons, T. D. & Rizzo, A. A. (2008). Affective outcomes of virtual reality exposure therapy for anxiety and specific phobias: a meta-analysis. *Journal of behavior therapy and experimental psychiatry, 39*(3), 250–261.

Passig, K. (2019). Neu Technologien, alte Reflexe. In A. Krommer, M. Lindner, D. Mihajlovic, J. Muuß-Merholz & P. Wampfler (Hrsg.), *#Digitale Bildung. Auf dem Weg zu zeitgemäßem Lernen. Eine Orientierungshilfe im digitalen Wandel* (S. 9–20). Hamburg: ZLL21.

Pietraß, M. (2010). Sinneserfahrung in virtueller Realität. Zum medienanthropologischen Problem von Körper und Leiblichkeit. In M. Pietraß & R. Funiok (Hrsg.), *Mensch und Medien. Philosophische und sozialwissenschaftliche Perspektiven* (S. 23–46). Wiesbaden: Springer VS.

Pietschmann, D. (2015). *Spatial Mapping in virtuellen Umgebungen.* Wiesbaden: Springer Fachmedien.

Rampelt, F., Orr, D. & Knoth, A. (2019). *Bologna Digital 2020. White Paper on Digitalisation in the European Higher Education Area.* Zugriff am 01.02.2021 unter https://bit.ly/3aTkfdg

Schürmann, V. (2019). Am Fall eSport: Wie den Sport bestimmen? Von Merkmalen und Grundideen. *German Journal of Sports Science and Exercise, 49*(3), 472–481.

Sibson, R., & Morgan, A. (2019). *Digital literacy: What is it? What proficiencies do students say they have? And what else can educators do to develop these important skills?* Paper presented at the 28th Annual WA Teaching and Learning Forum, University of Notre Dame, Perth, Australia.

Spreen, D. (2015). *Upgradekultur. Der Körper in der Enhancement-Gesellschaft.* Bielefeld: transcript.

Stinson, C. & Bowman, D. A. (2014). Feasibility of training athletes for high-pressure situations using virtual reality. *IEEE transactions on visualization and computer graphics, 20*(4), 606–615.

Tenorth, H.-E. (1994). *Alle alles zu lehren: Möglichkeiten und Perspektiven allgemeiner Bildung.* Darmstadt: Wissenschaftliche Buchgesellschaft.

Tenorth, H.-E. (2004). Grundbildung – Allgemeinbildung: Basiskompetenzen und Steigerungsformen. *Sitzungsberichte der Leibniz-Sozietät, 73,* 87–98.

Thumel, M., Schwedler, A., Greve, S., Süßenbach, J., Jastrow, F. & Krieger, C. (2020). Inszenierungsmöglichkeiten eines mediengestützten Sportunterrichts. *MedienPädagogik: Zeitschrift für Theorie und Praxis der Medienbildung, 17,* 401–426.

Van den Branden, J. (2004). *Contribution of Non-Classical Learning and Teaching Forms to the Emerging EHEA. Int. Seminar Bologna and the Challenges of E-Learning and Distance Education* (Ghent 2004). Zugriff am 23.12.2020 unter https://bit.ly/2ZjN6Su

Valtonen, T., Sointu, E. T., Mäkitalo-Siegl, K. & Kukkonen, J. (2015). Developing a TPACK measurement instrument for 21st century pre-service teachers. *Seminar.net – International Journal of Media, Technology & Life-Long Learning, 11*(2), 87–100.

Vignais, N., Kulpa, R., Brault, S., Presse, D. & Bideau, B. (2015). Which technology to investigate visual perception in sport: video vs. virtual reality. *Human movement science, 39,* 12–26.

v. Hilvoorde, I. & Koekoek, J. (2018). Next generation PE: thoughtful integration of digital technologies. In J. Koekoek & I. v. Hilvoorde (Eds.), *Digital technology in physical education* (S. 1–16). New York: Routledge.

Wendeborn, T. (2019). Wer nicht mit der Zeit geht, geht mit der Zeit – Zum Sportunterricht in einer digital revolutionierten Gesellschaft. *Leipziger Sportwissenschaftliche Beiträge, 60*(2), 9–25.

Wendeborn, T., Drogge, L. & Kühn, A. (2021). Aufgaben und Herausforderungen der Sportdidaktik im Rahmen der digitalen Transformation. In V. Frederking & R. Romeike (Hrsg.), *Fachliche Bildung im Zeichen von Digitalisierung, Big Data und KI. Theorie, Empirie, Praxis* (S. 94-110). Münster: Waxmann.

Wendeborn, T. & Langer, J. (2020). Digitale Übergänge im Sportunterricht gestalten, aber wie? Auf die professionellen digitalen Kompetenzen der Sportlehrkräfte kommt es an! *Sportunterricht, 69*(6), 261–266.

Wendeborn, T., Schneider, A. & Karapanos, M. (2018). Lernplattformen oder Content-Halden? Learning-Management-Systeme in der Schulpraxis. In T. Köhler, E. Schoop & N. Kahnwald (Hrsg.), *Forschung zu Wissensgemeinschaften in Wissenschaft, Wirtschaft, Bildung und öffentlicher Verwaltung* (S. 62–71). Dresden: TUDpress.

Wendeborn, T., Schneider, A., Karapanos, M. & Sauerbier, E. (2020). Legevideos als Instrument für nachhaltige universitäre Lehr-Lern-Prozesse?! Eine Analyse. In B. Fischer & A. Paul (Hrsg.), *Lehren und Lernen mit und in digitalen Medien im Sport* (S. 289–309). Wiesbaden: Springer Fachmedien.

Wendeborn, T., Schulke, H.-J. & Schneider, A. (2018). eSport: Vom Präfix zum Thema für den organisierten Sport!? *German Journal of Sports Science and Exercise, 48*(3), 451–455.

Wendeborn, T., & Schulke, H.-J. (2019). E-Sport als intermediäre Realität – Fakt oder Fiktion?! FdSnow. *Fachzeitschrift für den Skisport, 37*(54), 52–65.

Wolff, W. (2017). Funktionelle Nahinfrarotspektroskopie in der sportpsychologischen Forschung. *Zeitschrift für Sportpsychologie, 24*(1), 17–28.

Digitalisierung als kultureller Prozess – Grundlegende Bestimmungen und sportpädagogische Anschlüsse jenseits der Technologie

Daniel Rode

Zusammenfassung

Im Beitrag werden grundlegende Überlegungen zum Digitalisierungsthema aus einer kulturorientierten Perspektive und in einem sportpädagogischen/-didaktischen Interesse formuliert. Es werden zentrale Betrachtungsweisen unterschieden, wichtige Konzepte bestimmt und der Zusammenhang von Körperlichkeit, Bewegung und Digitalisierung beleuchtet sowie sportpädagogische und -didaktische Denkanstöße in Hinblick auf den Sportunterricht formuliert. Anliegen ist es, für eine differenziertere Verständigung über Digitalisierung zu sensibilisieren und die kulturelle sowie auch körperliche Verfasstheit von Digitalisierungsprozessen verständlich zu machen.

Summary

This chapter introduces basic ideas and concepts for a critical understanding of digitalization from a cultural perspective and discusses the relevance and implications of this perspective for sports pedagogy and didactics. Key perspectives of viewing digitalization that make up current discourses will be distinguished, basic concepts such as culture, technology, media, mediatization, and digitalization will be defined from a cultural point of view, and the importance of the body discussed. The main objective is to bring awareness to the cultural and bodily dimensions of digitalization processes while highlighting implications of this notion with regard to physical education in schools.

Schlagworte: Digitalisierung, Kultur, Sportpädagogik, Sportdidaktik, Sportunterricht

1. Einleitung

Digitalisierung ist das „Zauberwort" (Krüger & Neuber, 2020, S. 5) der Stunde, unter dem technologische Entwicklungen rund um Internet, Algorithmen und Dateninfrastrukturen, gesellschaftliche Umbrüche, demokratische Herausforderungen, bildungspolitische Problemstellungen, pädagogische Anforderungen, lebensweltliche Veränderungen und vieles mehr verhandelt werden. Der Digitalisierungsbegriff steht hier in einer Linie mit Begriffen wie Automation, Automatisierung und Roboterisierung in den sechziger und siebziger Jahren sowie Computerisierung in den Achtzigern und Neunzigern (Passig & Scholz, 2015, S. 75). Im Unterschied zu diesen – und parallel zur Allgegenwart sowie enormen Bedeutung von Digitaltechnologien in nunmehr allen Lebensbereichen – bleibt er aber nicht auf wenige Gesellschafts- und Diskussionsfelder beschränkt, sondern bildet einen weit verbreiteten Topos. Ein normatives Fundament oder eine Verständigung über Beobachtungskategorien sind dabei weit weniger in Sicht als eine Tendenz zum „Plastikwort" (Pörksen, 2011), frei nach dem Motto: Irgendwas mit Medien.

Sportpädagogisch und -didaktisch ist das Digitalisierungsthema aus mehreren Gründen relevant. Zum einen haben sich Sport- und Bewegungskulturen sowie die sport- und bewegungsbezogenen Erfahrungsräume von Kindern und Jugendlichen stark gewandelt. Die Erweiterung und Ausdifferenzierung des Spektrums gesellschaftlicher Bewegungspraktiken, die Veränderung von Sinnmustern, neue räumliche und zeitliche Konfigurationen sowie Formen der Vergemeinschaftung jenseits klassischer Vereinssportmodelle oder eine ‚Versportlichung des Alltags' (Digel, 1990) sind hier nur einige Schlagworte. Historisch ist es die Kopplung von Massenmedien und Sport, die sowohl zur Ausdifferenzierung des Sports als auch zur Ausdifferenzierung der Medien beigetragen hat (Werron, 2010, S. 219). Heute scheinen die neuen Digitaltechnologien und Medien konstitutiv für neue Bewegungspraktiken, Vergemeinschaftungen und Sinndeutungen zu sein, ebenso wie diese Bewegungspraktiken zugleich neue Verwendungsweisen und Verbreitungen von Technologien (z. B. Actioncams), neue Medienformate und -ästhetiken mit hervorbringen. Es zeigt sich also zunehmend eine grundlegende Kopplung von Bewegungskulturen und digitalen Medientechnologien. Zum anderen sind auch die Bildungsinstitutionen betroffen. Digitale Medientechnologien finden den Weg in Universität, Schule, Unterricht und (hoch-)schulische Zwischenräume (Pausen, Übergänge, Hinterbühnen), sie sind immer öfter Teil von „Schulkulturen" (Helsper, 2008) und „Lernkulturen" (Kolbe, Reh, Fritzsche, Idel & Rabenstein, 2008), und dies zunehmend auch im Schulsport und der Sportlehrer*innenbildung (z. B. Rode, 2019a). Gleichwohl zeigt sich die Sportpäd-agogik/-didaktik jenseits praktischer Handlungsempfehlungen noch reser-viert und ein Forschungs- wie auch Grundlagendiskurs zur Digitalisierung ist kaum vorhanden (vgl. Greve, Thumel, Jastrow, Schwedler-Diesener, Krieger & Süßenbach, 2020, S. 325).

Ausgangspunkt dieses Beitrags ist die Annahme, dass solch ein Diskurs der Tendenz des Digitalisierungsbegriffs zum Plastikwort entgegenwirken sollte, sich also darüber verständigen sollte, was genau angesprochen ist, wenn es in der Sportpädagogik/-didaktik um Digitalisierung als Diskussi-onsthema oder als zu untersuchendes Phänomen geht. Dabei erscheint es mir auch hilfreich zu fragen, welche Vorstellungen, Annahmen und Setzungen im weiten Feld derzeitiger Digitalisierungsdiskussionen meist implizit perpetuiert werden. Ich möchte zu solchen Verständigungen bei-tragen, indem ich eine sozialkonstruktivistische, kulturorientierte Betrach-tungsweise vorschlage: Digitalisierung wird in dieser Perspektive weder auf die rein technologische Ebene reduziert noch werden Mediales und Di-gitales als das Andere des Sozialen, Kulturellen und ‚Realen‘ oder von Kör-perlichkeit, Bewegung und Sport begriffen. Stattdessen liegt der Fokus auf den *kulturellen Prozessen und Realitäten der Digitalisierung*: Digitale Techno-logien, die Umgangsweisen mit ihnen und ihre Wirkungen (z. B. im Sportunterricht) werden als Ergebnis sozialer Aushandlungsprozesse ver-standen, die kulturelle Realitäten hervorbringen (Kerres, 2020, S. 7). Dabei wird die soziale Körperlichkeit der Akteur*innen als konstitutiv für diese Aushandlungsprozesse und Wirklichkeitserzeugungen betrachtet.

Um Grundlagen dieser Betrachtungsweise zu entwickeln und das Di-gitalisierungsthema aus dieser Perspektive für sportpädagogische und -di-daktische Diskussionen und Forschungen aufzuschließen, unternehme ich zunächst eine kritische Annäherung an zentrale Positionen in Digitalisie-rungsdiskursen und verorte Tendenzen, die in der Sportpädagogik/-didak-tik zu beobachten sind (2.). Anschließend wird eine kulturorientierte Posi-tion entlang wichtiger Konzepte weiter grundiert (3.). Danach spezifiziere ich das Verhältnis von Körperlichkeit, Bewegung und Digitalisierung un-ter Bezug auf die Perspektive einer Körperlichkeit des Sozialen (4.). Im Fa-zit werden Denkanstöße für sportpädagogische/-didaktische Implikationen des so entfalteten Digitalisierungsverständnisses mit Blick auf den Sport-unterricht formuliert (5.). Alles in allem soll damit, auch zur kritischen Einordnung der anderen Beiträge, ein Problembewusstsein für den Um-gang mit dem Digitalisierungsthema erzeugt und in sportpädagogischem/-didaktischem Interesse für die kulturelle und körperliche Verfasstheit von Digitalisierungsprozessen sensibilisiert werden.

2. Von der Technik zur Kultur – Kritische Annäherung an Positionen zur Digitalisierung

Digitalisierung wird in unterschiedlichsten Disziplinen und Feldern auf unterschiedlichen Ebenen (z. B. politisch, administrativ, anwendungsbezogen, grundlagenorientiert, normativ, empirisch) diskutiert. Mir geht es nun darum, übergeordnete Positionen zu identifizieren, die über Disziplinen, Felder und Ebenen hinweg auf durchaus unterschiedliche Weise bezogen werden.[1] Damit sollen grundlegende Betrachtungsweisen und Verständnisse von Digitalisierung kritisch voneinander abgegrenzt werden, um eine dieser Betrachtungsweisen, die ich als kulturorientierte Perspektive bezeichne, weiterführend aufgreifen zu können.

2.1 Technikorientierte Betrachtungsweisen

In der Sportpädagogik/-didaktik beschränkt sich die Auseinandersetzung mit Digitalisierung weitgehend auf anwendungsbezogene Betrachtungen des Einsatzes digitaler Medientechnologien im Sportunterricht und in der Sportlehrer*innenbildung.[2] Damit bildet – dies hat sie mit vielen anderen Disziplinen und Diskursarenen gemein – eine *technikorientierte Betrachtungsweise* den Ausgangspunkt. Das Digitalisierungsthema wird von der technischen Seite angegangen und der Fokus liegt (zunächst) auf den neuen Technologien und Medien. Ebenso setzen bspw. der Digitalpakt der deutschen Bundesregierung und des Bundestags wie auch viele seiner Kritiken an der technischen Ausstattung von Schulen an und in der Hochschuldidaktik oder der Gesundheitsförderung wird, wie in der Sportpädagogik, die Rolle digitaler Technologien bei der Inszenierung von Lernprozessen und dem (z. B. Gesundheits-)Kompetenzerwerb fokussiert.[3] Das Digitalisierungsthema verortet sich in der Folge fast ausschließlich im Bereich der technologischen Mittel des Vermittelns.

---

1 Eine systematische Analyse von Digitalisierung als Diskursphänomen kann hier nicht geleistet werden. Zu ersten Ansätzen siehe Macgilchrist (2019), Dander (2020).

2 Vgl. die Themenhefte der Zeitschriften Sportpädagogik (5/2014), Sportpraxis (Sonderheft 2019), Grundschule Sport (3/2019) oder Sportunterricht (3/2020), den Abstractband zur Jahrestagung der dvs-Sektion Sportpädagogik 2018 in Chemnitz sowie Fischer, Paul & Mausolf (2020).

3 Siehe auch die Beiträge von Grauwunder, Kieltyka & Rudi, Strassen & Schaller, Abel, Staub & Vogt sowie Bonn in diesem Band.

Soziologische Perspektiven setzen einen anderen Schwerpunkt, indem sie Digitalisierung als Teil gesellschaftlichen Wandels betrachten. Dabei beschreiben sie Strukturelemente und Entwicklungsschritte dieses Wandels aber zunächst ebenfalls mit Blick auf die technische Sphäre, gehen also auf andere Weise ebenfalls von einer technikorientierten Betrachtung aus. In dieser Betrachtungsweise wird dann ersichtlich, dass sich seit Mitte des letzten Jahrtausends ein grundsätzlicher Strukturwandel der technischen Systeme moderner Gesellschaften vollzieht, im Zuge dessen die industrielle Technik durch Technologien des digitalen Computernetzes abgelöst wird (Reckwitz, 2017, S. 225 ff.).[4] Auf die Paradigmen von Dampfmaschine und Eisenbahn, von Stahl, Elektrik und Schwerindustrie sowie von Öl, Automobil und Massengüterproduktion folgt das Paradigma der Information und Kommunikation (ebd. S. 228), das sich auf drei Verfahren als Strukturelemente stützt (ebd., S. 230 ff.): erstens das Computing, d.h. das Prozessieren von Algorithmen durch zeichenlesende Rechenmaschinen (Computer); zweitens die Übersetzung medialer Formate in digitale, d. h. binärlogische Signale (1/0), die von diesen Computern verarbeitet werden können (rein technisches Digitalisierungsverständnis); und drittens die kommunikative Vernetzung dieser Computer in einem universalen Netz, dem Internet. Soziologisch-technikorientiert gesprochen, meint Digitalisierung dann die Verbindungen von algorithmischen Computerverfahren, digitalisierten Medienformaten und internetbasierten Vernetzungen und ihr Aufstieg zur nunmehr gesellschaftlich leitenden technologischen Infrastruktur: vom statischen Web 1.0 über das ‚Mitmachnetz‘ Web 2.0 zum sogenannten „Internet der Dinge“ (vgl. Lupton, 2015, S. 123 f.).

Natürlich macht es wenig Sinn, über Digitalisierung ohne Blick auf digitale Technologien zu sprechen, und so verwundert es nicht, dass technikorientierte Perspektiven weit verbreitet sind. In der rein technischen (digitale Signale) und der soziologisch-technikorientierten Betrachtungsweise (Wandel der leitenden technologischen Infrastruktur) sind auch zwei recht klar umrissene Digitalisierungsverständnisse gegeben. Allerdings stehen technische Abläufe oder Gesellschaftsanalysen weit weniger im Mittelpunkt sportpädagogischer/-didaktischer Interessen, Forschungs- und Gestaltungsaufgaben, als vielmehr Lernen, Bildung und Erziehung als soziale Prozesse, Sport und Sportunterricht als kulturelle Sinnzusammenhänge

---

4 Die Arbeit von Reckwitz (2017) ist keinesfalls rein technikzentriert angelegt, es geht mir hier um das exemplarische Markieren einer Betrachtungsweise anhand von Teilen seiner Untersuchung.

und Bewegung als körperlich-leibliches Medium der Hervorbringung von Selbst- und Weltverhältnissen. Die Frage ist damit, wie digitale Technik und Medien im Verhältnis zum Sozialen, Kulturellen und auch Körperlichen verortet werden (können). Anders formuliert, kommt es maßgeblich darauf an, wie der technikorientierte Blick weiterführend ausgerichtet und konzeptuell sowie argumentativ eingebettet wird.

2.2 Technikseparatismus und -determinismus

Viele Diskursfiguren münden in einer *technikseparatistischen* oder gar *technikdeterministischen Position*. Man liest beispielsweise vom zügigen Voranschreiten der Digitalisierung und dem „Einfluss", den sie „zwangsläufig" auf Bildungsbereiche ausübt (Greve et al., 2020, S. 325), oder von neuen „Anforderungen der digitalen Welt", denen Kinder, Jugendliche oder der Unterricht dringlichst „genügen" müssen (KMK, 2017, S. 3). In solchen und ähnlichen Formulierungen erscheint Digitalisierung als *externer Prozess* ‚da draußen‘, der auf uns zukommt und für den man sich wappnen muss (Macgilchrist, 2019, S. 4). Prompt schließen Drohkulissen und ‚Gespenster‘ an: Dem populärmedialen Diskurs nach muss man sich vor „Smombies" (z. B. Oberösterreichische Nachrichten, 2019) oder „digitaler Demenz" (Spitzer, 2014) fürchten, dem sportpädagogischen zufolge vor dem altbekannten und neu erstarkten „Bewegungsmangel" (Wendeborn, 2019b, S. 5). Umgekehrt wird in positiver Wendung mit dem Einsatz digitaler Medien in Schule und (Sport-)Unterricht die Hoffnung auf eine „Bildungsrevolution" und den „radikalen Wandel" von Lernkulturen verbunden (Dräger & Müller-Eiselt, 2015). Experimentalstudien und Metaanalysen versuchen dann die ursächliche *Wirkung* einer Technologie, Hardware oder Software auf das Lernen festzustellen (kritisch Kerres, 2020, S. 2 f.) – oder relativieren diese mit Losungen wie „Pädagogik vor Technik" (Zierer, 2017). Für den Schulsport wird eine (kritische) Auseinandersetzung mit digitalen Medientechnologien und -phänomenen in den Bereich von Medienkompetenzen verlegt und deren Förderung wiederum nicht als genuin sportpädagogische, sondern als medienpädagogische Aufgabe verstanden, die es dann in den Sportunterricht zu integrieren gilt (Greve et al., 2020). Noch zugespitzter stilisiert Wendeborn den Sportunterricht sowie Bewegung und Sport zur „analogen Blase" (Wendeborn, 2019a, S. 11) und zum „genaue[n] Gegenteil der zunehmenden Mediatisierung unserer Gesellschaft" (ebd., 2019b, S. 5).

Solche Einordnungen transportieren ein Verständnis, das digitale Medientechnologien als eine *separate Größe oder Sphäre* behandelt, die – in einer typisch modernen Opposition (vgl. Latour, 1995) – der Sphäre des Menschlichen, Sozialen und Kulturellen entgegen steht; in sportpädagogisch/-didaktischen Beiträgen nimmt dies mitunter die Form einer Opposition von Digitalisierung und Fachlichem an: Technik vs. Sport, Körper, Bewegung, Pädagogik, etc.. Dieser technikseparatistischen Betrachtungsweise weiter folgend, erscheinen die neuen Digitaltechnologien entweder als bloße Werkzeuge (*Technikmarginalismus*) oder die Perspektive geht in einen *Technikdeterminismus* über: Digitale Technologien werden in positiver wie negativer Wendung als von sich aus wirkungsvolle „zentrale Akteure" (Stalder, 2017, S. 21) und als gesonderte Verursacher von gesellschaftlichen Umbrüchen wie schul- und (sport-)unterrichtskulturellen Prozessen behandelt.

2.3 Kulturorientierung

Gegenüber diesen Betrachtungsweisen finden sich auch im Bildungskontext immer mehr Beiträge und Initiativen, die betonen, dass die digitalen Technologien, digitale Medienphänomene sowie ihre Wirkungen selbst soziokulturell verfasst sind (z. B. Rat für kulturelle Bildung, 2019, S. 6). Damit beziehen sie eine *kulturorientierte Position*. Kulturwissenschaftliche und medienpädagogische Arbeiten, die sich dieser Position zuordnen lassen, zeigen erstens, das neue Technologien laufende soziale, ökonomische und politische Entwicklungen und historisch gewachsene gesellschaftlich-kulturelle Voraussetzungen brauchen, um entstehen und sich etablieren zu können (u. a. Jörissen, 2016; Stalder, 2017, 2018). Die Technologien des digitalen Computernetzes stellen Verfahren des Umgangs mit einer enormen Komplexitätserhöhung und einem wachsenden Kommunikations- und Koordinationsbedarf im Verlauf der gesellschaftlichen Moderne dar (Stalder, 2017, 2018): Sich beschleunigenden Produktions-, Distributions- und Administrationsprozesse der Industrialisierung, ein ökonomischer Strukturwandel, in dem der Dienstleistungssektor und flexible Koordination immer wichtiger wurden, eine gesellschaftliche Liberalisierung und die Globalisierung brachten zusammen eine gesteigerte Menge und Vielfalt von Wissensproduktion und kommunikativen Verhandlungen mit sich sowie eine Erhöhung gesellschaftlicher Komplexität (ebd.). Neue Technologien – von der Lochkarte zum Industriecomputer bis hin zur ubiquitären digitalen Infrastruktur – eröffneten vielen Personengruppen die Aussicht und Möglichkeit, mit diesen Entwicklungen unter höchst unterschiedlichen ökonomischen, politischen und kulturellen Zielen und Zwängen umzugehen (ebd., 2018, S. 9). Dabei fußen die konkreten Verfahren und

Medien auf historisch-kulturelle Bedingungen, z. B. einer spezifischen Vorstellung des ‚Selbst‘ sowie der sozialen Bedeutung von Zahlen und Messverfahren als Voraussetzung einer Etablierung der Idee eines „Quantified Self“ und von Medientechnologien des Self-Tracking (Jörissen, 2016, S. 29).

Die Herstellung und Gestaltung solcher Technologien ist zweitens selbst ein soziokultureller Prozess. In Entwicklung, Design, Bewerbung etc. gehen kulturell geprägte Vorstellungen, Wünsche, Absichten und Machtverhältnisse ein, welche die „Angebotsstrukturen“ (Reckwitz, 2017, S. 225) der Technologien konturieren (vgl. Lupton, 2020). In die Gestaltung von Tracking-Apps und -Armbändern – von der Materialauswahl und Form über die Menügestaltung bis zu den konkreten Funktionen – fließen neben ökonomischen Kalkülen z. B. bestimmte Körper- und Menschenbilder ein: vom Körper als *blind spot* oder von Menschen als aktive Entscheider*innen, die chronisch unterinformiert und ihren eigenen Routinen verhaftet sind (Rode, 2019b, S. 172).

Schließlich müssen und können Technologien drittens erst im sozialen Gebrauch und Umgang zu dem gemacht werden, als was sie Lebensweisen, Wahrnehmungs- sowie Gestaltungsformen prägen (vgl. Reckwitz, 2017, S. 225). So wird ein Tracking-Armband auch verwendet, um Bilder auf virtuellen Stadtkarten zu zeichnen und digital unterstütztes Laufen dadurch künstlerisch aus- bzw. umzudeuten.[5] Das kritische Potenzial dieser Praktik ist gleichwohl nur im Kontext normalisierter Verwendungsweisen und den kulturellen Realitäten, die diese erzeugen, als solches lesbar. Ebenso zeigen Schuluntersuchungen, dass die Weisen, in denen Schüler*innen digitale Medientechnologien (u. a. Tablets) verwenden, verstehen, deuten, in Interaktionen einbeziehen und für Sinnstiftungsprozesse aneignen, maßgeblich an den spezifischen schulischen Bedeutungsordnungen orientiert sind (Lange, 2020): Medien, Technologien und Medienkompetenzen *konstituieren* sich innerhalb des schulischen Umgangs ganz anders als außerhalb der Schule (ebd., S. 26).

Insgesamt begreifen kulturorientierte Betrachtungsweisen das Digitale, Technologische und Mediale als *konstitutiven Teil* soziokultureller Prozesse. Sie können verschiedentlich die Bedeutung aufzeigen, die einer Berücksichtigung der Kulturalität des Digitalen für ein besseres Verständnis der Digitalisierung etwa von Bewegungs- und/oder Lernkulturen zukommt. Ich komme auf diesen Punkt gleich anhand ausgewählter sportwissen-

---

5 Siehe etwa http://figurerunning.com/blog/. Für den Sportunterricht vgl. Puderbach (2019, S. 19).

schaftlicher Untersuchungen zurück, die einer kulturorientierten Betrachtungsweise folgen und hierbei die Relevanz von Körperlichkeit und Bewegung für diese soziokulturellen Prozesse unterstreichen.

3. Medien & Co. – Kulturorientierte Grundlagen

Damit sind grundlegende Positionen herausgestellt, die in unterschiedlichen Disziplinen und Feldern auf verschiedenen Ebenen freilich ganz unterschiedlich ausgedeutet werden. In sportpädagogischem Interesse erscheint mir die zuletzt eingeführte kulturorientierte Betrachtungsweise als ein vielversprechender Zugang, den ich nun entlang zentraler Konzepte weiter ausformuliere.

3.1 Kultur

Der Kulturbegriff hat nicht nur in diesem Beitrag, sondern in vielen Diskussionen zur Digitalisierung Konjunktur, wie etwa die in Abschnitt 2 aufgegriffene Rede von neuen Lernkulturen veranschaulicht. Für kulturorientierte Betrachtungsweisen bietet sich ein *bedeutungsorientiertes* Kulturverständnis an, das unter Kultur die *symbolisch-sinnhaften Dimensionen* von sozialen, d. h. von mehreren Personen geteilten, Prozessen und Ordnungen versteht.[6] Das Kulturelle der Gesellschaft, des Sports oder einer Sportunterrichtssituation liegt in den *impliziten Wissensordnungen* und den interaktiven *Aushandlungen* darüber, wie die Phänomene der Welt (des Sports, des Unterrichts) zu *klassifizieren* sind, was sie *bedeuten*, wie man selbst zu sich und zu dieser Welt steht und welche *Referenzrahmen* gelten, d. h. welche Handlungen und Deutungen zu welchem Zeitpunkt auf welche Weise

---

6 Reckwitz unterscheidet den bedeutungsorientierten Kulturbegriff von einem normativen, der im 19. Jahrhundert eine ‚kultivierte‘, d. h. normativ erstrebenswerte Lebensform bezeichnete, einem differenztheoretischen, der ‚kulturelles Gut‘ auf das künstlerische und intellektuelle Feld beschränkt, und einem holistischen, der ganze, auch territorial abgrenzbare ‚Kulturen‘ in ihrer Unterschiedlichkeit kennzeichnet (Reckwitz, 2000, S. 64 ff.). Der weite, bedeutungsorientierte Kulturbegriff lässt sich außerdem zu einem engen, wertorientierten Verständnis zuspitzen, das unter Kultur jene sozial-symbolischen Prozesse fasst, die gesellschaftliche Entitäten (Menschen, Institutionen, Ereignisse, Objekte) mit einem besonderem Wert belegen, d. h. sie als herausgehoben bedeutungsvoll und singulär hervorbringen (Reckwitz, 2017, S. 75 ff.).

als sinnhaft erscheinen: Ist der Tritt gegen das Schienbein erwünscht oder verpönt, „taktisch" oder „dreckig", Provokation oder Lerngelegenheit? Entspricht er dem „Sportsgeist" und was meint dies überhaupt? Diese symbolisch-sinnhaften Dimensionen und Prozesse sind von Machtansprüchen, Konkurrenz, Situativität und Perspektivität gekennzeichnet. Sie stellen heterogene und dynamische Vorgänge dar, in denen dominante Rahmen durchgesetzt und befürwortet wie auch ignoriert, abgelehnt oder subvertiert werden.

Für die kulturorientierte Betrachtung von Digitalisierung ist bedeutsam, dass sich so verstandene kulturelle Artikulations- und Aushandlungsprozesse nicht alleine auf explizit-sprachlicher Ebene vollziehen. Sie sind durch ein ‚schweigendes', körperlich-sinnlich vermitteltes Wissen fundiert (allgemein Kraus, Budde, Hietzge & Wulf, 2017; im Speziellen Jörissen, 2017) und erfolgen auch maßgeblich über andere symbolische Ausdrucksformen (z. B. bildliche) und Materialitäten. Die neuen Digitaltechnologien und Medien sind keine externen Bedingungen und Instanzen, sondern *Materialisierungen kultureller Realitäten und Prozesse*. Sie wirken als Erzeugnisse, Ermöglicherinnen, Mitspielerinnen, Sinnressourcen oder Umwelten an Bedeutungsaushandlungen mit, so dass sich kulturelle Sinnordnungen in und mit ihnen *verdichten* und *verwirklichen*.

3.2 Technologien und Medien

Hierbei sollte zwischen Technik/Technologie und Medien unterschieden werden. Ersteres bezeichnet die materiellen Formate, Verfahren und Infrastrukturen, die im digitalen Zeitalter algorithmusbasierte Technologien des digitalen Computernetzes darstellen (s. Abschn. 2). Eine kulturorientierte Perspektive sensibilisiert für die *agency* dieser Technologien: In kulturellen Praktiken sind sie keine ‚unschuldigen' Werkzeuge, sondern stellen Handlungsrepertoires sowie Deutungsoptionen zur Verfügung und mischen sich mithin *aktiv* in Prozesse der Sinnkonstruktion, Selbst- und Weltdeutung ein: Wenn das Fitnessarmband auffordert „Los, beweg dich!" und mit „zurückgelegten Schritten" eine entsprechende Sinneinheit bereitstellt, oder die Social-Media-App appelliert „Teile dich mit, zeig dich!" und per Push-Nachricht vorführt, dass und wie dies andere tun.

Die Medialität von Technologien (oder allgemein von materiellen Mitteln) – d. h. jene Qualität und Fähigkeit, die sie zu *Medien* werden lässt – liegt darin, etwas in kulturellen Prozessen *als etwas* zur Erscheinung, Wahrnehmung und Geltung zu bringen. Der stylische „Air" wird durch den Körper der Skateboarderin, Papier und Druckfarbe oder das Smartphone-Display zur Erscheinung gebracht. Die materiellen und technologischen Eigenschaften bedingen die Ausdrucksmöglichkeiten, gleichzeitig muss das Technisch-Materielle hinter das Artikulierte zurücktreten (Krämer, 2003, S. 79; Mersch, 2002), um es für Aushandlungsprozesse verfügbar zu machen: Wir betrachten den „Air", nicht die Beschaffenheit des Papiers oder Displays. Das Besondere und Neue *digitaler* Medien liegt in der ‚Plastizität' und ‚Universalität' der digitaltechnologischen Bedingungen, die nun nahezu beliebige Artikulationsformen und Darstellungen jedweder Eigenschaften in Verbindung mit vielfältigsten Schnittstellen (Computer, Tablets, Smartphones, Smartwatches, VR-Brillen, etc.) ermöglichen (Jörissen, 2014, S. 506 f.). So entstehen hochkomplexe medientechnologische Strukturen, die ganz andere Möglichkeiten für Ausdrucksformen und den Umgang mit Artikulationen bieten, also für symbolisch-kulturelle Prozesse: Das digitale Bild einer Skaterin „ist all das, was in einer vernetzten digitalen Sphäre mit ihm gemacht werden kann: Anlass zum Gabentausch, zur Kommentierung, zur kooperativen Analyse und Interpretation, zur Archivierung, zum Remix, zur programmierten De- und Rekontextualisierung" (ebd., S. 507). Für alle diese Praktiken und Optionen muss Programmcode erzeugt werden, der sie ermöglicht, bis hin zu bestimmter Hardware (z. B. Actioncams), mit denen man bestimmte Ideen verfolgen kann.

So betrachtet wird deutlich, dass der Medienbegriff immer auf Vorgänge der *symbolischen Artikulation* verweist (Jörissen, 2014; Mersch, 2002), die den Kern kultureller Prozesse der geteilten Bedeutungsaushandlung ausmachen: Medialität – und heute eben zunehmend digitale Medialität – ist einerseits eine Strukturbedingung kultureller Formgebungen und Bedeutungsherstellungen (Jörissen, 2014, S. 504). Andererseits ergeben sich konkrete Artikulationen und Artikulationsformen erst aus kulturellen Praktiken des Umgangs mit Medientechnologien, die immer offen für andere Umgangsformen, Neuschöpfungen, Umdeutungen etc. sind. Dabei müssen Software, Hardware und digitale Medien selbst wiederum als *kulturelle Objekte und Artikulationen* betrachtet werden (vgl. ebd.): Sie sind sowohl Gegenstände als auch Ausdrucksformen von kulturellen, politischen und ökonomischen Gestaltungsprozessen, in die Wissensbestände, Gestaltungsabsichten, Ideologien und Orientierungen unterschiedlicher Akteur*innen einfließen.

3.3 Mediatisierung und Digitalisierung

Hier schließen kulturorientierte Verständnisse der Prozessbegriffe *Mediatisierung* und *Digitalisierung* an. Mediatisierung bezeichnet einen gesellschaftlichen Meta-Prozess, der weder auf den Wandel von Mediensystemen noch auf digitaltechnologischen Wandel engzuführen ist, sondern insgesamt den Wandel von menschlicher Kommunikation beschreibt, ihren Techniken und Medien, deren Bedeutungen und den Möglichkeiten und Problemen, die sich daraus für kulturelle Artikulationen ergeben (Krotz, 2012, S. 38).[7] Konkrete Technologien und Medien – z. B. Augmented- und Virtual-Reality – und ihre Konsequenzen für menschliche Selbst- und Weltverhältnisse lassen sich so in ihrer Einbettung in soziale und kulturelle Praktiken, die kommunikativen Bedarfe, die sie schaffen, sowie die historischen Zusammenhänge, in denen sie stehen – z. B. die Erfindung der Zentralperspektive (hierzu ebd., S. 27 ff.) – beschreiben und als Teil eines übergeordneten Prozesses verstehen, der aktuell auf zunehmen *digital* mediatisierte Welten hinausläuft.

Die *Digitalisierung* ist dann als Spezialfall von Mediatisierungsprozessen zu betrachten, der sich mit anderen Meta-Prozessen wie der Modernisierung und der Globalisierung verschränkt. Sie ist nur unzureichend verstanden, wenn man sie alleine als Ausbreitung des digitalen Computernetzes (siehe 2.1) betrachtet, sondern muss ebenso von ihrer kulturellen Seite her charakterisiert werden. Konsequenterweise versteht Stalder (2017) unter Digitalität eine *kulturelle Konstellation* der späten Moderne, die er „Kultur der Digitalität" nennt: Im Zusammenhang mit algorithmusbasierten, vernetzten Technologien entstehen in immer mehr Feldern und Bereichen neue Sinn- und Bedeutungsordnungen, neue kulturelle Realitäten, die ähnliche Formen und Kennzeichen aufweisen: Neben der Algorithmizität nennt Stalder referenzielle Verfahren der Bedeutungsproduktion (Sharen, Liken, Verlinken, Remixen, etc.) und neue gemeinschaftliche Formationen (Netzwerke, posttraditionale Gemeinschaften) als kulturelle Formen der Digitalität (ebd., S. 95 ff.). Weiterhin ließen sich etwa Kreativität und Ästhetisierung (Reckwitz, 2012), Optimierung (Bröckling, 2020) sowie Singularisierung (Reckwitz, 2017) als soziale Logiken und kulturelle Leitideen dieser neuen Realitäten anführen. Damit können unter Digitalisie-

---

7 Ich schließe hier an das kommunikationstheoretisch fundierte Mediatisierungskonzept an, das im DFG Schwerpunktprogramm 1505 „Mediatisierte Welten" (2010–2016) ausgearbeitet und empirisch umgesetzt wurde (vgl. http://www.media tisiertewelten.de/).

rung in einer konsequent kulturorientierten Ausdeutung die Prozesse der Herausbildung und Verwirklichung dieser kulturellen Konstellation der Digitalität verstanden werden, die in unterschiedlichen Feldern und Kontexten heterogene und vielgestaltige digitalisierte Welten hervorbringen.

4. Körperlichkeit, Bewegung und Digitalisierung

Digitalisierung, so lassen sich die bisherigen Ausführungen zusammenfassen, kann und muss in einer kulturorientierten Betrachtungsweise bis hinunter auf die technologische Ebene als gesellschaftlicher, kultureller und sozialer Aushandlungsprozess betrachtet werden, in dem spezifische kulturelle Realitäten hervorgebracht werden (Kerres, 2020, S. 26). Die pädagogische Relevanz des Digitalisierungsthemas geht in dieser Perspektive dann nicht in Fragen nach Wirkungen von Technologien oder nach Bedienfähigkeiten auf, sondern betrifft Fragen nach den Möglichkeiten, die (historischen wie lokalen) kulturellen Umstände und Prozesse dieser Aushandlungen, die (machtvollen) Verweisungszusammenhänge, in denen sie stehen, sowie ihre Konsequenzen für Selbst- und Welthervorbringung zu verstehen, zu reflektieren und zu gestalten.

In sportpädagogischem und -didaktischem Interesse geht es dabei zum einen um Digitalisierung in sportpädagogischen Handlungsfeldern, d. h. um die sozialen Ordnungen und kulturellen Realitäten, die sich etwa rund um den Tableteinsatz im Sportunterricht, Videofeedback im Lehramtsstudium oder Selbstvermessungstechnologien in Freizeit- oder Gesundheitspraktiken verwirklichen. Zum anderen geht es dabei auch um die Bedeutung, die *Körperlichkeit* und *Bewegung* in der Verwirklichung, Gestaltung und auch Reflexion dieser Ordnungen zukommt.

Denn in der Sportpädagogik sind Positionen etabliert, die auf philosophischen, pädagogisch-anthropologischen, kultur- und bewegungswissenschaftlichen Grundlagen körperliche Bewegung und leibliche Erfahrung als fundamentale Medien für Mensch-Welt-Bezüge begreifen und davon ausgehend sportliches Sich-Bewegen als Medium von Bildung ausdeuten (aktuell Laging, 2020). Es wird argumentiert, dass weder wir Menschen in unserer Identität, Subjekthaftigkeit und unserem Selbstbezug noch Welt bereits gegebenen sind. Vielmehr wird das Selbst zuallererst dadurch erzeugt, dass wir uns im Medium von Bewegung „mimetisch" (Gebauer & Wulf, 1998) und gerichtet auf die immer schon soziale und kulturelle Welt beziehen. Im Zuge dessen begreifen wir Welt sowie das Bewegen in ihren kulturellen Bedeutungsdimensionen und symbolischen Formen und bringen diese zugleich aktiv mit hervor. Im Anschluss an Bourdieu (z.

B. 1993) kann von einer *Einverleibung* und *Verkörperung* kultureller Schemata des Wahrnehmens, Denkens, Fühlens und Handelns im Medium von Körperlichkeit/Leiblichkeit und Bewegung gesprochen werden. Erst vor dem Hintergrund solch grundlegender Bewegungsverständnisse wird der Sport als ein Feld erkennbar, das Prozesse der Einverleibung/Verkörperung gleichsam bühnenartig hervorhebt und in seinen durch Unsicherheit und Offenheit gekennzeichneten Praktiken ästhetische Erfahrungsqualitäten sowie leiblich-sinnliche Differenzerfahrungen, etwa zwischen Können und Nicht-Können, Spüren und Bewirken, Ausführungs- und Idealform, besonders in den Mittelpunkt stellt (Franke, 2015; Prohl & Scheid, 2012).

Die angesprochenen Positionen betonten somit die konstitutive Bedeutung von Körperlichkeit und Bewegung dafür, sich (bewegungs-)kulturelle Ordnungen und Prozesse zu erschließen, sich an ihnen zu beteiligen und sich in sowie zu ihnen zu positionieren. Jüngere, kulturorientierte sportwissenschaftliche Untersuchungen können nun aufzeigen, dass diese konstitutive Bedeutung des Körperlichen auch in kulturellen Prozessen der Digitalisierung sportbezogener Praktiken zu berücksichtigen ist, wie auch die Betrachtung von Körper und Bewegung in diesen Praktiken nicht ohne eine grundlegende Berücksichtigung des Digitalen auskommt:

Stern (2010) zeigt, dass Szenegemeinschaften im Snowboarden vor allem Stil-Gemeinschaften sind. Sie werden von einem praktischen Sinn (Bourdieu, 1993), einem verkörperten Vermögen zusammengehalten, stilgerechte Bewegungen körperlich sowie medial hervorzubringen und den Stil anderer erkennen und einschätzen zu können. Der Einsatz von Bild- und Videomedien ist konstitutiv für die Ausbildung dieses Stil-Könnens und zeigt sich in einer engen Verzahnung von Bewegungs- und Medienpraxis, in der an Bewegungsdetails gearbeitet, Videos begutachtet und im Zuge dessen ebenso bestimmte Werthaltungen, Deutungsmuster und ästhetische Präferenzen angeeignet werden, die sich etwa über Kleidung, Sprache, Musikgeschmack und über ein bestimmtes Körperverhältnis zu einem Lebensstil weit über das Sporttreiben hinaus formieren.

Eine ähnliche Verschränkung von digitalen Medien, Körperlichkeit und Bewegungskultur kann auch Schäfer (2019) für das Skateboarden aufzeigen. In seiner historischen Rekonstruktion wird noch deutlicher, dass das, was gemeinhin als Skateboarden in all seinen Facetten firmiert – die gegenwärtige kulturelle Form der Praktik, die verbreiteten Körpertechniken und Fahrweisen, die sinnlichen Erfahrungsqualitäten und Ausdrucksmöglichkeiten, die damit verbundenen Einstellungen, Werte, Körper- und Selbstbezüge bis hin zu konsumorientierten, subversiven, kunst- oder mainstreamorientierten Haltungen – sich mitunter stark von anderen historischen Formen des Skateboarden unterscheiden. Die Herausbildung dieser gegenwärtigen Formen, so sein Befund, ist nicht ohne das Aufkommen bestimmter digitaler Technologien und Medien sowie ihre spezifische skateboardkulturelle Aneignung zu verstehen.

Eigene Untersuchungen zum Self-Tracking (u. a. Rode, 2018) zeigen zudem die Dynamik zwischen mobiler, körpernaher Technik und Person auf. Im innigen Zusammenspiel mit dem permanent getragenen Fitnessarmband werden vormals unhinterfragte Routinen und damit verbundene habitualisierte Wahrnehmungs-, Deutungs- und Wertungsmuster irritiert und modifiziert. In bewegungsbezogenen Differenzerfahrungen bildet sich ein bestimmtes körperlich-leibliches Selbst- und Weltverhältnis aus und im Zuge dessen wird auch das Armband erst auf spezifische Weise als (machtvolle) Vermessungs- und Optimierungstechnologie hervorgebracht.

Schließlich zeigen Studien zum Smartphone- und Videoeinsatz in der Tanzvermittlung (Rode, 2020, 2019a; Steinberg et al, 2019) auch für Unterrichtssettings, wie der Umgang mit diesen Digitaltechnologien sowohl für die Filmenden als auch für die Sich-Bewegenden, die in diesem Moment gefilmt werden, je spezifische Handlungs- und Erfahrungsräume, Beobachtungsregime und körperliche Positionierungsmöglichkeiten eröffnet.

Digitalisierung betrifft somit längst auch bewegungs- und sportbezogene Kontexte. Die entsprechenden neuen Praktiken und Wirklichkeiten sind allerdings nur unzureichend zu verstehen, wenn man sie unter oppositionellen Gegenüberstellungen von Digitalität einerseits und Körperlichkeit, Bewegung und Sport andererseits betrachtet, die wahlweise den Körper oder die Medientechnologien als bloßes Werkzeug, als Angriffsfläche oder aber als externe Wirkinstanz konzipieren. Vielmehr zeigen die exemplarisch angeführten Studien, dass es einer grundlegenden Berücksichtigung der sozialen und kulturellen Umgangsweisen mit digitalen Medientechnologien sowie der sozialen Körperlichkeit dieser Vorgänge bedarf: Digitalisierung stellt auch einen bewegungskulturellen Prozess dar, der sich erst mit Blick auf die Verwobenheit von Körperlichkeit, Bewegung, Medientechnologien und Kulturalität erschließt.

5. Schlussbetrachtungen

Ich habe in diesem Beitrag versucht, Grundlagen eines kulturorientierten Digitalisierungsverständnisses in Abgrenzung zu anderen Betrachtungsweisen zu entfalten und Digitalisierung in dieser Perspektive für den sportpädagogischen Diskurs zu charakterisieren. Zusammenfassend geht digitaler Wandel, kulturorientiert betrachtet, gerade nicht in technologischem Wandel auf. Und es sind auch nicht die Digitalisierung als externer Prozess oder Technologien als gesonderte Wirkinstanzen, die Menschen, Gesellschaft, Schule und Unterricht machen, sondern es sind die Menschen, die in ihren (komplexen, machtdurchzogenen, durch implizites Wissen orientierten, für die Einzelperson oft undurchsichtigen) kulturellen Artikulations- und Aushandlungsprozessen Digitalisierung machen. Sie gehen situativ und kontextspezifisch mit digitalen Medientechnologien, ihren Angebotsstrukturen und Gebrauchsgewährleistungen um, bringen diese dadurch erst in bestimmter Weise hervor und sind im Zuge dessen aktiv an der Konstituierung spezifischer kultureller Realitäten beteiligt – zunehmend auch kultureller Realitäten sportlichen Sich-Bewegens in Freizeit, Schule oder Hochschule. Mit Blick auf vorliegende Untersuchungen im Anschluss an die Position einer Körperlichkeit des Sozialen erscheint es mir wichtig zu betonen, dass es sich hierbei um grundlegend körperlich-leiblich fundierte Prozesse der mimetischen Einverleibung/Verkörperung kultureller Denk-, Wahrnehmungs- und Handlungsschemata handelt. Der sich gerade erst bildende sportpädagogische und -didaktische Digitalisierungsdiskurs wird von dieser Betrachtungsweise dazu aufgefordert, über die Technologie hinaus auf die kulturellen Prozesse und Praktiken der Digitalisierung zu blicken und dabei nicht in bekannte Dichotomien zu verfallen.

Aus der entfalteten Betrachtungsweise ergeben sich weitreichende Implikationen, die hier nicht ausgeführt werden können. Ich möchte lediglich einige Denkanstöße mit Blick auf den Sportunterricht als wichtiges sportpädagogisches Handlungsfeld formulieren.

5.1 Didaktische Denkanstöße

In didaktischer Hinsicht ist erstens noch einmal zu betonen, dass Digitalisierung auch einen bewegungskulturellen Prozess darstellt. Wenn der Sportunterricht in humanistischer Tradition auf einen verantwortungsvollen, selbstbestimmten, reflektierten, mündigen Umgang mit Formen des Sporttreibens unter individuell-biographischen Bedingungen abzielt, dann betrifft Digitalisierung eben diese *kulturellen* Formen des Sporttreibens und *kulturell* geprägten individuellen Bedingungen. In einem Sportunterricht, der nicht alleine zum Sporttreiben motorisch und motivational befähigen möchte, sondern dazu, sich zu den gesellschaftlich-kulturellen Verhältnissen sportlichen Sich-Bewegens „nicht-affirmativ" (Benner, 2005, S. 155 ff.) zu verhalten, wird Digitalisierung damit zur genuin sportpädagogisch-didaktischen Aufgabe. Denn sie betrifft zunehmend in grundlegender Weise die soziokulturellen Konstruktionsweisen von Bewegungspraktiken, -weisen, -techniken und -taktiken, mit ihnen verbundene Erfahrungs-möglichkeiten, Wahrnehmungsweisen und Sinnmuster sowie Ästhetiken, Codes und Stile – die „Mache" (Ehni, 1977) des Sports – weit über die so-genannten Trendsportarten hinaus.

Dies bedeutet zweitens, dass im Unterricht eingesetzte Medientechnolo-gien nicht als ‚unschuldige' Werkzeuge zu betrachten sind. Vielmehr mate-rialisieren sich z. B. in einem Trackingarmband und dem Umgang mit ihm bestimmte Körperbilder, Bewegungsvorstellungen, Menschenbilder, Leistungs- und Gesundheitsvorstellungen, ebenso wie Video-Apps etwa zur Verwirklichung spezifischer „Beobachtung- und Zeigezwänge" (Rudi, Zühlke & Steinberg, 2020, S. 42 f.) beitragen. Es gilt für solche machtvol-len Leitbilder und Wahrnehmungsregime, d.h. für die kulturellen Aspekte der Unterrichtsmedien und ihres Gebrauchs, sensibel zu sein und sie bei der Unterrichtsplanung zu berücksichtigen. Darüber hinaus bietet der Sportunterricht aber auch ganz bestimmte Möglichkeiten, sie aktiv zu the-matisieren und Schüler*innen eine Auseinandersetzung mit bewegungs-kulturellen Aspekten der Digitalisierung bzw. digital-kulturellen Aspekten von Bewegungskultur zu ermöglichen.

Drittens ist die Bedeutung von Körperlichkeit und Bewegung für solche Auseinandersetzungsmöglichkeiten zu betonen. Im Bereich der Kulturel-len Bildung (insb. Jörissen, 2017) wird beispielsweise argumentiert, dass veränderte kulturelle Formen, Ästhetiken und Wahrnehmungsweisen die kulturelle Seite der technologisch-informationalen Veränderungen im Zu-ge von Digitalisierungsprozessen darstellen. Der Komplexität der Verwei-sungszusammenhänge, Wechselwirkungen und Machtgefüge dieser Digi-talisierungsprozesse, so die Argumentation weiter, könne nur schwer kog-nitiv-rational begegnet werden. Demgegenüber böten ästhetische Zugangs-weisen das Potenzial, Digitalisierung als kulturellen Prozess umfassender zu erfahren und zu reflektieren (ebd., S. 9). Insbesondere stecke in solchen ästhetischen Prozessen immer auch ein Potenzial zur Distanzierung und dazu, sich implizite Logiken – etwa gouvernmentale Produktivitäts- oder Kreativitätslogiken –, die kulturelle Artikulationen durchziehen, ästhetisch zu vergegenwärtigen (ebd.). Sportdidaktisch wäre an dieser Stelle der An-schluss an oben bereits angesprochene Positionen zu prüfen, die sportive Bewegungshandlungen im Sportunterricht sowohl als kulturelle Artikula-tionsformen als auch als Medium der Weltbegegnung und letztlich von Bildung verstehen (z. B. Franke, 2015; Laging, 2020). Insbesondere gilt es hier bewegungspädagogische sowie kritisch-emanzipatorische Ansätze da-hingehend zu befragen, inwiefern Bewegungshandlungen nicht kategoria-le Einsichten (Klafki) in, leiblich-sinnliche Differenzerfahrungen von und ästhetische Positionierungen zu jenen kulturellen Strukturmerkmalen,

Konstruktionsprinzipien, Logiken und Ideologien der Digitalisierung ermöglichen können, die bewegungskulturelle Formen des Sich-Bewegens zunehmend durchdringen und damit Teil des grundlegenden sportdidaktischen Gegenstandes sind.

5.2 Denkanstöße für sportunterrichtsbezogene Forschung

Die hier nur angedeuteten Implikationen eines kulturorientierten Digitalisierungsverständnisses führen zudem recht schnell in den Bereich sportunterrichtsbezogener Forschung und offenbaren hier dringend zu bearbeitende Defizite. Erstens ist derzeit empirisch noch völlig offen, wie sich der Unterrichtsalltag und das Lehren und Lernen unter digitalisierten Bedingungen darstellt: Wie und als was erhält Digitales und Technologisches im Unterricht (für wen) Relevanz und Bedeutung? Welche Elemente und Praktiken des Unterrichts sind wie betroffen? Wie werden digitale Medien durch pädagogische Akteur*innen didaktisch aber auch peerkulturell, funktional oder subversiv angeeignet? Was bedeutet dies für pädagogische Beziehungen, für die Konstruktion von Unterrichtsgegenständen, für Erfahrungsräume, Erlebnisstrukturen und Partizipationsmöglichkeiten oder für pädagogische Differenzordnungen des Sportunterrichts? Eine kulturorientierte Herangehensweise favorisiert hier qualitative Ansätze, die interpretativ oder rekonstruktiv darauf zielen, besser zu verstehen, wie sich sportunterrichtliche Lern- und Unterrichtskulturen unter den Bedingungen des digitalen Wandels realisieren und wie die Akteur*innen in ihnen handeln.

Zweitens betrifft dies auch das außerschulische Sporttreiben in all seinen Facetten als didaktischer Bezugsgegenstand und als Erfahrungshintergrund der Akteur*innen des Sportunterrichts. Wie verändern sich konkrete Bewegungsweisen, -techniken und -taktiken, Umgangsweisen mit dem eigenen Körper, Raum-Zeit-Strukturen, Rollen und Handlungsmuster, Sinnangebote und Bedeutungsstrukturen sowie Wissensbestände des Sporttreibens unter den Bedingungen der Digitalisierung und welche Konsequenzen hat dies auch für die Inszenierung von Sportunterricht?

Schließlich kristallisieren sich drittens bereits neue Forschungsfelder heraus, die für den Sportunterricht hoch relevant sind und unter der gegenwärtigen COVID-Situation noch einmal eine neue Bedeutsamkeit erhalten. Digitalisierung wird, wie im Verlauf des Beitrags schon herausgestellt, verschiedentlich diskursiv mit dem Sportunterricht in Verbindung gebracht. Neben etwa bildungspolitischen und fachwissenschaftlichen Diskursen bilden sich auch neue Räume für Alltagskommunikation über und zum Sportunterricht, die noch viel direkter mit seiner Praxis in Verbindung stehen und weitgehend unerforscht sind. Schüler*innen, Eltern und Sportlehrer*innen tauschen sich auf verschiedenen Social-Media-Plattformen über Sportunterricht aus, teilen Erfahrungen, Ängste und Wünsche, fragen nach Anregungen zur Unterrichtgestaltung oder zu Problemen und Herausforderungen und teilen Unterrichtsmaterialien. Welche Aspekte und Themen des Sportunterrichts werden hierbei verstärkt dem Digitalen überantwortet oder zugeschrieben? Wie stellt sich dies (evtl. noch einmal anders) unter Situationen von Schulschließung und Online-Lehre dar? Welche Aspekte und Themen werden in Verbindung mit Digitalisierung wiederrum dem Sportunterricht überantwortet oder zugeschrieben? Welche Leitbilder und Vorstellungen von Sportlehrenden, Schüler*innen, Körperlichkeit, dem Gegenstand, den Aufgaben und Zielen des Sportunterrichts zeigen sich? Hier sei nur beispielhaft auf affirmative Gesundheitsvorstellungen sowie Effektivitäts- und Steuerungsideologien in US-amerikanischen Diskursen zum Einsatz und Nutzen von Self-Tracking-Apps und Wearables im dortigen Sportunterricht verwiesen (kritisch Gard, 2014; Lupton 2014).

Mit den hier formulierten Grundlegungen und Denkanstößen ist die Hoffnung verbunden, einer sportpädagogischen und -didaktischen Beschäftigung mit Digitalisierung Wege jenseits der Technologie aufzeigen zu können.

Literatur

Benner, D. (2005). *Allgemeine Pädagogik. Eine systematisch-problemgeschichtliche Einführung in die Grundstruktur pädagogischen Denkens und Handelns* (5., korrig. Aufl.). Weinheim: Juventa.

Bourdieu, P. (1993). *Sozialer Sinn. Kritik der theoretischen Vernunft*. Frankfurt am Main: Suhrkamp.

Bröckling, U. (2020). *Optimierung, Preparedness, Priorisierung. Soziologische Bemerkungen zu drei Schlüsselbegriffen der Gegenwart*. Soziopolis. Abgerufen von

https://www.soziopolis.de/beobachten/gesellschaft/artikel/optimierung-preparedness-priorisierung/

Digel, H. (1990). Die Versportlichung unserer Kultur und deren Folgen für den Sport – ein Beitrag zur Uneigentlichkeit des Sports. In H. Gabler & U. Göhner (Hrsg.), *Für einen besseren Sport. Themen, Entwicklungen und Perspektiven aus Sport und Sportwissenschaft* (S. 73–96). Schorndorf: Hofmann.

Dander, V. (2020). Sechs Thesen zum Verhältnis von Bildung, Digitalisierung und *Digitalisierung*. In V. Dander, P. Bettinger, E. Ferraro, C. Leineweber & K. Rummler (Hrsg.), *Digitalisierung – Subjekt – Bildung. Kritische Betrachtungen der digitalen Transformation* (S. 19–37). Opladen: Barbara Budrich.

Dräger, J., & Müller-Eiselt, R. (2015). *Die digitale Bildungsrevolution: Der radikale Wandel des Lernens und wie wir ihn gestalten können*. München: Deutsche Verlags-Anstalt.

Ehni, H. (1977). *Sport und Schulsport. Didaktische Analysen und Beispiele aus der schulischen Praxis*. Schorndorf: Hofmann.

Franke, E. (2015). Bildsamkeit des Körpers – anthropologische Voraussetzungen aktueller Bildungsforschung. In J. Bietz, R. Laging & M. Pott-Klindworth (Hrsg.), *Didaktische Grundlagen des Lehrens und Lernes von Bewegungen. Bewegungswissenschaftliche und sportpädagogische Bezüge* (S. 223–256). Baltmannsweiler: Schneider Verlag Hohengehren.

Gard, M. (2014). eHPE: a history of the future. *Sport, Education and Society, 19*(6), 827–845.

Gebauer, G. & Wulf, C. (1998). *Spiel – Ritual – Geste. Mimetisches Handeln in der sozialen Welt*. Reinbek bei Hamburg: Rowohlt.

Greve, S., Thumel, M., Jastrow, F., Schwedler-Diesener, A., Krieger, C. & Süßenbach, J. (2020). Digitale Medien im Sportunterricht der Grundschule. Ein Update für die Sportdidaktik?! In M. Thumel, R. Kammerl & T. Irion (Hrsg.), *Digitale Bildung im Grundschulalter. Grundsatzfragen zum Primat des Pädagogischen* (S. 325–340). München: kopaed.

Helsper, W. (2008). Schulkulturen – Die Schule als symbolische Sinnordnung. *Zeitschrift für Pädagogik, 54*(1), 63–80.

Jörissen, B. (2014). Digitale Medialität. In C. Wulf & J. Zirfas (Hrsg.), *Handbuch Pädagogische Anthropologie* (S. 503–513). Wiesbaden: Springer.

Jörissen, B. (2016). "Digitale Bildung" und die Genealogie digitaler Kultur: histeographische Skizzen. *MedienPädagogik: Zeitschrift für Theorie und Praxis der Medienbildung, 25* (Computer Science Education), 26–40.

Jörissen, B. (2019). Digital/Kulturelle Bildung: Plädoyer für eine Pädagogik der ästhetischen Reflexion digitaler Kultur. *KULTURELLE BILDUNG ONLINE*. doi: 10.25529/92552.420.

Kerres, M. (2020). Bildung in der digitalen Welt: Über Wirkungsannahmen und die soziale Konstruktion des Digitalen. *MedienPädagogik: Zeitschrift für Theorie und Praxis der Medienbildung, 17* (Jahrbuch Medienpädagogik), 32.

Kolbe, F.-U., Reh, S., Fritzsche, B., Idel, T.-S. & Rabenstein, K. (2008). Lernkultur: Überlegungen zu einer kulturwissenschaftlichen Grundlegung qualitativer Unterrichtsforschung. *Zeitschrift für Erziehungswissenschaft, 11*(1), 125–143.

Kraus, A., Budde, J., Hietzge, M. C. & Wulf, C. (2017). *Handbuch Schweigendes Wissen. Erziehung, Bildung, Sozialisation und Lernen*. Weinheim: Beltz Juventa.

Krämer, S. (2003). Erfüllen Medien eine Konstitutionsleistung? Thesen über die Rolle medientheoretischer Erwägungen beim Philosophieren. In S. Münker, A. Roesler & M. Sandbothe (Hrsg.), *Medienphilosophie. Beiträge zur Klärung eines Begriffs* (S. 78–90). Frankfurt am Main: Fischer-Taschenbuch-Verl.

Krotz, F. (2012). Von der Entdeckung der Zentralperspektive zur Augmented Reality: Wie Mediatisierung funktioniert. In F. Krotz & A. Hepp (Hrsg.), *Mediatisierte Welten. Forschungsfelder und Beschreibungsansätze* (S. 27–55). Wiesbaden: Springer VS.

Krüger, M. & Neuber, N. (2020). Vorwort der Reihenherausgeber. In B. Fischer, A. Paul & D. Mausolf (Hrsg.), *Lehren und Lernen Mit und in Digitalen Medien Im Sport. Grundlagen, Konzepte und Praxisbeispiele Zur Sportlehrerbildung* (S. 5–6). Wiesbaden: Springer VS.

Kultusministerkonferenz (KMK) (2017, 07. Dezember). *Bildung in der digitalen Welt, Beschluss der Kultusministerkonferenz vom 8.12.2016.* Zugriff unter http://w ww.kmk.org/fileadmin/Dateien/veroeffentlichungen_beschluesse/2018/Strategie _Bildung_in_der_digitalen_Welt_idF._vom_07.12.2017.pdf

Laging, R. (2020). Bewegung, Bildung und leibliche Erfahrung. Das pädagogische Potenzial sportlicher Bewegungshandlungen. In B. Müller & L. Spahn (Hrsg.), *Den LeibKörper erforschen. Phänomenologische, geschlechter- und bildungstheoretische Perspektiven auf die Verletzlichkeit des Seins* (S. 181–194). Bielefeld: transcript.

Lange, J. (2020). Medienkompetenz als unbekannte Praxis. Ethnographische Perspektiven auf Digital Natives. *Zeitschrift für Grundschulforschung, 13*(1), 15–29.

Latour, B. (1995). *Wir sind nie modern gewesen. Versuch einer symmetrischen Anthropologie.* Frankfurt am Main: Suhrkamp.

Lupton, D. (2014). Data assemblages, sentient schools and digitised health and physical education (response to Gard). *Sport, Education and Society, 20* (1), 122–132.

Lupton, D. (2020). The Sociology of Mobile Apps. In D. A. Rohlinger, S. Sobieraj & D. Lupton (Hrsg.), *The Oxford Handbook of Sociology and Digital Media.* Oxford: Oxford University Press.

Macgilchrist, F. (2019). Digitale Bildungsmedien im Diskurs. Wertesysteme, Wirkkraft und alternative Konzepte. *Aus Politik und Zeitgeschichte, 20*(27–28), 18–23.

Mersch, D. (2002). *Ereignis und Aura: Untersuchungen zu einer Ästhetik des Performativen.* Frankfurt am Main: Suhrkamp.

Oberösterreichische Nachrichten (2019, 04. September). Sind Sie ein „Smombie"? Warum das Handy beim Gehen so gefährlich ist. Zugriff unter https://www.nac hrichten.at/meine-welt/gesundheit/sind-sie-ein-smombie-warum-das-handy-beim -gehen-so-gefaehrlich-ist;art114,3161094

Passig, K. & Scholz, A. (2015). Schlamm und Brei und Bits. Warum es die Digitalisierung nicht gibt. *Merkur, 69*(785), 75–81.

Pörksen, U. (2011). *Plastikwörter. Die Sprache einer internationalen Diktatur* (7. Aufl.). Stuttgart: Klett-Cotta.

Prohl, R. & Scheid, V. (2012). Bewegungskultur als Bildungsmedium. In V. Scheid & R. Prohl (Hrsg.), *Sportdidaktik. Grundlagen – Lehrplan – Bewegungsfelder* (S. 22–34). Wiebelsheim, Hunsrück: Limpert.

Puderbach, T. (2019). Apps im Sportunterricht. Nützliche Helfer mit vielfältigen Einsatzmöglichkeiten. *Sport Praxis, 60* (Sonderheft), 17–20.

Reckwitz, A. (2000). *Die Transformation der Kulturtheorien. Zur Entwicklung eines Theorieprogramms.* Weilerswist: Velbrück Wissenschaft.

Reckwitz, A. (2012). *Die Erfindung der Kreativität. Zum Prozess gesellschaftlicher Ästhetisierung.* Berlin: Suhrkamp.

Reckwitz, A. (2017). *Die Gesellschaft der Singularitäten. Zum Strukturwandel der Moderne.* Berlin: Suhrkamp.

Rode, D. (2018). Gegen-Sichten. Digitale Selbstvermessung als heterotopische visuelle Praxis. In L. Spahn, J. Scholle, S. Maurer & B. Wuttig (Hrsg.), *Verkörperte Heterotopien. Zur Materialität und [Un-]Ordnung ganz anderer Räume* (S. 99–112). Bielefeld: transcript.

Rode, D. (2019a). „Ich hab 's falsch gemacht!" Die ‚Feedbackgeladenheit' videogestützter Beobachtungspraktiken im Lehramtsstudium. Zur praxeologischen Erforschung von Professionalisierung in der (Sport-)Lehrer*innenbildung. In Y. Hardt & M. Stern (Hrsg.), *Körper – Feedback – Bildung. Modi und Konstellationen tänzerischer Wissens- und Vermittlungspraktiken* (S. 250–278). München: kopaed.

Rode, D. (2019b). Selbst-Bildung im und durch Self-Tracking. Ein analytisch-integrativer Systematisierungsversuch zur Subjektkultur des 'neuen Spiels' digitaler Selbstvermessung. In D. Rode & M. Stern (Hrsg.), *Self-Tracking, Selfies, Tinder und Co. Konstellationen von Körper, Medien und Selbst in der Gegenwart* (S. 151–182). Bielefeld: transcript.

Rode, D. (2020). *Praktiken, Subjekte und Sachen der Sportlehrerbildung. Praxeographie fachpraktischer Lehrveranstaltungen.* Wiesbaden: Springer VS.

Rudi, H., Zühlke, M. & Steinberg, C. (2019). Digitalität, Identität und Tanzvermittlung – Forschung zu bewegungsbezogenen medialen Praktiken in didaktischer Betrachtungsweise. *Leipziger sportwissenschaftliche Beiträge, 60*(2), 26–48.

Schäfer, E. V. (2020). *Dogtown und X-Games – die wirkliche Geschichte des Skateboardfahrens. Körper, Räume und Zeichen einer Bewegungspraktik zwischen Pop- und Sportkultur.* Bielefeld: transcript.

Spitzer, M. (2014). *Digitale Demenz. Wie wir uns und unsere Kinder um den Verstand bringen.* München: Droemer Knaur.

Stalder, F. (2017). *Kultur der Digitalität* (2. Auflage). Berlin: Suhrkamp.

Stalder, F. (2018). Herausforderungen der Digitalität jenseits der Technologie. *Synergie. Fachmagazin für Digitalisierung in der Lehre*, (5), 8–15.

Steinberg, C., Zühlke, M., Bindel, T. & Jenett, F. (2020). Aesthetic education revised: a contribution to mobile learning in physical education. *German Journal of Exercise and Sport Research, 50*(1), 92–101.

Stern, M. (2010). *Stil-Kulturen. Performative Konstellationen von Technik, Spiel und Risiko in neuen Sportpraktiken.* Bielefeld: transcript.

Wendeborn, T. (2019a). Wer nicht *mit* der Zeit geht, *geht* mit der Zeit – Zum Sportunterricht in einer digital revolutionierten Gesellschaft. *Leipziger sportwissenschaftliche Beiträge, 60*(2), 9–25.

Wendeborn, T. (2019b). Digitalisierung als (weiteres) Themenfeld für die Sportpraxis? Status quo einer notwendigen Diskussion. *Sport Praxis, 60* (Sonderheft), 4–6.

Werron, T. (2010). *Der Weltsport und sein Publikum. Zur Autonomie und Entstehung des modernen Sports.* Weilerswist: Velbrück.

Zierer, K. (2017). *Lernen 4.0. Pädagogik vor Technik. Möglichkeiten und Grenzen einer Digitalisierung im Bildungsbereich.* Baltmannsweiler: Schneider Verlag Hohengehren.

Reconsidering the push for digitized physical activity education in lieu of the intrinsic value of embodied action

Maria Kosma, David Buchanan

Summary

There has been an increasing push for the use of digitized physical activity promotion in recent years, where exercise promoters are expected to use different technological platforms like smartphones and activity trackers to increase fitness levels. In this article, we critique this instrumental form of exercise promotion where the body is objectified, and its value located in the achievement of such easily quantified outcomes like increased number of steps. Instead, we emphasize the need for a holistic and embodied approach, where body and mind act in unison to experience joyful flow-like movement as an end in itself. Drawing on the existential phenomenology of Merleau-Ponty and others, we argue that embodied action has value as being-in-itself, fusing cognitive, emotional and physical benefits.

Zusammenfassung

In den letzten Jahren gab es einen zunehmenden Vorstoß für den Einsatz digitalisierter Bewegungsförderung, bei der von Bewegungsfördernden erwartet wird, dass sie verschiedene Technologien wie Smartphones und Aktivitätstracker nutzen, um das Fitnessniveau zu steigern. In diesem Artikel kritisieren wir diese instrumentelle Form der Bewegungsförderung, bei der der Körper objektiviert wird und der alleinige Wert im Erreichen solch leicht quantifizierbarer Ergebnisse wie einer erhöhten Anzahl von Schritten liegt. Stattdessen betonen wir die Notwendigkeit eines ganzheitlichen und verkörperten Ansatzes, bei dem Körper und Geist im Einklang agieren, um freudvolle, fließende Bewegung als Selbstzweck zu erleben. In Anlehnung an die existentielle Phänomenologie von Merleau-Ponty und anderen argumentieren wir, dass verkörpertes Handeln einen Wert als "being-in-itself" hat und kognitive, emotionale und physische Vorteile vereint.

Keywords: Embodied action, instrumental digitized exercise promotion

Based on the Behavioral Risk Factor Surveillance System (2018), nearly 40 % of US adults are obese. It is well-established that physical activity participation can reduce obesity levels and associated health problems, including premature mortality, diabetes, hypertension, cardiovascular disease, and certain cancers (Vissers et al., 2013). In recent years, there has been a notable push for digitized physical activity promotion by such organizations as the American College of Sports Medicine (Thompson, 2018) and the worldwide digitized fitness industry, whose 2020 revenue has been $21,92m, over $7m up from 2017 ($14,606m) (Statistica, 2020). Exercise promoters are increasingly being advised and/or directed to promote exercise by means of the use of digitized technology in various forms, such as smartphones, activity trackers, social media, and the digital transformation of workouts into games like exergaming (video games in the form of exercise), based presumably on its perceived efficiency in reducing costs and increasing access. In this article, we critique the instrumental framework used by virtually all electronic media platforms, where the recommended activities are presented solely as a means to an end, rather than as actions that are intrinsically good in themselves. To the extent that such electronic media encourage users to think that means and ends are independent of one another, where the goal – in this case, a state of physical fitness – can be achieved through many different interchangeable, and hence, arbitrary methods, this approach disregards and diminishes the internal good of embodied action. As such, these technologies deflect attention away from the overarching goal of promoting human wellbeing, and in its place, substitutes mere improved physical fitness.

In the broader social context, the push for digital media represents another instantiation of the resort to instrumental reason, to the neglect of practical reason, where means and ends are inherently and inextricably intertwined. At bottom, our concern has been well-articulated by the Canadian philosopher, Charles Taylor (1991, p.), who decries the growing recourse to "instrumental reason" as a "massively important phenomenon" underlying the perplexing sense of loss, malaise, and disintegration widely felt in modern culture. Rather than reproducing and reinforcing a major source of our modern moral malaise, we recommend greater use and appreciation of an embodied approach to physical activity education, where the body is not viewed merely as an object that emits digital data, but rather, as an integral element in human sensation, experience, understanding and being in the world.

Based on the Common Sense Census survey (Rideout & Robb, 2019), entertainment screen media use – excluding homework – for tweens (8–12 years old) was roughly steady from 2015 to 2019 (4.36 hours/day vs. 4.44 hours/day), while for teens (13–18 years old), it increased slightly, from 6.40 hours/day to 7.22 hours/day. Online video viewing more than doubled among both age groups during the same time period. Moreover, by age 12, 69 % of all children have their own smartphones (Rideout & Robb, 2019). African American and Latino/Hispanic teenagers spend more time using social media than their White peers (Rideout & Robb, 2019). Most parents do not use any tools to track their children's screen time (Rideout & Robb, 2019). The lack of monitoring is problematic because high screen users (over two hours of screen time per day) are significantly less active than low screen users and more frequently experience mental and social health problems like depression, anxiety, and asocial behavior (Dangkrueng, WannaUeumol, Yodming & Sirithongthaworn, 2013; Kosma & Buchanan, 2018, 2019; Kuss, Griffiths, Karila & Billieux, 2014).

Although the use of smartphones has dramatically increased over the last four years for both teens and tweens, a recent review and meta-analysis of randomized controlled trials found that smartphone apps were not effective in increasing physical activity levels (Romeo, Edney, Plotiknoff, Curtis, Ryan, Sanders, Crozier & Maher, 2019). Additionally, the potential promise of smartphone apps to enhance physical activity participation has been found to drop off precipitously typically about two months after intervention implementation (Romeo et al., 2019). The decline in physical activity levels over time following smartphone interventions is consistent across numerous studies (Yardley, Spring, Riper, Morrison, Crane, Curtis, Merchant, Naughton & Blandfort, 2016).

Similarly, another digitized format designed to increase exercise levels is exergaming. Exergames are video games that are actively played individually or in groups on such consoles as Nintendo, Xbox, and PlayStation. Users need to move their bodies in order to progress or win the game by following screen movements. Although the potential effectiveness of exergames in increasing exercise levels has generated considerable excitement in the field, various objective measures have demonstrated that traditional in-person, face-to-face exercise programs are more effective in increasing energy expenditure and levels of moderate-to-vigorous physical activity than virtual reality programs (exergaming) (Baranowski, 2017; Mc-Donough et al., 2018; Staiano et al., 2017). Additionally, exergames have not been found to exhibit the gateway effect to habitual physical activity, free play, or long-term exercise participation (Baranowski, 2017; LeBlanc et al., 2013; Staiano et al., 2017). Importantly, research in dance education has shown that distractions during the learning and execution of dance movements, such as watching oneself in the mirror while dancing, detracts from the sense of embodiment (e.g., via qualitatively reported disruption of bodily sensations and information), balance, proprioception, and skill improvement (Dearborn, Harring, Young & O'Rourke, 2006; Hutt & Redding, 2014; Kosma & Erickson, 2020[a]; Radell, Keneman, Adame & Cole, 2014). Checking oneself in the mirror while dancing also reinforces the objectification of the body by encouraging comparisons with media stereotypes regarding what constitutes an ideal body image that needs to be attained (Dearborn et al., 2006; Ehrenberg, 2010; Radell et al. 2014).

Due to the inherent limitations of the technology, the results or feedback from such digitized technology in promoting physical activity are almost invariably framed in terms that are not seen to be intrinsically beneficial but only as a mean to an (externally-imposed) end, typically providing counts of number of steps taken, distance run and energy expended. Such results do not ascribe any inherent value to the activity, but only information about whether the numbers have gone up or down compared to previous efforts. The assumption is that the user will then interpret these numbers as objective measures of improved health, regardless of the felt subjective experience. If or when participants do not lose weight relatively rapidly and find that the routines themselves leave them tired and sore the next day, they quickly lose interest in continuing, which may explain its lack of success in maintaining increased physical activity levels.

Digitized forms of movement objectify the human body by emphasizing outcomes that can be readily measured, like the number of steps taken. The objectification of the body has been critiqued by existential phenomenologists, most notably Merleau-Ponty (1945/2014) and Sartre (1943/2003). More critically, Foucault critiques the increasing resort to what he terms "biopower," which refers to the development of technologies of power for managing human beings in large groups. He analyzes the increasing attempts to control human bodies through disciplinary societal institutions, where the power of the modern nation state is increasingly encoded into social practices such that the human subject gradually acquiesces to subtle regulations and expectations of the social order. As he states, biopower refers to the "explosion of numerous and diverse techniques for achieving the subjugation of bodies and the control of populations" (Foucault, 1998, p. 140).

In his magnum opus, *Phenomenology of Perception* (1945/2014), Merleau-Ponty challenged the Cartesian mind-body dualism, where the mind was perceived to operate independently of the body, and the body was viewed merely as a physical object bombarded by meaningless sensations. Instead, he stressed the unity of body and mind, highlighting the interdependence of embodied knowledge, where bodily experiences and sensations are integral to mental experience, comprehension, and feelings. At its most basic level, when someone steps on our toe, we experience pain, pull away and say, "Ouch." On a slightly more sophisticated level, after making love, a highly pleasurable activity, human beings commonly experience feelings of love, bonding, and joy. Likewise, well-trained athletes often talk of the experience of "flow," where time disappears in the moment of intense focus, concentration and perception, moments devoid of distraction, mind and body totally in sync, acting as one. On a more mundane level, most people find it fun to dance, go for a swim or bike ride, take a walk in the woods, play tennis, feel the sun on our face and breathe fresh air, immediate yet profound pleasures that we can only experience as corporeal creatures. In embodied action, we enjoy dancing intrinsically, not because it might make us live longer. We also know that we experience greater pleasure as we get better at an activity; we come away more relaxed, happier, a step removed from daily worries, doubts, and frustrations (Kosma & Erickson, 2020[a], 2020[b]; Kosma, Erickson, Savoie, & Gibson, 2021[a], 2021[b]).

When the Cartesian mind-body dualism is recognized to be patently false, we appreciate their fundamental vital unity and interdependence, and corporeal experience can be seen to be an end in itself, with intrinsic rewards, joys and pleasures. The body/mind engages the world, acts as a subject, seeking to make sense of the experiences of pain, suffering, joy and love (Kosma et al., 2021[b]; Merleau-Ponty, 1945/2014; Sartre, 1943/2003). Knowledge is inescapably corporeal; we gain knowledge only by being-in-the-world. There is no mind, no experience, nothing to be interpreted without physical, sensate bodies. This corporeal knowledge, *practognosia*, can be conscious or unconscious: it informs action without the need to make a conscious effort to think about the next move. We could not perform already mastered skills like dancing or aerial acrobatics performance on silks if we had to step back, cogitate and plot the next move (Kosma & Erickson, 2020[a]). Practiced skills become embodied, where we "know" what to do without thinking, without being self-conscious of the next movement (Kosma et al., 2021[a]; Merleau-Ponty, 1945/2014; Sartre, 1943/2003). We can improvise – we are not enslaved to rote repetition – but the pleasure and joy of novel experience is successful only to the extent of employing learned embodied skills in new configurations, new patterns of unfolding.

In embodied movement, biological functioning, such as fitness, mental health, and skill development, grows better, becomes more efficient, requires less strenuous effort, less exertion of self-conscious control (Kosma & Buchanan, 2018). When mind and body act in unison, we take delight in successful performance. We dance, play the piano or go running to clear our minds and enjoy the experience in and of itself, and only secondarily, as we internalize institutional pressures to conform to achieve national objectives regarding socially acceptable BMIs. Movement becomes an integral part of who we are, our sense of being-in-the-world, because of its sheer joy, not for instrumental reasons like achieving externally imposed objectives set by the CDC, like the number of steps or minutes spent captured by digitized technologies.

In his *Toward a Psychology of Being*, Abraham Maslow (1999) differentiated between deficiency-oriented and growth-oriented motives. People in the former category view activities instrumentally as a means to reduce tension, stress, and other deficiencies; such instrumental purposes are not pleasant, only rehabilitative, and as such, they gradually lose their value. As Maslow makes clear, "[People] dislike being perceived as useful objects or as tools" (Maslow, 1999, p. 46). In contrast, people acting on growth-oriented motives become self-actualized; growth is an end in itself, putting us in touch with the joy of being alive (Maslow, 1999, p. 36). As Maslow states:

> "They (growth-motivated people) grow upon themselves and instead of wanting less and less, such a person wants more and more of, for instance, education. The person, rather than coming to rest, becomes more active. The appetite for growth is whetted rather than allayed by gratification. Growth is, in itself, a rewarding and exciting process, e.g., the fulfilling of yearnings and ambitions, like that of being a good doctor; the acquisition of admired skills, like playing the violin or being a good carpenter; the steady increase of understanding about people or about the universe, or about oneself; the development of creativeness in whatever field, or, most important, simply the ambition to be a good human being."

Digitized technologies can only capture things that can be readily counted, where their presumed value is derived from extrapolations of their relationship to an end-state that holds true value. When movement educators promote such technologies, they treat their intended users as a means to achieve objectives set by the CDC or save health care costs, and not as human beings with the dignity to be treated as ends in themselves. They are using the participants as objectified bodies, who need to achieve certain quantifiable objectives, and thus justify their professional success in promoting exercise. Should movement educators be peddling digitized platforms that press users to think about embodied action in instrumental terms? Should they encourage people to think about their bodies as objectified entities without intrinsic value, a recalcitrant drag pulling us remorselessly into the grave? Or should we be praising movement as an exuberant celebration of human existences and life itself?

In conclusion, we have critiqued the increasing resort to an instrumental framework in physical activity education, where digitized technologies are increasingly being utilized to accelerate progress in meeting the demand for increased physical activity levels. The push captures the increasing objectification of the human body, where the only value to be found is seen in increases in digitized measures of physical fitness. Instead, we need to approach physical activity education in an embodied and holistic way where mind and body act in unison to celebrate movement experiences as a vital part of our being.

References

Baranowski, T. (2017). Exergaming: Hope for future physical activity? or blight on mankind? *Journal of Sport and Health Science, 6*, 44–46. http://dx.doi.org/10.1016/j.jshs.2016.11.006

Dangkrueng, S., WannaUeumol, T., Yodming, P. & Sirithongthaworn, S. (2013). Relationships between Internet addiction and loneliness, and Internet addiction and teenage social skills: A case study of Mathayom Suksa students in the Northern Region. *International Journal of Child Development and Mental Health, 1*, 26–30.

Dearborn, K., Harring, K., Young, C. & O'Rourke, E. (2006). Mirror and phrase difficulty influence dancer attention and body satisfaction. *Journal of Dance Education, 6*, 116–123.

Ehrenberg, S. (2010). Reflections on reflections: Mirror use in a university dance training environment. *Theatre, Dance and Performance Training, 1*, 172–184. https//doi.org/10.1080/19443927.2010.505001

Foucault, M. (1998). *The History of Sexuality, Vol. 1: The Will to Knowledge*. Penguin

Hutt, K. & Redding, E. (2014). The effect of an eyes-closed dance-specific training program on dynamic balance in elite pre-professional ballet dancers: A randomized controlled pilot study. *Journal of Dance Medicine & Science, 18*, 3–11. doi:10.12678/1089–313X.18.1.3

Kosma, M. & Buchanan, D. R. (2018). "Connect," log it, track it, go! *Techne*—not technology—and embodiment to achieve *phronesis* in exercise promotion. *Quest, 70*, 100–113. 10.1080/00336297.2017.1355818

Kosma, M. & Buchanan, D. R. (2019). Aspects of depression among socio-economically disadvantaged African American young adults. *International Quarterly of Community Health Education, 39*, 199–207. https://doi.org/10.1177/0272684X19829612

Kosma, M. & Erickson, N. (2020a). The embodiment of aerial practice: Body, mind, emotion. *Journal of Dance Education, 20*, 224-233. Advance online publication on 08/15/19. 10.1080/15290824.2019.1622706

Kosma, M. & Erickson, N. (2020b). The love of aerial practice: Art, embodiment, *phronesis*. *International Journal of Kinesiology and Sports Science, 8*, 14–25. http://dx.doi.org/10.7575/aiac.ijkss.v.8n.1p.14

Kosma, M. Erickson, N., Savoie, C. J., & Gibson, M. (2021a). Skill development vs. performativity among beginners in aerial practice: An embodied and meaningful learning experience. Advance online publication on 04/10/20. *International Quarterly of Community Health Education, 41*, 173-187. doi:10.1177/0272684X20918053

Kosma, M., Erickson, N., Savoie, C. J. & Gibson, M. (2021b). The effectiveness of performative aerial practice on mental health and the love of movement. Advance online publication on 7/3/20. *Research in Dance Education, 22*, 210-227. doi:10.1080/14647893.2020.1784868

Kuss, J. D., Griffiths, D. M., Karila, L. & Billieux, J. (2014). Internet addiction: A systematic review of epidemiological research for the last decade. *Current Pharmaceuticals Design, 20*, 4026–4052.

LeBlanc, A. G., Chaput, J. P., McFarlane, A., Colley, R. C., Thivel, D., Biddle, S. J., Maddison, R., Leatherdale, S. T., & Tremblay, M. S. (2013). Active video games and health indicators in children and youth: A systematic review. *Plos One, 8*, e65351. https://doi.org/10.1371/journal.pone.0065351

Maslow, A. H. (1999). *Toward a psychology of being* (3rd ed.). John Wiley & Sons.

McDonough, D. J., Pope, Z. C., Zeng, N., Lee, J. E. & Gao, Z. (2018). Comparison of college students' energy expenditure, physical activity, and enjoyment during exergaming and traditional exercise. *Journal of Clinical Medicine, 7*, 433. doi:10.3390/jcm7110433

Merleau-Ponty, M. (2014). *Phenomenology of perception* (D. A. Landes, Trans.). Routledge. (Original work published 1945).

Radell, S. A., Keneman, M. L., Adame, D. D. & Cole, S. P. (2014). My body and its reflection: A case study of eight dance students and the mirror in the ballet classroom. *Research in Dance Education, 15*, 161–178. https://doin.org/10.1080/14647893.2013.87925

Rideout, V. & Robb, M. B. (2019). *The Common Sense Census: Media Use by Tweens and Teens*. Common Sense Media. https://www.commonsensemedia.org/sites/default/files/uploads/research/2019-census-8-to-18-key-findings-updated.pdf

Romeo, A., Edney, S., Plotnikoff, R., Curtis, R., Ryan, J., Sanders, I., Crozier, A. & Maher, C. (2019). Can smartphone apps increase physical activity? Systematic review and meta-analysis. *Journal of Medical Internet Research, 21*, e12053. 10.2196/12053

Sartre, J-P. (2003). *Being and nothingness: An essay on phenomenological ontology* (H. E. Barnes, Trans.). Routledge. (original work published 1943).

Staiano, A. E., Beyl, R. A., Hsia, D. S., Katzmarzyk, P. T. & Newton, Jr R. L. (2017). Twelve weeks of dance exergaming in overweight and obese adolescent girls: Transfer effects on physical activity, screen time, and self-efficacy. *Journal of Sport and Health Science, 6*, 4–10. doi:10.1016/j.jshs.2016.11.005

Statistica, (2020). *Digital Market Outlook: Fitness: Worldwide*. https://www.statista.com/outlook/313/100/fitness/worldwide

Taylor, C. (1991). *The Malaise of Modernity*. T. P. Verso Press. (Released in the US in 1992 under the title *The Ethics of Authenticity*. Harvard University Press).

Thompson, W. R. (2018). Worldwide survey of fitness trends for 2019. *ACSM's Health & Fitness Journal, 21*, 10-19. doi: 10.1249/FIT.0000000000000341

Vissers, D., Hens, W., Taeymans, J., Baeyens, J-P., Poortmans, J. & Gaal, L. V. (2013). The effect of exercise on visceral adipose tissue in overweight adults: A systematic review and meta-analysis. *PLoS ONE, 8*, e56415. 10.1371/journal.pone.0056415

Yardley, L., Spring, B. J., Riper, H., Morrison, L. G., Crane, D. H., Curtis, K., Merchant, G. C., Naughton, F., & Blandford, A. (2016). Understanding and promoting effective engagement with digital behavior change interventions. *American Journal of Preventive Medicine, 51*, 833–842. https://doi.org/10.1016/j.amepre.2016.06.015

Kurzbeiträge

Soziale Medien im Kontext von Bewegung und Sport – eine mehrperspektivische Betrachtung

Birgit Braumüller

Zusammenfassung

Ausgehend von der kulturpessimistischen These, dass die Nutzung sozialer Medien zulasten von Sporttreiben geht, diskutiert der Beitrag drei entgegengesetzte Annahmen hinsichtlich der Bedeutung sozialer Medien für Bewegung und Sport: (1) angelehnt an den ‚uses and gratifications‘ Ansatz werden die Motive sportbezogener Aktivitäten in sozialen Medien beleuchtet; (2) aus sozialisationstheoretischer Perspektive wird die Relevanz sozialer Medien für die Entwicklung sportiver Identität(en) erörtert; (3) aus sportpraktischer Sicht wird der Einfluss von Social-Media-Handeln auf das Sporttreiben kritisch diskutiert. Theorie- und forschungsgeleitet werden darüber neue Perspektiven auf die Bedeutung sozialer Medien im Kontext des Freizeitsports eröffnet.

Summary

The pessimistic cultural thesis that social media activities happen at the expense of sports is the starting point for this paper. Three opposing assumptions regarding the relevance of social media for physical activity and sports will be outlined: (1) motives of the sports-related social media use are examined against the background of the uses and gratifications approach; (2) the relevance of social media for the development of sporting identity is discussed from the perspective of socialization theory; (3) from a sports practice view, the influence of social media activities on offline sports activities is critically discussed. Guided by theory and research, this paper opens up new perspectives on the relevance of social media for leisure sports.

Schlagworte: soziale Medien, Sport, Motive, Identität, Auswirkungen

1. Einleitung

Sporttreiben und die Nutzung sozialer Medien werden häufig unter einer negativ konnotierten, kulturpessimistischen Perspektive betrachtet: Social-Media-Aktivitäten mindern oder verdrängen das Sporttreiben, fördern Bewegungsarmut, wirken negativ auf Gesundheit, Selbstwertgefühl und die Entwicklung sozialer Kompetenzen, wohingegen Sportaktivitäten primär mit positiven Wirkmechanismen assoziiert werden (u.a. Zuzanek, 2016). Jedoch bildet dieser Kulturpessimismus einerseits eine normative und einseitige Betrachtung des Phänomens ab und andererseits skizziert er mediales Handeln unbegründet als Gegenpol zu Aktivität und Bewegung. Jährliche Daten zum juvenilen Sporttreiben und zur Internetnutzung vom Medienpädagogischen Forschungsverbund Südwest (mpfs) belegen nämlich, dass die steigende Internetnutzung nicht zulasten der Sportaktivitätsraten geht, die bei Mädchen und Jungen konstant auf hohem Niveau liegen (Abb. 1).

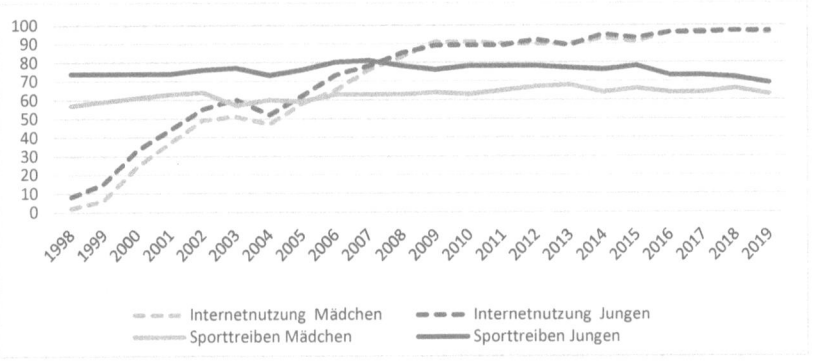

Abb. 1. Internetnutzung und Sporttreiben bei 12 bis 19-Jährigen in Deutschland 1998-2019, Aktivität täglich/ mehrmals pro Woche, Angaben in % (eigene Abb., Quelle: Braumüller, 2020; mpfs, 2019)

Die Daten des mpfs verweisen auf eine weitgehende Unabhängigkeit, die neben einer Verdrängung und Verstärkung ebenfalls zur Beschreibung der Beziehung zwischen Sporttreiben und Online-Aktivitäten herangezogen wird (Braumüller & Hartmann-Tews, 2017). Diese Beziehung wird meist über zeitliche Investitionen abgebildet, wobei die Bestimmung der Zeitbudgets für Social-Media-Handeln zunehmend schwieriger wird, da dieses nicht klar abgrenzbar, sondern durch die mobile Nutzung in das alltägliche Handeln verwoben ist (ebd.). Entsprechend erscheint es lohnenswert, anstelle einer Quantifizierung die Art und Weise der Beziehung zwischen Sporttreiben und Social-Media-Handeln zu untersuchen - und zwar sowohl die gegenseitigen Bereicherungen als auch Einschränkungen. Hierfür bieten sich drei Perspektiven an, die in diesem Beitrag aufgearbeitet werden. Zunächst werden basierend auf dem ‚uses and gratifications‘ Ansatz die Motive des (sportbezogenen) Handelns in sozialen Medien betrachtet. Anschließend wird aus sozialisationstheoretischer Perspektive die Relevanz sozialer Medien für die Entwicklung sportiver Identität(en) diskutiert. Abschließend wird ein Blick auf die sportpraktische Relevanz sozialer Medien geworfen, d.h. auf potentielle Auswirkungen von Social-Media-Aktivitäten auf das offline Sporttreiben der Nutzer*innen. Mithilfe dieser drei Perspektiven wird die Bedeutung sozialer Medien im Kontext von Bewegung und Sport qualitativ zu erfassen versucht.

2. Sportbezogenes Handeln in sozialen Medien

Im Vordergrund der folgenden Betrachtungen steht das sportbezogene Handeln in sozialen Medien, d.h. Aktivitäten in Online-Netzwerken im Kontext von Bewegung und Sport. Ein Blick in Instagram, Facebook oder YouTube offenbart eine große Vielfalt an sportbezogenen Inhalten: (audio-)visuelle Inszenierungen von Bewegungspraxen und sportlichen Erfolgen, Trainingspläne und -anleitungen, Diskussionen zu Material und Strecken, Suchanfragen für Spieler*innen/Trainer*innen, oder Fanbekundungen für Akteur*innen aus dem Profisport. Ungeachtet der eigenen Sportaktivität wird sportbezogenes Handeln in sozialen Medien von Individuen ausgeübt, die ein Interesse an sportbezogenen Themen, Informationen, Akteur*innen etc. eint. Es stellt sich die Frage, welche Motive dieses Handeln forcieren, welche Identitätsrelevanz es besitzt und inwiefern es das reale Sporttreiben beeinflusst.

2.1 Motive

Für eine Auseinandersetzung mit den Motiven des Social-Media-Handelns scheint der von Katz und Foulkes (1962) entwickelte ‚uses and gratifications‘ Ansatz lohnend: Konsument*innen werden als aktiv Entscheidende skizziert, die ihre Medienwahl basierend auf persönlichen Interessen, Bedürfnissen und Gratifikationen bewusst treffen.

In außersportlichen Kontexten werden soziale Interaktion, Informationssuche, Unterhaltung und Zeitvertreib als relevante Motive der Nutzung sozialer Medien identifiziert (Raacke & Bonds-Raacke, 2008; Whiting & Williams, 2013). Unter Jugendlichen und jungen Erwachsenen dominieren die Auseinandersetzung mit sich selbst und eine starke Freundschaftsorientierung das Social-Media-Handeln (Braumüller & Hartmann-Tews, 2017; Raacke & Bonds-Raacke, 2008).

Bei sportbezogenen Aktivitäten in sozialen Medien zeigen sich Überschneidungen zu den eben skizzierten Motiven. Unterhaltung, Informationssuche, soziale Interaktion und Beobachtung (anderer Teams, Sportler*innen etc.) werden als Motive des sportbezogenen Social-Media-Handelns von College-Studierenden identifiziert, wobei nur soziale Interaktion und Informationssuche die Bedürfnisbefriedigung positiv beeinflussen (Kim, Kim & Choi, 2016). Die ‚Medien, Kultur und Sport‘ Studie des Deutschen Jugendinstituts legt ebenfalls eine vorrangig informative und kommunikative sportbezogene Internetnutzung nahe, während produzierende Aktivitäten, bspw. das Drehen und Posten von Videos sportlicher Aktivitäten, bei den 13- bis 24-Jährigen kaum Anwendung finden (Züchner, 2013).

Einige Studien wenden sich ausgewählten Netzwerken und/oder Sportarten zu. So zeigen Setzer, Ernst und Miethling (2014), dass sich die Facebook-Aktivitäten von jugendlichen Windsurfer*innen primär an dem Wunsch nach Anerkennung für die eigenen Leistungen und dem Wunsch nach Zugehörigkeit orientieren. Die Darstellung von Zugehörigkeit und Freundschaft tritt neben dem Zeitvertreib auch als wichtiges Motiv der Twitter-Nutzung unter College-Athlet*innen auf (David, Powless, Hyman, Purnell, Steinfeldt & Fisher, 2018). In jugendlichen Online-Foren liegt der Fokus der sportbezogenen Kommunikation auf der Suche nach sozialen Kontakten, Unterstützung sowie Informationen zu neuen Sportarten und Herausforderungen (O'Reilly, Berger, Hernandez, Parent & Seguin, 2012).

Für Fans scheinen in sozialen Medien neben der Interaktivität und Informationsgewinnung (Clavio & Walsh, 2013) v.a. das Ausleben einer persönlichen Leidenschaft, die Einbindung in Fangemeinden und die gemeinsamen Hoffnungen auf Erfolge relevant (Stavros, Meng, Westberg & Farrelly, 2014).

2.2 Sportive Identität(en)

Aus sozialisationstheoretischer Perspektive werden sportive Identitäten in Auseinandersetzung zwischen psychischen und physischen Dispositionen auf der einen Seite und sozialen Strukturen und relevanten Instanzen auf der anderen Seite entwickelt (Hurrelmann & Bauer, 2015). Gesellschaftlicher Wandel eröffnet zunehmend Möglichkeiten eines spielerischen Umgangs mit Identität(en), d.h. Individuen können Identität(en) entwickeln, verhandeln, verwerfen und neu ausrichten (Schmidt, Paus-Hasebrink & Hasebrink, 2009). Dies findet verstärkt in sozialen Medien statt – über virtuelle Interaktion, soziale Verortung, die Selbstdarstellung in relevanten Zusammenhängen oder die Inszenierung des Körpers (Würfel, 2012). Stern (2019) verweist auf hohe Relevanz des Körpers bzw. von Körperkulturen in Prozessen der Digitalisierung und identifiziert ebenfalls einen *spielerischen und experimentellen Charakter* beim *„[E]ntwerfen, [E]rproben und [B]eglaubigen"* von körperbezogenen Selbstdarstellungen (S. 49).

Zunehmend wird auch das sportbezogene Handeln in sozialen Medien hinsichtlich seiner Bedeutung für die Verhandlung sportiver Identität(en) untersucht. Im Rahmen der visuellen Selbstinszenierung in erfolgreichen, ästhetischen oder subjektiv bedeutsamen Situationen der Sportausübung werden Identitäten als erfolgreiche Sportler*innen verhandelt (Braumüller, 2017; Littlejohns, Gouthro & Dickinson, 2019). In Online-Fitness-Szenen wird dieser Identitätsentwurf häufig über die Inszenierung des Körpers dargestellt, in die traditionelle Geschlechtszuschreibungen inkorporiert sind: Mädchen strapazieren häufiger *„Attraktivitätsnormen der Sexiness"*, während Jungen sich eher über ihre *„Sportlichkeit und Muskularität"* inszenieren (Döring, 2014, S. 12). Der Identitätsentwurf als erfolgreiche*r Sportler*in ist meist mit dem Wunsch nach Anerkennung für sportliche Leistungen verbunden (Braumüller, 2017; Setzer et al, 2014) und dient nach Goffmann (1990) dem *impression management*, d.h. der Inszenierung des idealen Selbst auf öffentlichen Bühnen.

Neben der Inszenierung als erfolgreiche Sportler*innen lässt sich der Identitätsentwurf als Experte*in identifizieren, der auf der Aneignung und Weitergabe von Wissen sowie auf Beratung und Unterstützung fußt (Braumüller, 2017) und sich auch in Kletter-Communities (Holland-Smith, 2017) und der Skateboard-Kultur (Bock, 2018) herauskristallisiert. Erfahrene Skater*innen geben ihr *„Bewegungs- und Körperwissen"* in sozialen Medien weiter, und akkumulieren darüber *„symbolisches Kapital in Form von Gruppenzugehörigkeit, Solidarität, Anerkennung Respekt oder Freundschaft"* (Bock, 2018, S. 151).

Hier deutet sich bereits der dritte Identitätsentwurf an: als Mitglied von sportiven Szenen, Teams oder Gruppen über die Darstellung von Zugehörigkeit und die Einbettung in soziale Kontexte (Braumüller, 2017; Holland-Smith, 2017; Setzer et al., 2014). Zugehörigkeits- und Anerkennungsverhältnisse sind in sozialen Netzwerken aufgrund der ausgeprägten Feedbackkultur besonders gewinnbringend zu gestalten (Braumüller, 2017; Setzer et al., 2014). Dieser Befund wird durch einen positiven Effekt der laufsportbezogenen Netzwerknutzung auf die Zufriedenheit mit sozialen Aspekten des Lebens untermauert (Mahan III, Seo, Jordan & Funk, 2015).

2.3 Auswirkungen

Hier wird der Blick zunächst auf die gegenseitige Beeinflussung von sportbezogenem Social-Media-Handeln und Sporttreiben gelenkt. Bei Jugendlichen zeigt sich ein positiver Zusammenhang zwischen den Umfängen der sportbezogenen Internetnutzung und des Sporttreibens, wobei die Wirkrichtung offenbleibt (Braumüller & Hartmann-Tews, 2017). Ebenfalls positive Effekte – und zwar in beide Richtungen – werden zwischen dem Social-Media-Handeln und dem Laufsport belegt (Mahan III et al., 2015), wohingegen im Klettersport keine steigende Partizipation zu verzeichnen ist (Holland-Smith, 2017).

Abseits der gegenseitigen Beeinflussung stellt sich die Frage nach den spezifischen Auswirkungen des sportbezogenen Social-Media-Handelns auf das Sporttreiben. In einer Interviewstudie mit sportaktiven jungen Erwachsenen aus unterschiedlichen Sportkontexten (Braumüller, 2017) kristallisieren sich drei potentielle Auswirkungen heraus: (1) Zugang zu Sportorganisationen/-akteur*innen und vereinfachte Organisation des Sporttreibens; (2) Verbesserung sportlicher Fähigkeiten und Professionalisierung des Sporttreibens durch die Aneignung von Wissen und Feedback zu sportiven Inszenierungen; (3) Motivation und Anregungen über die Rezeption sportbezogener Beiträge und Leistungsvergleiche. Den motivationalen Aspekt durch die passive Rezeption sowie die Leistungsvergleiche mit anderen User*innen identifizieren auch Littlejohns und Kolleginnen (2019) für Langstreckenläufer*innen und Bock (2018) für die Skateboard-Kultur.

Neben positiven Auswirkungen zeigt sich in einigen Studien auch eine kritische Bewertung des sportbezogenen Handelns in sozialen Medien. Dies betrifft einerseits den sozialen Druck zu einem sportiven Lebensstil, der in sozialen Medien transportiert und durch sportbezogene Selbstdarstellungen verstärkt wird (Braumüller, 2017). Diese Kritik wird untermauert durch ablehnende Äußerungen gegenüber einer überzogenen und exzessiven Inszenierung in sportiven Kontexten, welche als Widerspruch zu der von den befragten Personen skizzierten selektiven und äußerst bedachten Selbstdarstellung aufgefasst wird (Braumüller, 2017; Littlejohns et al., 2019). Andererseits werden Intransparenz und mangelnde Qualität der online verfügbaren Informationen kritisch betrachtet (Braumüller, 2017). Eine Studie zu Kommunikator*innen von YouTube Fitness-Kanälen bestätigt die Angemessenheit dieser kritischen Haltung durchaus: das veröffentlichte Wissen basiert primär auf eigenen Erfahrungen, was aufgrund der fehlenden Wissenschaftlichkeit als *„Bro-Science"*[1] bezeichnet wird (Döring, 2016, S. 5).

3. Abschließende Betrachtungen

Die Befunde zeigen, dass soziale Medien nicht per se negativ für sportliche Aktivitäten sind, sondern eine differenzierte Betrachtung der gegenseitigen Bereicherung bzw. Einschränkung notwendig ist. Vor allem für sportaktive Personen bieten soziale Medien zahlreiche positive Implikationen: Neben der Befriedigung von vorrangig interaktionalen und informativen sportbezogenen Bedürfnissen eröffnen soziale Medien Möglichkeiten sportive Identität(en) als erfolgreiche Sportler*innen, als Expert*innen oder als Mitglieder sportiver Kollektive zu entwerfen, verhandeln und darüber zu festigen. Die sportbezogene Nutzung sozialer Medien forciert das Beziehungs-, Identitäts- und Informationsmanagement (Lopez & Lucas, 2018) und damit eine Auseinandersetzung mit den zentralen Entwicklungsaufgaben Sozial-, Selbst- und Sachauseinandersetzung (Schmidt et al., 2009). Sowohl die in sozialen Medien verhandelten sportiven Identitätsentwürfe als auch die skizzierten Auswirkungen auf die Quantität und Qualität des Sporttreibens deuten an, dass im Kontext von Bewegung und Sport virtuelle und reale Welten ineinander übergehen bzw. ineinander verwoben sind und vorwiegend authentische Selbstdarstellungen daraus resultieren, die jedoch einer ausgeprägten Erfolgsorientierung folgen (Braumüller, 2017).

Abseits der skizzierten positiv konnotierten Perspektiven auf die Bedeutung sozialer Medien für das Sporttreiben, scheint die kulturpessimistische These generell nicht mehr zeitgemäß. Prozesse der Digitalisierung sind omnipräsent in modernen Gesellschaften, eine Kehrtwende ins analoge Zeitalter ist weder möglich noch erstrebenswert. Hingegen scheint es lohnenswert und notwendig die Möglichkeiten der Digitalisierung und der sozialen Medien auch im Kontext von Bewegung und Sport funktional

---

1 Zusammengesetzt aus Bro(ther) und Science lässt sich dieser Begriff als ‚Kumpel-Wissenschaft' übersetzen. Er bezeichnet die v.a. in Online-Fitnessszenen verbreitete Praxis der Meinungsbildung, die weniger auf wissenschaftlich fundierten Erkenntnissen, sondern stärker auf in sozialen Medien veröffentlichten persönlichen Erfahrungen von Athlet*innen basiert.

zu nutzen. Das Potential sozialer Medien für sportive Aktivitäten hat sich nicht zuletzt in der durch die Corona Pandemie ausgelösten Verlagerung von sportlichen Arrangements in digitale Welten gezeigt.

Literatur

Bock, K. (2018). Zur Rolle online-medialer Inhalte für die Skateboardkultur. In J. Schwier & V. Kilberth (Hrsg.), *Skateboarding zwischen Subkultur und Olympia* (S. 143 – 164). Bielefeld: transcript.

Braumüller, B. (2020). Young adults' perceptions of the relevance of interaction on social online networks for sports activities. *European Journal for Sport and Society, 17*(3), 231–249.

Braumüller, B. (2017). Sportbezogenes Handeln in virtuellen sozialen Netzwerken. *German Journal for Sport and Exercise Research, 48*(1), 79–88.

Braumüller, B. & Hartmann-Tews, I. (2017). Jugendliche als mediatisierte Stubenhocker? *Diskurs Kindheits- und Jugendforschung, 12*(1), 49–70.

Clavio, G. & Walsh, P. (2013). Dimensions of social media utilization among college sport fans. *Communication & Sport, 2*, 261–281.

David, J.L., Powless, M.D., Hyman, J.E., Purnell, D.J., Steinfeldt, J.A. & Fisher, S. (2018). College student athletes and social media: The psychological impacts of Twitter use. *International Journal of Sport Communication, 11*(2), 163–186.

Döring, N. (2016). Die Bedeutung von Videoplattformen für die Gesundheitskommunikation. In C. Rossmann & M. Hastall (Hrsg.), *Handbuch Gesundheitskommunikation: Kommunikationswissenschaftliche Perspektiven* (S. 1 – 14). Heidelberg: Springer.

Döring, N. (2014). Mobilität und medialer Mediengebrauch im Kontext der Entwicklungsaufgaben von Jugendlichen. In U. Wagner (Hrsg.), *vernetzt_öffentlich_aktiv. Mobile Medien in der Lebenswelt von Jugendlichen* (S. 51 – 66). München: kopaed.

Goffman, E. (1990). *The Presentation of Self in Everyday Life*. London: Penguin Books.

Holland-Smith, D. (2017). Social capital, social media and the changing patterns of participation in climbing. *Sport in Society, 20*(9), 1101–1117.

Hurrelmann, K. & Baur, U. (2015). *Einführung in die Sozialisationstheorie*. Weinheim: Beltz.

Katz, E. & Foulkes, D. (1962). On the use of the mass media as "escape": Clarification of a concept. *Public Opinion Quarterly, 26*(3), 377–388.

Kim, D., Kim, S.Y. & Choi, M.I. (2016). Why young people use social media for sports: A uses and gratifications perspective. *Indian Journal of Science and Technology, 9*(26), 1–7.

Littlejohns, R., Gouthro, M.B. & Dickinson, J. (2019). Runners' engagement and social support practices: exploring the uses and role of online activities. *Sport in Society, 22*(12), 2243–2260.

Lopez, I. & Lucas, C (2018). Nutzung von Social Media im Sport. Erwartungen und Motive. In T. Horky, H.J. Stiehler & T. Schierl (Hrsg.), *Die Digitalisierung des Sports in den Medien.* Sportkommunikation 13. Köln: Halem.

Mahan III, J.E., Seo, W.J., Jordan, J.S. & Funk, D. (2015). Exploring the impact of social networking sites on running involvement, running behavior, and social life satisfaction. *Sport Management Review, 18*(2), 182–192.

mpfs (2019). *JIM-Studie 2019.* Stuttgart: mpfs.

O'Reilly, N., Berger, I.E., Hernandez, T., Parent, M.M. & Seguin, B. (2012). Understanding adolescent sport participation through online social media. *Sport, Business and Management, 2*(1), 69–81.

Raacke, J. & Bonds-Raacke, J. (2008). My Space and Facebook. Applying the Uses and Gratifications Theory to Exploring Friend-Networking Sites. *Cyberpsychology and Behavior, 11*(2), 169–174.

Schmidt, J. I., Paus-Hasebrink, I. & Hasebrink, U. (2009). *Heranwachsen mit dem Social Web: Zur Rolle von Web 2.0-Angeboten im Alltag von Jugendlichen und jungen Erwachsenen.* Berlin: Vistas.

Setzer, M., Ernst, C. & Miethling, W.D. (2014). Bewegungspraxen im Internet. Eine Studie zur Selbstdarstellung jugendlicher Windsurfer in sozialen Netzwerken. *Medien und Sport, 36*(4), 18–21.

Stavros, C., Meng, M.D., Westberg, K. & Farrelly, F. (2014). Understanding fan motivation for interacting on social media. *Sport Management Review, 17*(4), 455–469.

Stern, M. (2019). Körper – Medien – Selbst in neuen Sportpraktiken. In D. Rode & M. Stern (Hrsg.), *Self-Tracking, Tinder & Co. Konstellationen von Körper, Medien und Selbst in der Gegenwart* (S. 37 – 54). Bielefeld: transcript.

Whiting, A. & Williams, D. (2013). Why people use social media: A uses and gratifications approach. *Qualitative Market Research, 16*(4), 362–369.

Würfel, M. (2012). Ich, Wir und die anderen: Sozialisation und Identitätsarbeit in Social Communities. In I. Stapf, A. Lauber, B. Fuhs & R. Rosenstock (Hrsg.), *Kinder im Social Web. Qualität in der KinderMedienKultur* (S. 89 – 102). Baden-Baden: Nomos.

Züchner, I. (2013). Sportliche Aktivitäten im Aufwachsen junger Menschen. In M. Grgic & I. Züchner (Hrsg.), *Medien, Kultur und Sport* (S. 89 – 138). Weinheim: Beltz Juventa.

Zuzanek, J. (2016). Youths' use of time from comparative, historical and developmental perspectives. In K. Green & A. Smith (Ed.), *Routledge Handbook of Youth Sport* (p.26 – 41). New York: Routledge.

Forschungsimplikationen aus einem Projekt zur digitalen Gesundheitskompetenzförderung bei Berufsschüler*innen

Gerrit Stassen, Andrea Schaller

Zusammenfassung

Der vorliegende Beitrag zeigt anknüpfend an eine Kurzvorstellung des „WebApp"-Projekts und den Ergebnissen einer summativen Wirksamkeitsüberprüfung und einer Nutzungsanalyse verschiedene Forschungsimplikationen zur Gesundheitskompetenz und zu digitalen Interventionen zur Gesundheitsförderung auf. So sollten die Theoriebasierung, die Operationalisierung des Konstrukts „Gesundheitskompetenz", die Operationalisierung der „Nutzung" digitaler Interventionen, die Verzahnung von Face-to-Face- und digitalen Komponenten („Blended Interventions") und die Kombination von verhaltens- und verhältnisorientierten Ansätzen nicht nur mit Blick auf die Zielgruppe der Berufsschüler*innen systematisch bearbeitet werden.

Summary

Following a brief presentation of the "WebApp" project and the results of a summative effectiveness evaluation and a usage analysis, this contribution shows different research implications for health literacy and digital health promotion interventions. Thus, theory-based approaches, the operationalisation of the construct "health literacy", the operationalisation of the "usage" of digital interventions, the interlinking of face-to-face and digital components ("blended interventions"), and the combination of behaviour- and environment-oriented approaches should be systematically addressed not only with regard to the target group of vocational school students.

Schlagworte: Gesundheitskompetenz, digitale Gesundheitsförderung, Berufsschüler*innen, Forschungsimplikationen

1. Hintergrund

Vor dem Hintergrund des demografischen Wandels gilt die Gruppe der Auszubildenden mit gut 1,3 Millionen jungen Menschen (Statistisches Bundesamt, 2019) als hochrelevante Zielgruppe in der Gesundheitsförderung. Studien zeigen, dass etwa die Hälfte von starken körperlichen und häufigen psychischen Beschwerden berichten (Betz, Haun & Böttcher, 2015) und zudem gesundheitsgefährdende Verhaltensweisen innerhalb dieser Gruppe weit verbreitet sind (Kaminski, Nauerth & Pfefferle, 2008). Dennoch bilden junge Erwachsene außerhalb akademischer Qualifizierungswege eine unterrepräsentierte Zielgruppe in der Gesundheitsförderungsforschung und -praxis (Bonnie, Stroud & Breiner, 2015; Oosterveen, Tzelepis, Ashton & Hutchesson, 2017). Da die Lebensphase zwischen Adoleszenz und Erwachsensein (18–25 Jahre, „Emerging Adulthood") allerdings neben Identitätserkundung, Selbstexploration und wachsender Autonomie und Verantwortung (Arnett, 2000) auch mit der Manifestation gesundheitsrelevanter Verhaltensweisen einhergeht (Daw, Margolis & Wright, 2017), nimmt die Bedeutung der individuellen Gesundheitskompetenz junger Erwachsener zu (McDaid, 2016).

Ursprünglich lag der Gesundheitskompetenz (engl. „Health Literacy"[1]) ein funktionales klinisches Verständnis im Sinne grundlegender Schreib-, Lese- und Rechenfähigkeiten zugrunde. Nach dem integrierten Modell vom europäischen Health Literacy Projektkonsortium (HLS-EU) umfasst der Begriff heute[2] das Wissen, die Motivation und die Fähigkeiten, relevante Gesundheitsinformationen zu finden, zu verstehen, zu bewerten und anzuwenden, um im Alltag in den Bereichen Gesundheitsversorgung, Krankheitsprävention und Gesundheitsförderung Urteile fällen und Entscheidungen treffen zu können zur Erhaltung oder Verbesserung der Lebensqualität im Lebensverlauf (Sørensen, van den Broucke, Fullam, Doyle, Pelikan, Slonska & Brand, 2012). In der Studie „Gesundheit in Deutsch-

---

1 „Health Literacy" wird im deutschen Sprachraum zunehmend mit Gesundheitskompetenz ersetzt, wobei laut Abel, Sommerhalder und Bruhin (2018) eine systematische Auseinandersetzung mit den Konsequenzen dieser Übersetzung noch fehlt.

2 Einen entscheidenden Impuls lieferte Nutbeam (1998) im Health Promotion Glossary der World Health Organization (1998) mit einem Verständnis von „Health Literacy" als kognitive und soziale Fähigkeiten, die die Motivation und die Fähigkeit des Einzelnen bestimmen, Zugang zu Informationen zu erhalten und sie zu verstehen und so zu nutzen, dass eine gute Gesundheit gefördert und erhalten wird.

land aktuell" weisen etwa 44 % der Erwachsenen eine problematische bzw. inadäquate Gesundheitskompetenz auf, während gleichzeitig eine ausreichende Gesundheitskompetenz positiv mit verschiedenen Gesundheitsverhaltensweisen und mit einer besseren Gesundheit (körperlich und psychisch) assoziiert ist (Jordan & Hoebel, 2015). Auch im Strukturmodell der Gesundheitskompetenz von Soellner, Huber, Lenartz und Rudinger (2010) bzw. Lenartz (2012) wird Gesundheitskompetenz als eine Sammlung von individuellen Fähigkeiten und Fertigkeiten beschrieben, die dazu befähigen im Alltag und im Umgang mit dem Gesundheitssystem so zu handeln, dass sich dies positiv auf Gesundheit und Wohlbefinden auswirkt. Dieses Modell geht ebenfalls über Wissensaspekte hinaus und erklärt Gesundheit und Gesundheitsverhalten durch den indirekten und direkten Einfluss der Dimensionen „Selbstwahrnehmung", „Verantwortungsübernahme", „Umgang mit Gesundheitsinformationen", „Selbstkontrolle", „Selbstregulation" und „Kommunikation und Kooperation" (Soellner, Lenartz & Rudinger, 2017), wobei Assoziationen mit dem Gesundheitsverhalten und der körperlichen und psychischen Gesundheit bereits gezeigt wurden (Lenartz, 2012).

Allgemein gilt die Gesundheitskompetenz nicht nur als Schlüsseldeterminante für die Gesundheit (Kickbusch, Pelikan, Apfel & Tsouros, 2013), sondern auch als „key outcome from health education" (Nutbeam, 2000, S. 263). Modelle der Gesundheitskompetenz lassen sich somit in Konzepte der Gesundheitsförderung integrieren (Förderung von Selbstbestimmung und -befähigung über die eigene Gesundheit (World Health Organization, 1986, 1998)) und korrespondieren zudem auch mit dem Bildungssystem, da neben der fachlichen Ausbildung auch die Entwicklung gesellschaftlicher und personaler Handlungskompetenzen ein wesentliches Ziel darstellt. Im Fach Sport/Gesundheitsförderung an der Berufsschule z. B. bezieht sich dies insbesondere auf die Ausbildung und Stärkung gesundheitsförderlicher Ressourcen (Ministerium für Schule und Weiterbildung des Landes Nordrhein-Westfalen, 2007).

Da eine ausreichende Datengrundlage für eine empirisch fundierte Interventionsentwicklung zur Gesundheitskompetenzförderung bislang noch fehlt (Vogt, Messer, Quenzel & Schaeffer, 2016), stellt sich die Frage, inwiefern Maßnahmen aus der Gesundheitsförderung bzw. Interventionen, die auf gesunde Verhaltensweisen abzielen, zur Steigerung der Gesundheitskompetenz beitragen könnten. Insbesondere für die Zielgruppe der Berufsschüler*innen erscheinen digitale Ansätze als äußerst vielversprechender Zugangsweg. Auszubildende verbringen fast die Hälfte ihrer täglichen wachen Zeit mit dem Konsum digitaler Medien (Betz et al., 2015) und das Internet stellt für junge Erwachsene die primäre Quelle für

Gesundheitsinformationen dar (Beck, Richard, Nguyen-Thanh, Montagni, Parizot & Renahy, 2014; Montagni, Cariou, Feuillet, Langlois & Tzourio, 2018).

Ausgehend vom beschriebenen Hintergrund zeigt der vorliegende Beitrag anknüpfend an eine Kurzvorstellung des „WebApp"-Projekts[3] (Grieben, Stassen & Froböse, 2017) sowie zentraler Ergebnisse (Kap. 2) Forschungsimplikationen zu digitalen Interventionen zur Förderung der Gesundheitskompetenz von Berufsschüler*rinnen auf (Kap. 3).

2. Forschungsprojekt „WebApp"

Der nachfolgende Abschnitt gibt einen Kurzüberblick zur Konzipierung und Evaluation von „WebApp". Detaillierte Einblicke finden sich in den Artikeln zur partizipativen Vorphase (Grieben, Stassen & Froböse, 2018), zur summativen Evaluation (Stassen, Grieben, Sauzet, Froböse & Schaller, 2020) und zur Nutzungsanalyse (Stassen, Grieben, Froböse & Schaller, 2020).

2.1 Intervention und Studiendesign

Zielgruppe von „WebApp" waren kaufmännische Auszubildende im ersten Lehrjahr. Zentraler Projektbestandteil war eine digitale Interventionsplattform, welche auf Grundlage von Fokusgruppen mit Berufsschüler*innen (Grieben et al., 2018) zielgruppenspezifisch entwickelt wurde. Die interaktive Plattform wurde mit einer E-Learning-Software erstellt (responsives Design, s. Abb. 1) und war in sieben wöchentlich upgedatete Themenbereiche untergliedert: allg. Gesundheitsinformationen mit einem Hauptfokus auf körperliche Aktivität, „Mythbusters" zur Aufklärung von Falschinformationen, gesunde Ernährung, Schnellrezepte, Motivationstipps, Selbsttests und Gesundheitsquizze (Stassen, Grieben, Sauzet et al., 2020). In allen Themenbereichen wurde wiederholt der Schul- und Berufsalltag der Zielgruppe aufgegriffen (z.B. über Übungen für den

---

3 „WebApp – eine internetbasierte Intervention zur Förderung der Gesundheitskompetenz bei Berufsschülern", Förderer: Bundesministerium für Bildung und Forschung, Laufzeit: 01.02.2015 – 31.01.2018, Forschungsverbund „TRISEARCH", Projektleitung: Christopher Grieben, Projektmitarbeit: Gerrit Stassen, Verbundleitung: Ingo Froböse, Andrea Schaller.

Arbeitsplatz oder gesunde Snacks) und die Informationen wurden in verschiedenen Medienformaten aufbereitet.

Abb. 1. Homepage der digitalen Interventionsplattform im „WebApp"-Projekt

Die Wirksamkeit der Interventionsplattform hinsichtlich der Steigerung der Gesundheitskompetenz wurde über eine clusterrandomisierte Studie mit achtwöchiger Interventionsphase und 6-Monats-Follow-Up an drei Berufsschulen (insg. 33 Klassen) überprüft. Die Schüler*innen der beiden Interventionsgruppen (IG) bekamen individuelle Zugangsdaten zur Interventionsplattform, wobei eine Gruppe lediglich Einladungsmails nach den Prätestungen bekam (IG-A) und der anderen Gruppe die Interventionsplattform zu Interventionsbeginn im Rahmen eines Gesundheitstages in der Berufsschule vorgestellt wurde (IG-B). Beide Interventionsgruppen erhielten wöchentliche Erinnerungsmails mit Informationen bzgl. der Themenupdates. Die Kontrollgruppe (KG) hatte keinen Zugriff. Alle Gruppen nahmen während der Interventionsphase weiter am curricularen Unterricht teil.

Die individuelle Gesundheitskompetenz (primärer Zielparameter) wurde über den Fragebogen von Lenartz operationalisiert (Lenartz, 2012), der die Dimensionen des zugrundeliegenden Strukturmodells der Gesundheitskompetenz (Lenartz, 2012; Soellner et al., 2017) erhebt (vgl. Kap 1). Die summative Wirksamkeitsüberprüfung erfolgte über eine Mehrebenenanalyse (Stassen, Grieben, Sauzet et al., 2020). Des Weiteren wurden die Nutzungsdaten (Anzahl an Interventionsplattformlogins) der beiden Interventionsgruppen erhoben und zur Nutzungsanalyse über Verlaufs-

und Subgruppenanalysen ausgewertet (Stassen, Grieben, Froböse et al., 2020). In alle Analysen wurden die Datensätze der Altersspanne 18–25 Jahre eingeschlossen.

2.2 Ergebnisse

Die Wirksamkeitsanalyse (n=531) zeigte, dass weder die digitale Intervention alleine (IG-A) noch die Kombination mit einem zusätzlichen Gesundheitstag zu Interventionsbeginn (IG-B) wirksamer war in Bezug auf die Förderung der Gesundheitskompetenz als der curriculare Unterricht alleine (KG). Keiner der Studienarme zeigte eine Verbesserung in einer der Gesundheitskompetenzdimensionen im Vergleich zur KG (Stassen, Grieben, Sauzet et al., 2020). Die Nutzungsanalyse der beiden Interventionsgruppen (insg. 336 Datensätze) zeigte Nutzer*innenquoten von 9,4 % (n=14) in der IG-A und 21,4 % (n=40) in der IG-B. Insgesamt loggten sich die 54 Nutzer*innen 146-mal ein. Die Interventionsgruppe (IG-B mit Gesundheitstag), weibliches Geschlecht und die Gesundheitskompetenzdimension „Umgang mit Gesundheitsinformationen" erhöhten die Wahrscheinlichkeit eines initialen Logins signifikant. 57,4 % der Nutzer*innen loggten sich zweimal oder öfters ein, wobei die Nutzung in beiden Interventionsgruppen gering war und im Verlauf niedrig blieb mit den meisten Logins noch vor dem ersten Update (Stassen, Grieben, Froböse et al., 2020).

3. Forschungsimplikationen

Ausgehend von den inhaltlichen und methodischen „WebApp"-Projekterfahrungen (Kap. 2) werden die nachfolgenden Forschungsimplikationen zur digitalen Gesundheitskompetenzförderung bei Berufsschüler*rinnen formuliert.

3.1 Theoriebasierung von Interventionen

Bisherige Interventionsstudien zur Gesundheitskompetenz – sowohl analog wie auch digital – sind mit Blick auf die Studiendesigns, die Zielsetzungen und -gruppen, die Interventionsinhalte und auch die zugrundeliegenden Gesundheitskompetenzdefinitionen und die entsprechend ausgewählten Messinstrumente überaus heterogen (Jacobs, Lou, Ownby &

Caballero, 2016; Visscher, Steunenberg, Heijmans, Hofstede, Devillé, van der Heide & Rademakers, 2018). Offen bleibt weiterhin, wie bzw. ob Interventionen, die wie „WebApp" primär auf Wissen und/oder bestimmte Gesundheitsverhaltensweisen abzielen (vgl. Kap. 2.1), zu einer Steigerung der Gesundheitskompetenz beitragen könnten (Brainard, Wilsher, Salter & Loke, 2016; Rowlands, Trezona, Russel, Lopatina, Pelikan, Paasche-Orlow, Drapkina, Kontsevaya & Sørensen, 2019). Gerade wenn einer Intervention ein größeres und über ein funktionales klinisches Verständnis hinausgehendes Gesundheitskompetenzverständnis (Nutbeam, 2000) zugrunde liegt, erscheint zur Förderung mehr notwendig als eine reine Informations-/Wissensvermittlung (Nutbeam, 2017).

3.2 Operationalisierung von „Gesundheitskompetenz"

Die „Gesundheitskompetenz"-Begriffsausweitung hat in den letzten Jahren zu einer gewissen Konzeptunschärfe[4] geführt (Vogt et al., 2016), was auch die derzeit unklare Datenlage zu Interventionen (vgl. Kap. 3.1) erklärt. So wurde in den letzten Jahren eine Fülle von zunehmend umfassenderen Messinstrumenten entwickelt, wodurch eine Konsensbildung zur Operationalisierung erschwert wird (Altin, Finke, Kautz-Freimuth & Stock, 2014). Für theoriebasierte Gesundheitskompetenzinterventionen und eine angemessene Operationalisierung erscheint dementsprechend eine spezifischere Ausdifferenzierung notwendig. Einen entsprechenden Ansatz zeigt bspw. das Modell der bewegungsbezogenen Gesundheitskompetenz, welches das Strukturmodell der Gesundheitskompetenz (Lenartz, 2012) adaptiert, jedoch nicht verhältnismäßig allgemein die Gesundheit und das Gesundheitsverhalten als Outcome aufführt, sondern speziell eine gesundheitswirksame körperliche Aktivität (Carl, Sudeck, Geidl, Schultz & Pfeifer, 2020; Sudeck & Pfeifer, 2016). Vor dem Hintergrund der zunehmenden Digitalisierung wird zudem auch die Förderung einer digitalen Gesundheitskompetenz[5] immer relevanter, damit junge (und auch ältere) Menschen die Fähigkeiten (weiter-)entwickeln, Gesundheitsinformationen in elektronischen Quellen zu suchen, zu finden, zu verstehen und zu bewerten und das gewonnene Wissen zur Bewältigung bzw. Lösung eines

---

4 Noch immer aktuell erscheinende Artikel sind dazu z. B. Baker (2006) oder auch der Artikel „Health literacy: new wine in old bottles?" von Tones (2002).
5 Hier verstanden als Sammelbegriff für u. a. „Digital Health Literacy", „eHealth Literacy", „Media Health Literacy", „Internet Health Literacy" oder auch „Mobile Health Literacy".

gesundheitsbezogenen Problems anwenden zu können (Norman & Skinner, 2006). Da vorhandene Instrumente zur Messung der Gesundheitskompetenz oftmals nur in Querschnittsstudien/Surveys oder zur Identifikation von Risikosubgruppen eingesetzt werden, muss weitergehend untersucht werden, welche Messinstrumente in Interventionsstudien klinisch relevante Gesundheitskompetenzsteigerungen abbilden können.

3.3 Operationalisierung der „Nutzung" digitaler Interventionen

Auf dem Gebiet der digitalen Gesundheitsförderung bedarf es vor dem Hintergrund der oftmals geringen Interventionsnutzung neben summativen Wirksamkeitsüberprüfungen zusätzlicher Nutzungsanalysen. So wäre es wichtig zu erheben, durch welche genutzten Interventionskomponenten eine Verbesserung des Primäroutcomes einer digitalen Intervention erreicht wurde (Cole-Lewis, Ezeanochie & Turgiss, 2019). Für die Konzipierung digitaler Interventionen ergibt sich dadurch auch die Notwendigkeit im Vorhinein eine „intended usage", also das Nutzungsausmaß mit der größtmöglichen implizierten Wirksamkeit, zu definieren (Kelders, Kok, Ossebaard & van Gemert-Pijnen, 2012). So ist entscheidend, dass Nutzer*innen eine Intervention nicht nur öfter/länger/intensiver nutzen, sondern dass die Nutzung auch wirksam ist (Yardley, Spring, Riper, Morrison, Crane, Curtis, Merchant, Naughton & Blandford, 2016). Gerade bei digitalen Maßnahmen ist allerdings eine weitergehende detaillierte Auseinandersetzung und Operationalisierung des Nutzungsverhaltens grundlegend, denn die Nutzung von digitalen Interventionen kann und sollte nicht nur über objektive Parameter erhoben werden (z. B. Logins oder die verbrachte Dauer auf einer Interventionsplattform), sondern kann auch als subjektive Erfahrung verstanden werden (z. B. Aufmerksamkeit, Interesse) (Perski, Blandford, West & Michie, 2017).

3.4 Potenziale von „Blended Interventions"

Eine gezielte Verzahnung von Face-to-Face- und digitalen Komponenten kann die Bindung an digitale Interventionen erhöhen (Kelders et al., 2012) und somit wiederkehrende Probleme digitaler Interventionen[6] hin-

---

6 In der digitalen Gesundheitsförderung bleibt das „Law of Attrition" von Eysenbach (2005), welches besagt, dass bei digitalen Intervention ein erheblicher Nut-

sichtlich geringer Nutzungszahlen verringern. Deswegen sollten analog zum Blended Learning auch im Gesundheitskompetenzkontext vielversprechende „Blended Interventions" entwickelt und untersucht werden (Kim & Xie, 2017; Visscher et al., 2018). Bei jungen Zielgruppen hat dabei die Integration solcher Interventionen in soziale Kontexte – wie z.B. Bildungseinrichtungen – Potenzial (Crutzen, Nooijer, Brouwer, Oenema, Brug & Vries, 2011), da Schulen grundsätzlich ein zentrales Setting für die Gesundheitskompetenzentwicklung darstellen (McDaid, 2016; Paakkari & Paakkari, 2012; St Leger, 2001). Es wurde bereits gezeigt, dass digitale Interventionen bei jungen Erwachsenen gesundheitsrelevante Verhaltensweisen positiv beeinflussen können (Oosterveen et al., 2017), weswegen eine Verbindung mit dem dualen Ausbildungssystem vielversprechend erscheint.

3.5 Kombination von verhaltens- und verhältnisbezogenen Ansätzen

Gesundheit wird in der alltäglichen Umwelt geschaffen und gelebt (World Health Organization, 1986), sodass nicht nur die individuellen Fähigkeiten und Fertigkeiten bei der Betrachtung der Gesundheitskompetenz eine Rolle spielen sollten, sondern auch Umweltbedingungen. So wird bspw. dem Gesundheitswesen mitsamt aller darin agierenden Personen eine hohe Bedeutung für die Gesundheitskompetenzförderung zugewiesen, wodurch bei der Interventionsentwicklung neben verhaltens- auch verhältnisbezogene Ansätze relevant sind (Vogt et al., 2016). Der Gedanke einer „Health Literate Organization", hier gemeint als Institution des Gesundheitswesens, bei der die individuellen Fähigkeiten und die komplexen Anforderungen des Systems ausbalanciert sind (Parker & Hernandez, 2012), könnte auch auf die zentralen Settings der Ausbildungzeit übertragen werden, da im dualen Ausbildungssystem die Berufsschulen und auch die Ausbildungsbetriebe wichtigen Rollen für die Gesunderhaltung der Zielgruppe der Berufsschüler*innen einnehmen (Kaminski et al., 2008). Bspw. sollten Mitarbeiter*innen (hier: Lehrer*innen und Ausbilder*innen) weitergebildet werden, um zur Gesundheitskompetenzförderung der Berufsschüler*innen beitragen zu können (Hurrelmann, Bauer & Schaeffer, 2018), womit sie eine weitere Zielgruppe von digitalen Interventionen darstellen könnten.

---

zer*innenanteil die Anwendung im Verlauf gar nicht oder nicht mehr benutzt, oftmals beobachtbar.

4. Fazit

In der Gesundheitsförderung der Zielgruppe Berufsschüler*innen bleiben sowohl das Konstrukt Gesundheitskompetenz als auch digitale Zugangswege hochrelevant. Die beschriebenen Forschungsimplikationen (Kap. 3) zeigen inhaltliche und methodische Lücken in den beiden Forschungsfeldern. Diese sollten zukünftig nicht nur mit Blick auf die Zielgruppe der Berufsschüler*innen und den mit ihr verbundenen zentralen Settings Berufsschule und Ausbildungsbetrieb systematisch bearbeitet werden, sondern sind auch übertragbar auf andere Zielgruppen und Settings.

Literatur

Abel, T., Sommerhalder, K. & Bruhin, E. (2018). *Health Literacy / Gesundheitskompetenz*. Zugriff am 14. September 2020 unter https://www.leitbegriffe.bzga.de/alphabetisches-verzeichnis/health-literacy-gesundheitskompetenz/ doi:10.17623/BZGA:224-I065–2.0

Altin, S. V., Finke, I., Kautz-Freimuth, S. & Stock, S. (2014). The evolution of health literacy assessment tools: a systematic review. *BMC public health, 14*, 1207. doi:10.1186/1471–2458–14–1207

Arnett, J. J. (2000). Emerging adulthood: A theory of development from the late teens through the twenties. *American Psychologist, 55*(5), 469–480. doi:10.1037//0003–066X.55.5.469

Baker, D. W. (2006). The meaning and the measure of health literacy. *Journal of general internal medicine, 21*(8), 878–883. doi:10.1111/j.1525 – 1497.2006.00540.x

Beck, F., Richard, J.-B., Nguyen-Thanh, V., Montagni, I., Parizot, I. & Renahy, E. (2014). Use of the internet as a health information resource among French young adults: results from a nationally representative survey. *Journal of medical Internet research, 16*(5), e128. doi:10.2196/jmir.2934

Betz, M., Haun, D. & Böttcher, M. (2015). Zielgruppenspezifische Gesundheitsförderung bei Auszubildenden. In B. Badura, A. Ducki, H. Schröder, J. Klose & M. Meyer (Hrsg.), *Fehlzeiten-Report 2015* (S. 143–163). Berlin, Heidelberg: Springer. doi:10.1007/978–3–662–47264–4_14

Bonnie, R. J., Stroud, C. & Breiner, H. (Hrsg.). (2015). *Investing in the Health and Well-Being of Young Adults*. Washington: National Academies Press.

Brainard, J., Wilsher, S. H., Salter, C. & Loke, Y. K. (2016). Methodological review: quality of randomized controlled trials in health literacy. *BMC health services research, 16*, 246. doi:10.1186/s12913–016–1479–2

Carl, J., Sudeck, G., Geidl, W., Schultz, K. & Pfeifer, K. (2020). Competencies for a Healthy Physically Active Lifestyle-Validation of an Integrative Model. *Research quarterly for exercise and sport*, 1–15. doi:10.1080/02701367.2020.1752885

Cole-Lewis, H., Ezeanochie, N. & Turgiss, J. (2019). Understanding Health Behavior Technology Engagement: Pathway to Measuring Digital Behavior Change Interventions. *JMIR formative research, 3*(4), e14052. doi:10.2196/14052

Crutzen, R., Nooijer, J. de, Brouwer, W., Oenema, A., Brug, J. & Vries, N. K. de. (2011). Strategies to facilitate exposure to internet-delivered health behavior change interventions aimed at adolescents or young adults: a systematic review. *Health education & behavior, 38*(1), 49–62. doi:10.1177/1090198110372878

Daw, J., Margolis, R. & Wright, L. (2017). Emerging Adulthood, Emergent Health Lifestyles: Sociodemographic Determinants of Trajectories of Smoking, Binge Drinking, Obesity, and Sedentary Behavior. *Journal of health and social behavior, 58*(2), 181–197. doi:10.1177/0022146517702421

Eysenbach, G. (2005). The law of attrition. *Journal of medical Internet research, 7*(1), e11. doi:10.2196/jmir.7.1.e11

Grieben, C., Stassen, G. & Fröböse, I. (2017). Internetbasierte Gesundheitsförderung.*Prävention und Gesundheitsförderung, 12*(3), 154–159. doi:10.1007/s11553–017–0589-y

Grieben, C., Stassen, G. & Fröböse, I. (2018). How Should Web-Based Physical Activity and Healthy Eating Interventions be Designed for Young Office Workers? A Qualitative Approach. *Journal of Healthcare Communications, 3*(15).

Hurrelmann, K., Bauer, U. & Schaeffer, D. (2018). *Strategiepapier #1 zu den Empfehlungen des Nationalen Aktionsplans. Das Erziehungs- und Bildungssystem in die Lage versetzen, die Förderung von Gesundheitskompetenz so früh wie möglich im Lebenslauf zu beginnen.* Berlin: Nationaler Aktionsplan Gesundheitskompetenz 2018.

Jacobs, R. J., Lou, J. Q., Ownby, R. L. & Caballero, J. (2016). A systematic review of eHealth interventions to improve health literacy. *Health informatics journal, 22*(2), 81–98. doi:10.1177/1460458214534092

Jordan, S. & Hoebel, J. (2015). Gesundheitskompetenz von Erwachsenen in Deutschland : Ergebnisse der Studie "Gesundheit in Deutschland aktuell" (GEDA). *Bundesgesundheitsblatt, Gesundheitsforschung, Gesundheitsschutz, 58*(9), 942–950. doi:10.1007/s00103–015–2200-z

Kaminski, A., Nauerth, A. & Pfefferle, P. I. (2008). Gesundheitszustand und Gesundheitsverhalten von Auszubildenden im ersten Lehrjahr – Erste Ergebnisse einer Befragung in Bielefelder Berufskollegs. *Gesundheitswesen (Bundesverband der Ärzte des Öffentlichen Gesundheitsdienstes (Germany)), 70*(1), 38–46. doi:10.1055/s-2007–1022528

Kelders, S. M., Kok, R. N., Ossebaard, H. C. & van Gemert-Pijnen, J. E. W. C. (2012). Persuasive system design does matter: a systematic review of adherence to web-based interventions. *Journal of medical Internet research, 14*(6), e152. doi:10.2196/jmir.2104

Kim, H. & Xie, B. (2017). Health literacy in the eHealth era: A systematic review of the literature. *Patient education and counseling, 100*(6), 1073–1082. doi:10.1016/j.pec.2017.01.015

Lenartz, N. (2012). *Gesundheitskompetenz und Selbstregulation.* Göttingen: V&R unipress University Press.

McDaid, D. (2016). *Investing inhealth literacy. What do we know about the co-benefits to the education sector of actions targeted at children and young people?* (WHO Regional Office for Europe, Hrsg.). Kopenhagen: World Health Organization.

Ministerium für Schule und Weiterbildung des Landes Nordrhein-Westfalen. (2007). *Lehrplan für das Berufskolleg in Nordrhein-Westfalen Sport/Gesundheitsförderung. Fachklassen des dualen Systems der Berufsausbildung* (1. Aufl.). Düsseldorf.

Montagni, I., Cariou, T., Feuillet, T., Langlois, E. & Tzourio, C. (2018). Exploring Digital Health Use and Opinions of University Students: Field Survey Study. *JMIR mHealth and uHealth*, 6(3), e65. doi:10.2196/mhealth.9131

Norman, C. D. & Skinner, H. A. (2006). eHealth Literacy: Essential Skills for Consumer Health in a Networked World. *Journal of medical Internet research*, 8(2), e9. doi:10.2196/jmir.8.2.e9

Nutbeam, D. (1998). Health Promotion Glossary. *Health promotion international*, 13(4), 349–364.

Nutbeam, D. (2000). Health literacy as a public health goal: a challenge for contemporary health education and communication strategies into the 21st century. *Health promotion international*, 15(3), 259–267.

Nutbeam, D. (2017). Health literacy as a population strategy for health promotion. *Japanese. Journal of Health Education and Promotion*, 25(3), 210–222. doi:10.11260/kenkokyoiku.25.210

Oosterveen, E., Tzelepis, F., Ashton, L. & Hutchesson, M. J. (2017). A systematic review of eHealth behavioral interventions targeting smoking, nutrition, alcohol, physical activity and/or obesity for young adults. *Preventive medicine*, 99, 197–206. doi:10.1016/j.ypmed.2017.01.009

Paakkari, L. & Paakkari, O. (2012). Health literacy as a learning outcome in schools. *Health Education*, 112(2), 133–152. doi:10.1108/09654281211203411

Parker, R. M. & Hernandez, L. M. (2012). What makes an organization health literate? *Journal of health communication*, 17(5), 624–627. doi:10.1080/10810730.2012.685806

Perski, O., Blandford, A., West, R. & Michie, S. (2017). Conceptualising engagement with digital behaviour change interventions: a systematic review using principles from critical interpretive synthesis. *Translational behavioral medicine*, 7(2), 254–267. doi:10.1007/s13142–016–0453–1

Rowlands, G., Trezona, A., Russel, S., Lopatina, M., Pelikan, J. M., Paasche-Orlow, M. et al. (2019). *What is the evidence on the methods, frameworks and indicators used to evaluate health literacy policies, programmes and interventions at the regional, national and organizational levels? WHO Health Evidence Network synthesis report 65.* Kopenhagen: WHO Regional Office for Europe.

Soellner, R., Huber, S., Lenartz, N. & Rudinger, G. (2010). Facetten der Gesundheitskompetenz – eine Expertenbefragung. Projekt Gesundheitskompetenz. In E. Klieme, D. Leutner & M. Kenk (Hrsg.), *Kompetenzmodellierung. Eine aktuelle Zwischenbilanz des DFG-Schwerpunktprogramms* (S. 104–114). Weinheim, Basel: Beltz.

Soellner, R., Lenartz, N. & Rudinger, G. (2017). Concept mapping as an approach for expert-guided model building: The example of health literacy. *Evaluation and program planning, 60*, 245–253. doi:10.1016/j.evalprogplan.2016.10.007

Sørensen, K., van den Broucke, S., Fullam, J., Doyle, G., Pelikan, J., Slonska, Z. et al. (2012). Health literacy and public health: a systematic review and integration of definitions and models. *BMC public health, 12*, 80. doi:10.1186/1471-2458-12-80

St Leger, L. (2001). Schools, health literacy and public health: possibilities and challenges. *Health promotion international, 16*(2), 197–205. doi:10.1093/heapro/16.2.197

Stassen, G., Grieben, C., Froböse, I. & Schaller, A. (2020). Engagement with a Web-Based Health Promotion Intervention among Vocational School Students: A Secondary User and Usage Analysis. *International journal of environmental research and public health, 17*(7). doi:10.3390/ijerph17072180

Stassen, G., Grieben, C., Sauzet, O., Froböse, I. & Schaller, A. (2020). Health literacy promotion among young adults: a web-based intervention in German vocational schools. *Health education research, 35*(2), 87–98. doi:10.1093/her/cyaa001

Statistisches Bundesamt. (2019). *Statistisches Jahrbuch. Deutschland und Internationales.*

Sudeck, G. & Pfeifer, K. (2016). Physical activity-related health competence as an integrative objective in exercise therapy and health sports – conception and validation of a short questionnaire. *Sportwissenschaft, 46*(2), 74–87.

Tones, K. (2002). Health literacy: new wine in old bottles? *Health education research, 17*(3), 287–290. doi:10.1093/her/17.3.287

Visscher, B. B., Steunenberg, B., Heijmans, M., Hofstede, J. M., Devillé, W., van der Heide, I. et al. (2018). Evidence on the effectiveness of health literacy interventions in the EU: a systematic review. *BMC public health, 18*(1), 1414. doi:10.1186/s12889-018-6331-7

Vogt, D., Messer, M., Quenzel, G. & Schaeffer, D. (2016). „Health Literacy" – ein in Deutschland vernachlässigtes Konzept? *Prävention und Gesundheitsförderung, 11*(1), 46–52. doi:10.1007/S11553-015-0519-9

World Health Organization. (1986). *Ottawa Charter for Health Promotion.*

World Health Organization. (1998). *Health Promotion Glossary.*

World Health Organization. (2013). *Health literacy. The solid facts* (Kickbusch, I., Pelikan, J. M., Apfel, F. & Tsouros, A. D., Hrsg.). Kopenhagen.

Yardley, L., Spring, B. J., Riper, H., Morrison, L. G., Crane, D. H., Curtis, K. et al. (2016). Understanding and Promoting Effective Engagement With Digital Behavior Change Interventions. *American journal of preventive medicine, 51*(5), 833–842. doi:10.1016/j.amepre.2016.06.015

Gesundheitsförderung und Leistungssteigerung im E-Sport

Konstantin Wechsler, Kevin Rudolf, Chuck Tholl, Peter Bickmann, Ingo Froböse, Christopher Grieben

Zusammenfassung

E-Sportler*innen bilden eine gesundheitlich vielseitig anfällige Zielgruppe. Gleichzeitig machen ausgeprägte kognitive und motorische Fähigkeiten E-Sportler*innen erst erfolgreich. Nur ein ganzheitliches Training bedient alle notwendigen Fertigkeiten und beugt Beschwerden vor. Zur Entwicklung eines präventiven und leistungsfördernden Konzepts wurden durch Umfragen und Labortests Informationen zum Gesundheitsverhalten und zu Anforderungen von E-Sportler*innen gesammelt. Ein Best-Practice Konzept, das in Trainingslagern bereits praktisch bei professionellen Spieler*innen angewandt wurde, sowie eine angepasste Umsetzung in den Settings Betrieb und Schule erweitern die Anwendbarkeit der entwickelten Maßnahmen auf eine ausgeweitete Zielgruppe. Durch die breite Kommunikation in öffentlichen Kanälen können Spieler*innen aus allen Bereichen von den Ergebnissen profitieren.

Summary

E-Sport players form a target group that is susceptible to a range of health issues. At the same time, advanced cognitive and motor skills are essential for E-Sport-players' success. Their development, as well as the playing itself, results in long sitting time. Only a holistic approach addresses all necessary skills and prevents physical problems. In order to develop a preventive and performance-enhancing concept, information on the health behavior and requirements of E-Sport players was collected through surveys and laboratory tests. A best-practice concept, which has been applied to players in training facilities and implementation in company and school settings, extends the applicability of the measures to a broad target group.

Through communication in public channels, players from all areas can benefit from the results.

Schlagworte: E-Sport, Gesundheitsförderung, Leistungsförderung, ganzheitlicher Ansatz, Transfer

1. Warum Gesundheitsförderung im E-Sport?

Kaum ein Phänomen hat in den letzten Jahren so viel Aufmerksamkeit und Relevanz erfahren wie der E-Sport und das Gaming. Hunderte Millionen Zuschauer*innen weltweit interessieren sich dafür. In Deutschland spielen aktiv insgesamt über 34 Millionen Menschen (game, 2019). Insbesondere auf Jugendliche und Kinder muss ein besonderer Fokus gelegt werden, schließlich spielen knapp drei von fünf der 12–19-jährigen mehrmals pro Woche Videospiele (Rathgeb & Behrens, 2018). Besonders während der Coronakrise und der damit einhergehenden Einschränkungen vieler Betreuungsangebote hat sich die Situation für junge Menschen noch verschärft: Die Gamingzeiten stiegen während des Lockdowns werktags im Vergleich zum September 2019 von 79 auf 139 Minuten, am Wochenende auf 193 Minuten pro Tag an (forsa, 2020).

Die Begriffe E-Sport und Gaming müssen dabei differenziert werden. Der E-Sport beschreibt den organisierten, kompetitiven elektronischen Sport in Form von Computer und Videospielen (Müller-Lietzkow, 2006). Im Gegensatz zum Überbegriff des Gamings, welcher auch Smartphone- oder Tabletspiele einschließt, steht beim E-Sport ein Wettbewerb mit menschlichen Kontrahentinnen und Kontrahenten im Fokus. Professionelle Athlet*innen spielen um immense Preisgelder und erreichen ein enormes Publikum, das sich, wie auch im traditionellen Sport, an ihren Idolen und Vorbildern orientiert. Bedauerlicherweise findet ein Großteil deren Trainings ohne konkrete Planung oder sportwissenschaftliche Betreuung statt (siehe z.B. Kari & Karhulahti, 2016). Auch über die Gesundheit und das Gesundheitsverhalten der Spieler*innen in Bezug auf Themen wie Ernährung, Schlaf oder Wohlbefinden gibt es bislang wenig fundiertes Wissen. Die Leistungsspitze, die professionellen Spieler*innen, haben inzwischen eine Sensitivität für derartige Themen entwickelt und holen sich Hilfe von externen Expert*innen. Im Breitensportbereich hingegen wird E-Sport häufig eins-zu-eins mit dem Spielen an PC oder Konsole gleichgesetzt. Ebenso betreffen manche gesundheitsrelevante Aspekte, z.B. die hohe Sitzzeit und Inaktivität, auch die „Gamer*innen", die nicht kompetitiv, sondern am Handy auf dem Sofa spielen.

Die Ansatzpunkte von anwendungsorientierter Präventionsforschung ergeben sich demnach aus den großen Überschneidungsgebieten der gesundheits- und leistungsrelevanten Parameter sowie der Erreichbarkeit der Zielgruppen. Einerseits findet sich im E-Sport eine potenzielle Risikozielgruppe mit hohen Sitzzeiten und einseitigen Belastungen, welche eigenständige Risikofaktoren für die Gesundheit sind (siehe z.B. Rezende, Sá, Mielke, Viscondi, Rey-López & Garcia, 2016). Andererseits existieren viele Parallelen zu kognitiven Anforderungen (siehe z.B. Pedraza-Ramirez, Musculus, Raab & Laborde, 2020), die auch im traditionellen Sport und im Berufsleben von Bedeutung sind.

Besagte Parallelen können genutzt werden, um einen Zugang zur Zielgruppe zu erlangen (z.B. über die Vorbildfunktion von Profis sowie fundierte Forschungsergebnisse). Durch einen kombinierten Ansatz von Leistung und Gesundheit sollen Konzepte zur Prävention und Gesundheitsförderung etabliert werden, welche von der Zielgruppe eine hohe Akzeptanz erfahren (Grieben, Rudolf, Wechsler, Tholl & Froböse, 2019). So kann es gelingen, sowohl E-Sport-Enthusiastinnen und Enthusiasten als auch Gelegenheits-Gamer*innen an einen bewussteren Umgang mit gesundheitsrelevanten Themen heranzuführen und ihnen gleichzeitig die Möglichkeiten aufzuzeigen, wie kleine Änderungen in ihrem Verhalten positiven Einfluss sowohl auf ihre Gesundheit als auch auf ihre Leistung in den Spielen haben können.

2. Ziel und Forschungsfragen

Im Rahmen eines von der AOK Rheinland/Hamburg und dem Institut für Betriebliche Gesundheitsförderung BGF GmbH geförderten Projektes wurden folgende Ziele und Forschungsfragen definiert:

Ziel: Wie gelingt es, die Zielgruppe der Gamer*innen und E-Sportler*innen für Gesundheitsfragen zu sensibilisieren?
F1: Wie setzt sich die Zielgruppe der Gamer*innen und E-Sportler*innen bezüglich der Demographie und unterschiedlicher Charakteristika des Gesundheitsverhaltens zusammen?
F2: In welchen spielbezogenen Fähigkeiten unterscheiden sich leistungsstarke von leistungsschwachen Spieler*innen?
F3: Wie lassen sich die identifizierten Fähigkeiten in ein ganzheitliches Trainingskonzept integrieren?
F4: Welche Möglichkeiten bieten Gaming und E-Sport für die Schulung von Schlüsselkompetenzen in verschiedenen Settings?

Für die Beantwortung der Fragestellungen wurden verschiedene Forschungsansätze genutzt, um präzise Informationen über die Zielgruppe der Gamer*innen und E-Sportler*innen zu erhalten. Diese Informationen wurden anschließend in verschiedenen Konzepten verarbeitet, die unterschiedliche Lebenswelten und Zielgruppen bedienen. Im Folgenden werden zunächst die Forschungsansätze, anschließend die Umsetzungen beschrieben. Bereits publizierte Methodiken und Ergebnisse werden stark gekürzt dargestellt, die ausführlichen Inhalte können in den jeweiligen Publikationen eingesehen werden.

2.1 Umfragen

Da bisherige Studien besonders die wirtschaftlichen (Ströh, 2017) und psychologischen (Stanmore, Stubbs, Vancampfort, de Bruin & Firth, 2017) Aspekte des E-Sports in den Fokus stellten, wurden Online-Befragungen durchgeführt, um ein breites Spektrum des Alltags- und Gesundheitsverhaltens sowie des Gesundheitszustands von Gamer*innen und speziell E-Sportler*innen zu erhalten.

In der E-Sport Studie 2019 (Rudolf, Bickmann, Froböse, Tholl, Wechsler & Grieben, 2020) und der E-Sport Studie 2020 (Rudolf, Soffner, Bickmann, Froböse, Tholl, Wechsler & Grieben, 2021) wurden dafür neben der Demografie die Themen Gesundheitsverhalten (körperliche Aktivität, Schlaf und Ernährung), Videospiel- und Mediennutzungsverhalten sowie Stress und Wohlbefinden in den Mittelpunkt gestellt. Für die bundesweiten Studien konnten jeweils über 1100 verwertbare Datensätze von Gelegenheitsspieler*innen bis hin zu Profi-E-Sportler*innen unterschiedlicher E-Sport-Genres gewonnen werden.

Die Ergebnisse der Befragungen liefern ein umfassendes Bild der Zielgruppe in Bezug auf den Gesundheitsstatus und gesundheitsrelevante Verhaltensweisen, aus dem sich Ansatzpunkte für Gesundheitsförderung und Prävention ergeben (siehe Rudolf et al. 2020 und 2021).

2.2 Entwicklung einer Testbatterie

Um Informationen zum Anforderungsprofil von E-Sportler*innen zu erhalten, wurden mit Labortests knapp 80 traditionelle Sportler*innen, E-Sport-Profis und E-Sport-Amateurinnen und E-Sport-Amateure in den Bereichen Reaktionsfähigkeit, Feinmotorik, Wahrnehmung, Eye-Tracking und Ausdauerleistungsfähigkeit verglichen (Wechsler, Rudolf, Tholl, Froböse & Grieben, 2019). Diese Erhebungen wurden durchgeführt, da bis zu diesem Zeitpunkt keine allgemeingültigen Leistungsparameter im E-Sport identifiziert sind bzw. es unklar ist, welche Aspekte einen wie großen Anteil an der Leistung im Spiel haben (Pedraza-Ramirez et al., 2020). Anders als im traditionellen Sport, wo Geschwindigkeiten, erzeugte Kräfte, Reaktionszeiten oder die Sauerstoffaufnahme als valide Differenzierung zwischen Amateur*innen und Profis herangezogen werden können (z.B. Hodges, Guys & Starkes, 2007), existieren im E-Sport solche spielübergreifenden Möglichkeiten noch nicht. Deshalb war es das Ziel dieser Untersuchungen, leistungsbestimmende Faktoren zu identifizieren und zu erfassen.

Auf Grundlage von Expertinnen- und Expertengesprächen sowie literaturbasierten Recherchen wurden mögliche leistungsbestimmende Faktoren für den E-Sport eruiert und geeignete Messverfahren in einer Testbatterie zusammengetragen. Dabei wurde ausschließlich auf reliable und valide Messsysteme zurückgegriffen.

Die Ergebnisse zeigen, dass sich die Gruppen in mehreren Parametern unterscheiden, was in weiteren Publikationen herausgearbeitet wurde und wird (Bickmann, Wechsler, Rudolf, Tholl, Froböse & Grieben, 2020a; Bickmann, Wechsler, Rudolf, Tholl, Froböse & Grieben, 2020b; Wechsler, Bickmann, Rudolf, Tholl, Froböse & Grieben, 2020; Wechsler et al., 2019). Beispielsweise zeigten professionelle E-Sportler*innen eine bessere Wahrnehmung und ein effizienteres Blickverhalten als Amateurinnen und Amateure. E-Sportler*innen insgesamt zeigten außerdem eine schnellere Reaktionsfähigkeit als die Normalbevölkerung, allerdings eine weniger präzise und langsamere Feinmotorik als traditionelle Sportler*innen.

3. *Transfer der gewonnenen Erkenntnisse in die Praxis*

Parallelen in den gefundenen Daten halfen beim genaueren Beschreiben der Zielgruppe und Identifizierung gesundheitsrelevanter Themen, beim Entwickeln eines ganzheitlichen Ansatzes zur Trainingslehre im E-Sport und bei der Weiterentwicklung der eingesetzten Testbatterie. Erkenntnisse und Know-how aus dem gesamten Projekt wurden des Weiteren in die Lebenswelten Betrieb und Schule transferiert. Hierbei lag der Fokus primär auf dem Zugangsweg E-Sport und der damit vermeintlich gesteigerten Akzeptanz.

3.1 Konzept zur Betrieblichen Gesundheitsförderung

Videospiele können nicht nur Spaß machen, sondern auch wichtige Fähigkeiten und Kompetenzen fördern, die in der Arbeitswelt von Relevanz sind (Gebel, Gurt & Wagner, 2005). Als „Digital Based Learning" wird der Einsatz von Videospielen zur Förderung von Lernprozessen bezeichnet (Le, Weber & Ebner, 2013). Studien konnten bereits positive Effekte von Videospielen auf das Sozialverhalten und personale Kompetenzen (Granic, Lobel & Engels, 2014), sowie die Reduktion depressiver Symptome zeigen (Kühn, Berna, Lüdtke, Gallinat & Moritz, 2018). Daher wurde ein Konzept zur Betrieblichen Gesundheitsförderung entwickelt, in dem Gaming als spielerischer Zugangsweg dient, entscheidende Kompetenzen im Berufsalltag zu fördern.

Hierfür wurden neben Präventionsmaßnahmen zur Stressbewältigung und Ressourcenstärkung Maßnahmen integriert, welche Kompetenzen in Bereichen wie systematischem Problemlösen, Zeitmanagement und persönlicher Arbeitsorganisation schulen (GKV-Spitzenverband, 2018).

Besonders geeignet sind kooperative Spiele, bei denen sich die Mitspieler*innen in ständiger Interaktion befinden (O'Conner, 2016). Für ein spielerisches Lernen sollten außerdem Lernanforderung und Spaßfaktor möglichst nah beieinanderliegen (Lampert & Tolks, 2016). Auf Grundlage dieser Erkenntnisse wurde mit den Spielen „Keep talking and nobody explodes" (Steel Crate Games, Ontario, Kanada) sowie „Unrailed" (Indoor Astronaut, Zürich, Schweiz) ein Workshop entwickelt, in welchem Gaming und betriebliche Gesundheitsförderung kombiniert werden.

Für die Teilnehmer*innen geht es in den Spielen darum, mit ein bis drei Mitspieler*innen verschiedene Aufgaben zu lösen und dabei (unvorhersehbaren) Schwierigkeiten zu trotzen. Kommunikation, Teamfähigkeit, Anpassung oder Problemlösen sind nur einige der Fähigkeiten, welche beim Spielen gefordert sind. In angeleiteten Nachbesprechungen werden anschließend vermittelte Kompetenzen herausgearbeitet und Parallelen zum Berufsalltag gezogen. So wird sichergestellt, dass die Teilnehmer*innen die unbewusst durch das Spielen geförderten Fähigkeiten bewusst wahrnehmen und in das alltägliche Berufsleben integrieren können.

3.2 Präventionsprojekt in der Lebenswelt Berufsschule

Das übergeordnete Ziel des Projektes, zielgruppengerechte Präventionsmaßnahmen zu entwickeln, wurde ebenfalls in die Lebenswelt Berufsschule übertragen. Hierzu wurden Expertinnen- und Experten- sowie Fokusgruppeninterviews zur Bedarfsanalyse mit Lehrkräften und Schüler*innen an mehreren Berufsschulen in Nordrhein-Westfalen durchgeführt. Die Inhalte wurden mittels einer qualitativen Inhaltsanalyse bewertet und unter Einbezug des möglichen Zugangswegs E-Sport beleuchtet. Anhand der wichtigsten Bedarfe wird im Anschluss ein Konzept entwickelt, welches 2021 an den beteiligten Schulen durchgeführt und auf seine Akzeptanz in der Zielgruppe überprüft wird. Dabei soll der Zugangsweg E-Sport genutzt werden, denn speziell die zielgruppengerechte Ansprache (Deitermann, Patzelt, Heim, Krauth, Theile, Hummers-Pradier, & Walter, 2011), passende Zugangswege (Walter & Röding, 2019) und Partizipation der Teilnehmer*innen (Wright, Kilian, Block, von Unger, Brandes, Ziesemer, Gold & Rosenbrock, 2015) sind entscheidend für den Erfolg präventiver Maßnahmen.

Alle Schritte zur Umsetzung in der Lebenswelt Schule werden dabei von Vertreter*innen der AOK Rheinland/Hamburg sowie Ansprechpartner*innen an den Schulen begleitet. Nach Umsetzung und anschließender Optimierung des Konzeptes soll dieses schulübergreifend Anwendung finden und selbstständig von weiteren Berufsschulen durchgeführt werden.

3.3 Best-Practice Konzept

Dieses Konzept gibt einen Überblick über Faktoren, die in einem ganzheitlichen Trainingsansatz für E-Sportler*innen beachtet werden müssen. Sowohl die Rahmenbedingungen wie Schlafverhalten oder Ernährung, aber auch sportliches Training werden hinsichtlich ihres potentiellen Einflusses auf die Leistung im E-Sport betrachtet. Außerdem werden Ansätze und Konzepte zum E-Sport-spezifischen Training und zur Prävention von einseitigen Belastungsschäden vorgestellt.

Als Mantel der Rahmenbedingungen wird der bespielhafte Alltag von E-Sportler*innen thematisiert. Problematiken wie die Doppelbelastung durch Schule, Studium oder Arbeit zusätzlich zur E-Sport-Aktivität gehen einher mit anspruchsvollem Zeitmanagement. Das Konzept liefert Beispiele, wie exemplarische Wochen- und Tagesabläufe von E-Sportler*innen aussehen können. Von diesen Beispielen, die ihren Fokus auf den E-Sport legen, können auch Gelegenheitsspieler*innen lernen. Sie erkennen die Wichtigkeit von Aktivitäten fernab von PC oder Konsole und gewinnen einen Eindruck, wie viel professionelle E-Sportler*innen investieren, um leistungsfähig und gesund zu sein. Es werden vielfältige Problembereiche wie Zirkadianrhythmus, Ernährung, Genussmittel, sportliche Aktivität und Entspannung behandelt.

Um den Spieler*innen außerdem eine Grundvorstellung von Training zu vermitteln, werden im Konzept klassische Trainingsprinzipien zum Ausdauer- und Krafttraining erläutert. Damit einhergehend wird im Best-Practice Konzept die Wichtigkeit von Regeneration, Entspannung, Ergonomie und Verletzungsprävention thematisiert. Die E-Sportler*innen lernen, diese Faktoren der Leistungsfähigkeit zu verknüpfen und bekommen praktische Tipps wie z.B. Informationen über Bewegungspausen, Entspannungsübungen, eine ergonomisch optimierte Spielumgebung und Übungen zur Dehnung bzw. Kräftigung der Muskulatur, um Überlastungen von Problembereichen langfristig zu vermeiden.

3.4 Bootcamps

Im Rahmen eines ganzheitlichen Konzepts zur Diagnostik und Prävention im E-Sport wurden sogenannte Bootcamps mit professionellen und semi-professionellen E-Sportler*innen an der Deutschen Sporthochschule Köln durchgeführt. Auf Grundlage der Fähigkeiten aus der Eingangsdiagnostik sollten den Spieler*innen bei den mehrtägigen Camps relevante Themen zur Alltags- und Trainingsgestaltung vermittelt werden. Dabei wurden gezielt die Themen Regeneration und Entspannung, Ergonomie sowie körperliches und mentales Training behandelt (siehe Abbildung 1). Die Themen Ernährung und Psychologie wurden zusätzlich durch externe Berater*innen (Ernährungsberaterin, Sportpsychologe) vertieft.

Neben angeleiteten Trainingseinheiten bestand das Bootcamp auch aus Vorträgen für die Teilnehmer*innen. Für den Bereich der körperlichen Fitness wurde den Spieler*innen beispielsweise der positive Einfluss körperlicher Aktivität auf gamingrelevante Parameter aufgezeigt und praktisch vermittelt. Den Spieler*innen konnte so aufgezeigt werden, dass Bewegung nicht nur aus gesundheitlichen, sondern auch aus leistungsrelevanten Gründen im E-Sport einen wichtigen Teil in ihrem Training einnehmen sollte.

In einer Einheit zum kognitiven Training wurden leichtere Bewegungsaufgaben mit anspruchsvolleren motorischen Aufgaben (Jonglieren, Balancieren) verbunden. Die Spieler*innen sollten so zusätzliche Anreize erhalten, die für den E-Sport so wichtigen kognitiven Fähigkeiten wie die Konzentrations- und Reaktionsfähigkeit zu verbessern (z.B. Loprinzi & Kane, 2015). Weiter wurden den Spieler*innen Informationen zu Regeneration und Erholung vermittelt, etwa auf Signale des Körpers zu achten und Überlastungen zu verhindern. Wie auch im herkömmlichen Sport können zu lange Spiel- und Trainingszeiten E-Sportler*innen überlasten, zusätzlich bergen die langen Sitzzeiten gesundheitliche Risiken (z.B. DiFrancisco-Donoghue, Werner, Douris & Zwibel, 2020). Daher ist es entscheidend, ausreichend Bewegungspausen zu integrieren und auf eine gesunde Schlafhygiene zu achten.

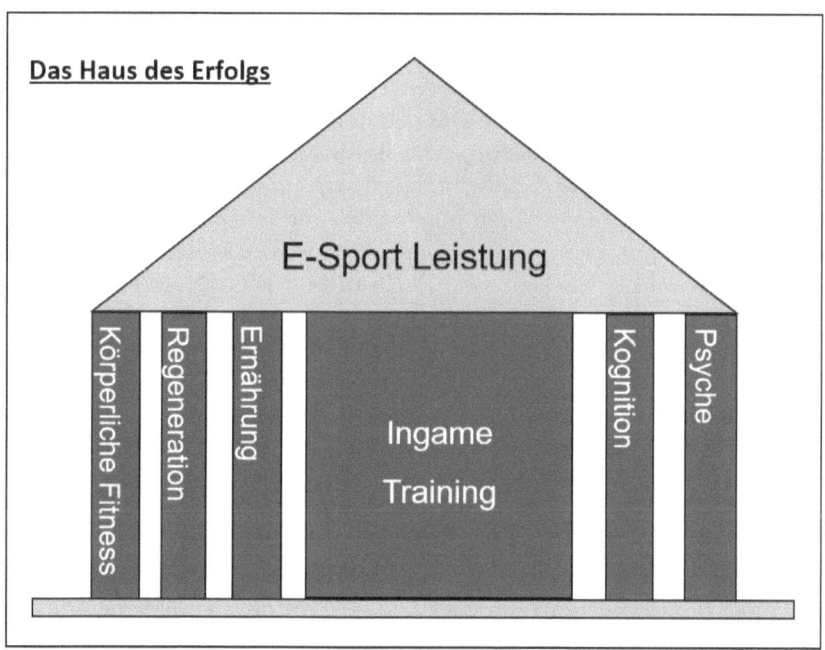

Abb. 1. Das Haus des Erfolgs

Neben den erwähnten Informationen zu Ernährung und Psychologie war es das Ziel dieser Bootcamps, den Spieler*innen Trainingsmöglichkeiten zu geben, mit denen sie ihre Gesundheit und Leistung im E-Sport abseits der Konsole verbessern können. Körperliche und mentale Fitness, sowie ein gesunder Lebensstil, sind wichtige Bestandteile eines ganzheitlichen Trainings im E-Sport und können problemlos in den Alltag integriert werden. Durch eine mediale Aufbereitung der Bootcamps (Social Media, YouTube), wurden die Inhalte für die gesamte Zielgruppe der Gamer*innen und E-Sportler*innen zugänglich gemacht. So bekamen auch Gelegenheitsspieler*innen die Möglichkeit, dem ganzheitlichen Trainingsansatz ihrer Vorbilder nachzueifern.

3.5 Kommunikation der Forschungsergebnisse

Das Projekt wurde von Anfang an durch die Arbeitsgruppe medial und öffentlichkeitswirksam begleitet. Neben einem Internetauftritt wurde ein Instagram-Kanal eingerichtet und Videos zu verschiedenen Projektinhalten produziert. Diese Maßnahmen sind ein entscheidender Schritt, um die theoretisch generierten Forschungsergebnisse einer breiten Öffentlichkeit und damit der Zielgruppe zugänglich zu machen.

Unter www.esportwissen.de wurde eine Website zur Information über die Projektstruktur, Generierung von Studienteilnehmer*innen und zur Dissemination von Forschungserkenntnissen aufgebaut. Die Hauptziel- und Nutzer*innengruppe waren Jugendliche und junge Erwachsene bis 35 Jahre (18–24 Jahre: 39,8 %; 25–34 Jahre: 39,9 %). Die Website ging im Februar 2018 online. Seitdem besuchten rund 19.000 Nutzer*innen die Homepage, insgesamt gab es 28.000 Sitzungen mit rund 60.000 Seitenaufrufen. Für internationale Besucher*innen und Interessierte kann die Homepage komplett auf Englisch angesehen werden.

Zusätzlich wurde der Instagram-Kanal „esportwissen" eingerichtet (https://www.instagram.com/esportwissen/). Hier werden mehrmals wöchentlich Beiträge in Text-, Bild- und Videoform kommuniziert und zusätzlich eine Interaktionsplattform geboten. Aktuell steht der Account bei 828 Followern (Stichtag 13.08.2020).

Darüber hinaus dienen professionell produzierte Videos zur Verbreitung der Projekterkenntnisse. Vier Videos berichteten über die Inhalte und Ergebnisse des Projektes, sechs weitere beschreiben Konsequenzen, die aus den Ergebnissen gezogen wurden, geben praktische Trainingshinweise oder beschreiben das weitere Projektgeschehen. Darüber hinaus wurde durch die Veröffentlichung der Ergebnisse der E-Sport Studie 2019 und der E-Sport Studie 2020 im Rahmen von zwei Pressekonferenzen ein Transfer der Forschungserkenntnisse in die Allgemeinbevölkerung angestrebt.

Ein regelmäßiger Transfer der Forschungsergebnisse in die Allgemeinbevölkerung gelang zudem durch die Teilnahme an Podiumsdiskussionen sowie durch ausgiebige Pressearbeit. Die Teilnahme an wissenschaftlichen Konferenzen wurde zudem genutzt, um weitere Informationen zu sammeln und andere Forschungsbereiche für die Relevanz des Themas bzw. der Zielgruppe für gesundheitliche Fragestellungen zu sensibilisieren.

4. Resümee und Ausblick

Die Zielgruppe der E-Sportler*innen und Gamer*innen ist zahlreich in allen Bevölkerungsschichten und Altersgruppen vertreten. Der teilweise ausgiebige Konsum bringt Gesundheitsrisiken mit sich, eröffnet aber auch Chancen und Zugangswege zur Prävention. Im Rahmen des Projektes wurden Daten durch verschiedene Ansätze generiert und darauf basierend Konzepte für die Anwendung in der Praxis entwickelt. In der Zukunft sollte der immer weiterwachsenden Relevanz des Themenfeldes Gaming und E-Sport in noch mehr Forschungsbereichen Rechnung getragen werden. Hierfür ist ein verstärkter interdisziplinärer Ansatz notwendig. Psychologische Aspekte (z.B. mögliche Spielsucht) ebenso wie neurologische, biomechanische und physiologische Aspekte sollten stärker in den Fokus rücken. Ebenso bieten die nichtwissenschaftlichen Organisationen wie bspw. Vereine und Verbände, die sich bereits ausgiebig mit dem E-Sport beschäftigen, weitere Optionen für interdisziplinären Austausch und Zusammenarbeit im Bereich der Forschung.

Die Zielgruppe der E-Sportler*innen und Gamer*innen ist nicht mehr wegzudenken. Ihren Risikofaktoren und Bedürfnissen muss Beachtung geschenkt werden. Dieser gesellschaftlichen Verantwortung und gleichzeitig großen Chance müssen sich Expertinnen und Experten, auch über die Gesundheitswissenschaft hinaus, stellen.

Literatur

Bickmann, P., Wechsler, K., Rudolf, K., Tholl, C., Fröböse, I. & Grieben, C. (2020a). Gaze behavior of professional and non-professional eSports players in FIFA 19. *International Journal of Gaming and Computer-Mediated Simulations (IJGCMS), 12*(3). https://doi.org/10.4018/IJGCMS. 2020070101.

Bickmann, P., Wechsler, K., Rudolf, K., Tholl, C., Fröböse, I. & Grieben, C. (2020b). Comparison of visual, acoustic, and choice reaction time between eSports players of different genres and non-professional athletes. *International Journal of eSports Research (IJER)*. https://doi.org/10.4018/IJER.20210101.oa1.

Deitermann, B., Patzelt, C., Heim, S., Krauth, C., Theile, G., Hummers-Pradier, E. et al. (2011). Erfolgreiche Prävention braucht eine geschlechtergerechte Ansprache. *Public Health Forum, 19*(2), 9–10. https://doi.org/10.1016/j.phf.2011.03.006

DiFrancisco-Donoghue, J., Werner, W. G., Douris, P. & Zwibel, H. (2020). Esports players, got muscle? Competitive video game players' physical activity, body fat, bone mineral content, and muscle mass in comparison to matched controls. *Journal of sport and health science.* https://doi.org/10.1016/j.jshs.2020.07.006

forsa (Juli 2020). *Game- und Social-Media-Konsum im Kindes- und Jugendalter – Wiederholungsbefragung vor dem Hintergrund der Corona-Krise (Längsschnittuntersuchung)*. Zugriff unter https://www.dak.de/dak/download/report-2296314.pdf

game – Verband der deutschen Games-Branche e. V. (2019). *Jahresreport der deutschen Games-Branche 2019. Berlin*. Zugriff unter https://www.game.de/wp-content/uploads/2018/08/game-Jahresreport-2019_web.pdf

Gebel, C., Gurt, M. & Wagner, U. (2005): Kompetenzförderliche Potenziale populärer Computerspiele. In Arbeitsgemeinschaft Betriebliche Weiterbildungsforschung e. V. (Hrsg.), *E-Lernen: Hybride Lernformen, Online-Communities, Spiele* (S. 241–376). Berlin.

GKV-Spitzenverband (2018). *Leitfaden Prävention – Handlungsfelder und Kriterien nach § 20 Abs. 2 SGB V*. Berlin.

Granic, I., Lobel, A. & Engels, R. C. M. E. (2014). The benefits of playing video games. *The American psychologist, 69*(1), 66–78. https://doi.org/10.1037/a0034857.

Grieben, C., Rudolf, K., Wechsler, K., Tholl, C. & Fröböse, I. (2019). *eSportler – eine bislang vernachlässigte Zielgruppe von Public Health Maßnahmen*. Postersitzung präsentiert bei Kongress Armut und Gesundheit, Berlin, Deutschland.

Hodges, N. J., Huys, R. & Starkes, J. L. (2007). *Methodological review and evaluation of research in expert performance in sport*. In G. Tenenbaum & R. C. Eklund (Eds.), *Handbook of sport psychology* (p. 161–183). John Wiley & Sons, Inc.

Kari, T. & Karhulahti, V. M. (2016). Do E-athletes move?: A study on training and physical exercise in elite E-Sports. *International Journal of Gaming and Computer-Mediated Simulations (IJGCMS), 8*(4), 53–66.

Kühn, S., Berna, F., Lüdtke, T., Gallinat, J. & Moritz, S. (2018): Fighting Depression: Action Video Game Play May Reduce Rumination and Increase Subjective and Objective Cognition in Depressed Patients. *Frontiers in psychology, 9*, 129. https://doi.org/10.3389/fpsyg.2018.00129.

Lampert, C. & Tolks, D. (2016). Grundtypologie von digitalen Spieleanwendungen im Bereich Gesundheit. In K. Dadaczynski, S. Schiemann & P. Paulus (Hrsg.), *Gesundheit spielend fördern. Potenziale und Herausforderungen von digitalen Spieleanwendungen für die Gesundheitsförderung und Prävention* (S. 218–233). Weinheim, Basel: Beltz Juventa.

Le, S., Weber, P. & Ebner, M. (2013). Game-Based Learning – Spielend lernen? In M. Ebner & S. Schön (Hrsg.), *Lehrbuch für Lernen und Lehren mit Technologien: 2. Auflage* (S. 267–277). Berlin: epub.

Loprinzi, P. D. & Kane, C. J. (2015). Exercise and cognitive function: A randomized controlled trial examining acute exercise and free-living physical activity and sedentary effects. *Mayo Clinic proceedings, 90*(4), 450–460. https://doi.org/10.1016/j.mayocp.2014.12.023

Müller-Lietzkow, J. (2006). Sport im Jahr 2050: E-Sport!: oder: Ist E-Sport Sport? *Medien + Erziehung, 2006*(6), 102–112.

O'Conner, K. (2016). Die Bedeutung des Spiels in der Psychologie. In K. Dadaczynski, S. Schiemann & P. Paulus (Hrsg.), *Gesundheit spielend fördern. Potenziale und Herausforderungen von digitalen Spieleanwendungen für die Gesundheitsförderung und Prävention* (S. 50–75). Weinheim, Basel: Beltz Juventa.

Pedraza-Ramirez, I., Musculus, L., Raab, M. & Laborde, S. (2020). Setting the scientific stage for esports psychology: A systematic review. *International Review of Sport and Exercise Psychology*, 1–34.

Rathgeb, T. & Behrens, P. (2018). JIM-Studie 2018. Jugendliche, Information, Medien. *Basisuntersuchung zum Medienumgang Zwölf-bis 19-Jähriger*. Medienpädagogischer Forschungsverbund Südwest.

Rezende, L. F. M., Sá, T. H., Mielke, G. I., Viscondi, J. Y. K., Rey-López, J. P., & Garcia, L. M. T. (2016). All-cause mortality attributable to sitting time: analysis of 54 countries worldwide. *American journal of preventive medicine*, *51*(2), 253–263. https://doi.org/10.1016/j.amepre.2016.01.022

Rudolf, K., Bickmann, P., Froböse, I., Tholl, C.; Wechsler, K. & Grieben, C. (2020). Demographics and Health Behavior of Video Game and eSports Players in Germany: The eSports Study 2019. *International Journal of Environmental Research and Public Health*, *17*(6), [1870]. https://doi.org/10.3390/ijerph17061870

Rudolf, K., Soffner, M., Bickmann, P., Froböse, I., Tholl, C., Wechsler, K. & Grieben, C. (2021). Media-consumption and Well-being of Video Game and eSports Players in Germany: The eSports Study 2020. *(under review)*

Stanmore, E., Stubbs, B., Vancampfort, D., de Bruin, E. D. & Firth, J. (2017). The effect of active video games on cognitive functioning in clinical and non-clinical populations: a meta-analysis of randomized controlled trials. *Neuroscience & Biobehavioral Reviews*, 78, 34–43.

Ströh, J. H. A. (2017). *The eSports Market and eSports Sponsoring*. Tectum Wissenschaftsverlag.

Walter, U. & Röding, D. (2019). Zielgruppenspezifische Prävention und Gesundheitsförderung. In R. Haring (Hrsg.), *Gesundheitswissenschaften* (S. 391–402). Berlin, Heidelberg: Springer.

Wechsler, K., Rudolf, K., Tholl, C., Froböse, I. & Grieben, C. (2019). Differences between eSport and sport athletes – first results of a new assessment battery. In A. Arampatzis, S. Braun, K. Schmitt & B. Wolfarth (Hrsg.), *Sport im öffentlichen Raum: 24. dvs-Hochschultag Berlin 18.-20. September 2019: Abstracts* (S. 97). (Schriften der Deutschen Vereinigung für Sportwissenschaft; Band 282). Feldhaus, Edition Czwalina.

Wechsler, K., Bickmann, P., Rudolf, K., Tholl, C., Froböse, I. & Grieben, C. (2020). Comparison of Multiple Object Tracking Performance between Professional and Amateur Esport Players as well as Traditional Sportsmen. *International Journal of eSports Research (IJER)*. https://doi.org/10.4018/IJER.20210101.oa2.

Wright, M. T., Kilian, H., Block, M., von Unger, H., Brandes, S., Ziesemer, M., Gold, C. & Rosenbrock, R. (2015). Partizipative Qualitätsentwicklung: Zielgruppen in alle Phasen der Projektgestaltung einbeziehen. *Das Gesundheitswesen*, *77*(S 01), 141–142.

Datafizierung der Bewegung. Sportpädagogische Einblicke und ein Transferbeispiel

Benjamin Bonn

Zusammenfassung

Apps und Wearables übersetzen Bewegungshandlungen in Daten. Sie finden auch in pädagogischen Kontexten Anklang und ihr Einsatz verfolgt unter anderem das Ziel einer Motivationsförderung. Ein Anwendungsbeispiel zum *sport education model* konkretisiert diese Möglichkeiten. Kritik an der Implementation von Datafizierung ergibt sich insbesondere mit dem Vorwurf einer Funktionalisierung. Von sportpädagogischer Forschung und Praxis ist deshalb Sensibilität für die Ambivalenzen der Datafizierung einzufordern.

Summary

Apps and wearables translate movement actions into data. They partially show approval in pedagogical contexts. For example, conclusions derive from the motivational pull for behavioral change of these technologies. The sport education model serves as an application example. On the other hand, criticism focuses on the functionalization of movement. Therefore, a need for sensitivity towards the ambivalences of datafication is required by physical education research and practice.

Schlagworte: Daten, Self-tracking, Sport education, Wearables, Motivation

1. Ausgangssituation

Digitalisierung geht mit einer weitläufigen Übersetzung sozialer Handlungen in Daten einher. Diese Datafizierung oder *datafication* (Dijck, 2014; Mayer-Schönberger & Cukier, 2014) betrifft verschiedene Bereiche des gesellschaftlichen Lebens und findet auch durch Apps statt. Am Beispiel von Fitnessapps und Wearables zeigen sich konkrete sport- und bewegungsbezogene Formen, die auch bei Jugendlichen auftreten (u. a. Lupton, 2018). Daten spielen eine zentrale Rolle, wenn es beispielsweise bei der Selbstvermessung (Selftracking) um ‚evidenzbasierte‘ Einblicke zum persönlichen Bewegungs-, Fitness- und Gesundheitsverhalten im Kontext von Normwerten geht (vgl. u. a. Lupton, 2016b; Wolf, 2010). Sportliche Aktivitäten oder alltägliche Bewegungen, wie Schritte oder Treppensteigen werden mittels Sensoren und Apps in Datensätze übertragen. Im Ergebnis stehen tägliche, wöchentliche oder monatliche Übersichten. Gary Wolf als einer der Begründer der Quantified-Self-Community beschreibt das Verhältnis zu technischen Hilfsmitteln wie folgt:

> „We don't have a pedometer in our feet, or a breathalyzer in our lungs, or a glucose monitor installed into our veins. We lack both the physical and the mental apparatus to take stock of ourselves. We need help from machines." (Wolf, 2010, S. 11)

Die Anwendung dieser Fitnessapps und Wearables forciert bestimmte Fitness- oder Bewegungsziele, verspricht Wirkungen und greift unter anderem auf gamifizierte Designs mit Wettbewerbsformen oder bestimmten Auszeichnungen zurück (vgl. z.B. Reichert, 2015).[1] Für die Gestaltung von bewegungsbezogenen pädagogischen Settings leiten sich Anwendungspotenziale ab. Der Diskurs um Datafizierung beläuft sich allerdings nicht nur auf Möglichkeiten für (bewegungsbezogene) Lehr-Lernverhältnisse. Vielmehr weisen wissenschaftliche Auseinandersetzungen auf den Bedarf einer kritischen Begutachtung der pädagogisch situierten Datafizierung hin (Gard, 2014; Lupton, 2014; Kosma & Buchanan, in diesem Band).

Der vorliegende Beitrag möchte Einblicke in pädagogisch inszenierte Datafizierungspraktiken gewähren, praktische Möglichkeiten am Beispiel aufzeigen und kritische Perspektiven nicht außer Acht lassen. Das leitende Ziel liegt in der Darstellung zweier Dimensionen der körper- und bewegungsbezogenen Datafizierung in pädagogischen Settings anhand des Forschungsstands und dem exemplarischen Anwendungstransfer auf ein *sport education model* (2). Diese Dimensionen und ihre potenzielle Pädagogisierung werden anschließend kurz angesichts sportdidaktischer Diskurse diskutiert (3). Einer unkritischen pädagogischen Nutzung setzen bestimm-

---

1 Allgemein lassen sich bestimmte Funktionen von Apps auf motivational bedeutsame psychologische Grundbedürfnisse beziehen (Villalobos-Zúñiga & Cherubini, 2020). Leistungszusammenfassungen in Apps gelten beispielsweise als Feedback zur Aktivität als Möglichkeit zur Förderung des Kompetenzerlebens (ebd.).

te Merkmale der Datafizierung Grenzen, was der Ausblick abschließend aufgreift (4).

2. Pädagogische Datafizierung

Digitale Daten durch Apps und Wearables sind Gegenstand wissenschaftlicher Auseinandersetzungen, die sich mit pädagogischen Bezügen befassen (u. a. Eynon, 2015; Bonn, 2020). Sie koppeln an weitgreifende Diskurse zur Digitalisierung, die sich nicht ausschließlich auf Sport- und Bewegungskontexte beziehen (z. B. Lupton, 2016b). Auf Basis der Forschungsliteratur schildern die folgenden Ausführungen pädagogische Überlegungen exemplarisch anhand zweier Dimensionen dieser körper- und bewegungsbezogenen Datafizierung.

Gegenstände wie Selftracking über Fitnessapps und Wearables verdeutlichen, wie eine Übersetzung von Bewegungen in Daten konkret aussehen kann. Aus der sensorbasierten oder manuellen Erfassung von Bewegungsverhalten und Körperparametern (traditionellerweise z. B. Kalorienverbrauch, Schritte) gehen zumeist zahlenbasierte, teilweise graphisch hinterlegte Angaben in Apps oder direkt am Wearable hervor. Lupton (2016a) differenziert fünf Modi, in denen sogenanntes Selftracking stattfindet und die sich wechselseitig beeinflussen können. Die Anwendung verlaufe „private, pushed, communal, imposed and exploited" (ebd., S. 103). Sie umfasst demnach sowohl individuelle Selbstvermessungen als auch verschiedene Formen der Partizipation von anderen Beteiligten. Die Datenerfassung dient unterschiedlichen Zielsetzungen, von denen zwei im Folgenden näher thematisiert und in ein Anwendungsbeispiel überführt werden.

2.1 Monitoring

Eine wesentliche Dimension des Umgangs mit digitalen, körper- und bewegungsbezogen Daten liegt im Kontext von Wearables und Apps in der Beobachtung (z.B. Bonn, 2021; Lupton, 2013). Gary Wolf bringt das 2010 in seinem vielbeachteten Artikel in der New York Times zum Ausdruck:

„We step on a scale and record our weight. We balance a checkbook. We count calories. But when the familiar penand-paper methods of self-analysis are enhanced by sensors that monitor our behavior automatically, the process of self-tracking becomes both more alluring and more meaningful."

Monitoring stellt eine wesentliche Dimension dar und tritt hier im Selbstbezug auf. Körperzustände und Verhalten werden in quantifizierte Daten übersetzt und zeigen Selftracker*innen ‚vermeintlich' vorherig unsichtbare Aspekte des ‚Selbst' an (Reichert, 2016). Dieses Monitoring über gesundheitsbezogene Apps ist beispielsweise ein relevanter Aspekt für Befragte im Alter von 13–18 in einer Studie von Goodyear, Armour und Wood (2018). Vorteile der Nutzung digitaler Technologien wie Webseiten, Apps oder Wearables liegen für die Befragten zwischen 16–25 Jahren in einer Studie von Lupton (2018) außerdem in der Einfachheit des Monitorings im Bereich Fitness und Gesundheit. Die Erkenntnisse aus dieser Selbstbeobachtung leiten teilweise Verhalten an und werden zur Entscheidungsfindung genutzt (Kap. 2.2). Regelmäßig untersucht Forschung diesen Umgang unter dem Schlagwort der Optimierung (z. B. Duttweiler & Passoth, 2016). Das Monitoring bleibt nicht ausschließlich im individuellen Selbstbezug, sondern schließt an Möglichkeiten der Fremdbeobachtung und Partizipation an Daten durch andere an.

Die Digitalität der Daten und der Anschluss ans Internet über Apps und Wearables eröffnen Zugänge der Fremdbeobachtung. Es bestehen Möglichkeiten des sozialen Austauschs und Wettbewerbs (Lupton, 2016b; Reichert, 2015) und Zugriffe auf Datensätze durch andere Akteure. In Institutionen pädagogischen Anspruchs umfasst dieses Fremdmonitoring auch die Beobachtung in Lehr-Lern-Verhältnissen – von Wearables für Eltern und ihre Kinder in familiären Abläufen mal abgesehen. Diese Praktiken im schulischen Sportunterricht (*physical and health education*) werfen vor allem im internationalen Diskurs Forschungsfragen auf.[2] Problematiken der datenbasierten Überwachung als *dataveillance* (Gard, 2014; Lupton, 2014), der algorithmenbasierten Verhaltensvorhersage und der *„educational governance"* (Williamson, 2015, S. 134) sind deshalb Anhaltspunkte für kritische Betrachtungsweisen (Kap. 4), wie die folgende Annahme zeigt.

„Moreover, the digitized future of health and physical education is likely to mirror the wider development of data-driven schools in which data tracking, sensing and analysis, facilitated by software and

---

2 Ambivalenzen dieser Technologien im Bereich der Selbst- und Fremdbestimmung sind ein wiederkehrender Forschungsgegenstand. Einschränkungen der Autonomie durch Wearables resultieren beispielsweise dadurch, dass bestimmte Werte und Normen bzw. Weltbilder deren Designs prägen (vgl. Jacquemard, Smeaton & Gordjin, 2014; Owens & Cribb, 2017).

data analytics algorithms, will increasingly influence and shape administration, curriculum, pedagogy and assessment." (Williamson, 2015, S. 149)

2.2 Motivation

Eine an die Beobachtung anschließende Dimension des Umgangs mit Daten bei Apps und Wearables liegt in ihrer handlungsorientierten Verwendung. Es geht nicht nur um die Beobachtung, sondern auch um die Veränderung von Verhalten – in diesem Fall: körper- bzw. bewegungsbezogenem Verhalten (siehe auch: Bonn, 2021). Apps und Wearables wie von Fitbit laufen unter dem Anspruch, zu einem veränderten Verhalten angesichts bestimmter körper-, fitness- oder gesundheitsbezogener Ziele zu führen.

> „Fitbit trackt alle Aspekte deines Tages wie Aktivitäten, Training, Ernährung, Gewicht und Schlaf, um dir zu helfen, fit zu werden, motiviert zu bleiben und zu sehen, wie selbst kleine Schritte große Auswirkungen haben." (Fitbit, 2020)

Überlegungen zur motivationalen Wirkung einzelner Funktionen und Designgestaltungen finden hier ertragreiche Gegenstandsbereiche, deren Relevanz auch im Schulsport zur Geltung kommt. Beim Einsatz eines Exergame in Kombination mit Wearables stellten Lindberg, Seo und Laine (2016) in ihrer Studie im Bereich *physical education* unter anderem aus Sicht der Lehrkraft fest, dass Wearables als Motivator für ansonsten inaktive Schüler*innen wirkten und nach Aussagen der Schüler*innen die Motivation im Vergleich zu sonstigen Einheiten höher lag. In Luptons Untersuchung (Lupton, 2018, S. 3) bewerteten Schülerinnen die „motivational affordances" von Apps ebenfalls positiv.

Für motivationale Wirkungen dienen unter anderem *„ludic interfaces"* (Reichert, 2015, S. 67), innerhalb derer spieltypische Elemente verbaut und eine Motivationsförderung durch Gamifizierung angestrebt wird. Grundsätzlich lassen sich Funktionen von Apps (ohne spezifischen Bezug zu Bewegung und Körpern) auf bestimmte psychologische Aspekte beziehen. So ordnen Villalobos-Zúñiga und Cherubini (2020) Funktionen den psychologischen Grundbedürfnissen *autonomy*, *competence* und *relatedness* der *self-determination-theory* zu, die wiederum eine Bedeutung für Motivation aufweisen. Exemplarisch stünde das *activity feedback* im Zusammenhang zum Kompetenzerleben. Ihre Analyse von 208 Apps zur Verhaltensänderung ließe sich im Umkehrschluss für die Gestaltung von Apps nutzen.

2.3 Exemplarischer Transfer (sport education model)

Sowohl das Monitoring als auch Möglichkeiten der Motivationsförderung können eine Implementation von Apps und Wearables im Schulsport anleiten. Eine Übertragung in das inhaltlich naheliegende *sport education model* zeigt dies exemplarisch auf. Das *sport education model* dient der Gestaltung von Lehr-Lern-Settings im Schulsport (*physical education*) und soll über eine authentische, pädagogisch inszenierte Sporterfahrung zu Handlungsfähigkeit, Verständnis und Sportpartizipation führen (Siedentop, 1998, S. 18-19). Für diese Ziele werden Merkmale des außerschulischen Sporttreibens auf die Gestaltung des Schulsports übertragen.[3] Die Anwendung verspricht positive Effekte auf Motivation zur Teilnahme an gemeinsamen Lernaufgaben, die Übernahme von Verantwortung und ein aufgabenorientiertes Klima (Wallhead & O'Sullivan, 2005). Studien stellten einen signifikant positiven Einfluss auf das Kompetenzerleben und tendenziell positive Wirkungen auf intrinsische Motivation fest (Cuevas, García-López & Contreras, 2015; Cuevas, García-López & Serra-Olivares, 2016). Aussagen von Lehrkräften und Schüler*innen bestätigen diese Wirkmöglichkeiten, wenngleich Schwierigkeiten bei der Organisation zur Sprache kommen (Campo, López, Jilete & Sánchez, 2014).

Das *sport education model* bietet sich für eine versuchsweise Skizzierung der Datafizierung über Apps und Wearables im Schulsport aufgrund der motivationalen Wirkungen und der inhaltlichen Analogien zu Appfunktionen an. Diese liegen nicht zuletzt in spieltypischen Strukturen, die unter anderem Belohnungs-, Wettkampfsysteme und Leistungsvergleiche (inklusive Rekorde) umfassen (Kap. 2). Es ist davon auszugehen, dass sich diverse Merkmale des Modells in der Gestaltung von Apps und Wearables wiederfinden, die sich vor allem auf *festivity* (bspw. Medaillen), *record keeping* (z. B. Statistiken und Bestleistungen) und *formal competition* (z. B. Schrittwettbewerbe) belaufen (vgl. bspw. Fitbit, 2020). Die Einbindung

---

3 Seasons verändern die Organisation weg von isolierten Einheiten hin zu einem übergreifenden Kontext. Affiliation verweist auf die soziale Einbindung der Schüler*innen als Team über die Saison hinweg, innerhalb derer eine Form des Wettkampfs die gemeinsame Zielperspektive einbettet (formal competition) und an ein finales Event koppelt (culminating event). Das record keeping dient dem Feedback und dem Setzen von Standards und unter dem Merkmal festivity wird ein verbesserungs-, anstrengungsorientiertes und faires Klima forciert, das sich bspw. in Sieger*innenehrungen manifestiert. Die Möglichkeiten durchgehender Partizipation und der Einnahme diverser Rollen (bspw. Sportler*in, Schiedsrichter*innen) sowie die Orientierung am Entwicklungsstand der Schüler*innen bilden wesentliche Unterschiede zum außerschulischen Sport (Siedentop, 1998).

in *seasons* mit gemeinsamen Teams erscheint ebenso möglich wie der Abschluss über ein eventhaftes Finale (*culminating event*). Datafizierung würde mit der Eigenschaft unterstützen, zeitlich Bewegungshandlungen miteinander in Bezug zu setzen, Übersichten über langfristige Zeiträume und Vergleiche zwischen Gruppen zu ermöglichen und zugleich in ein wettkampforientiertes Modell einzubetten (vgl. Bonn, 2020). Abseits der Sportler*innenrolle bieten Datenanalyse und -aufbereitung für sportunterrichtliche Wettkämpfe Ansatzpunkte, nicht nur motorische, soziale sowie strategische Fertigkeiten zu schulen, sondern auch methodische Kompetenzen anzustreben und diverse Rollen einzunehmen.

Offensichtlich hat die Anwendung Grenzen in technischen Voraussetzungen, deren Verfügbarkeit, zugehöriger Medienkompetenz und den pädagogischen Zielsetzungen.

3. Sportdidaktische Revision

Das Transferbeispiel zeigt eine Praxisidee zur Einbindung von Datafizierung im Schulsport. Das *sport education model* eignet sich hierfür aufgrund der Analogien zur Gestaltung von Apps (Ranglisten, Medaillen etc.) und dem inhaltlichen Fokus auf Motivation zum (Bewegungs-) Verhalten. Zugleich hat diese Anwendungsmöglichkeit Alternativen und bedarf einer weitergehenden Begründung. Die Implementation ist dementsprechend an curriculare Vorgaben anzubinden (Kernlehrpläne, Rahmenvorgaben etc.). Darüber hinaus werfen sportdidaktische Diskurse für die Begründungssuche einen weiteren Horizont auf, der nicht nur Fragen zu einzelnen Verfahrensweisen beim Einsatz digitaler Technologien oder der Übersetzung von Bewegungshandlungen in Daten, sondern auch das Gegenstandsverständnis und bildungstheoretische Grundlagen berührt (siehe z.B. Laging & Kuhn, 2018). Inwieweit und in welchem Bildungsverständnis stellt Datafizierung der Bewegung einen (fachbezogenen) Bildungsgegenstand dar? Was macht eine Datafizierung mit dem subjektiven Erleben von Bewegungssituationen? Eine differenziertere Diskussion der Datafizierung und ihrer möglichen Einbindung hätte solche und ähnliche Fragen anzugehen und wäre auch vor dem Hintergrund fachdidaktischer Konzepte und Strömungen vorzunehmen (siehe z.B. die Sammelbände von Aschebrock & Stibbe, 2013 oder Scheid & Prohl, 2012). Mit gutem Grund ließen sich dieser vorliegenden Praxisidee ein ausschließlich technikorientierter Ansatz (Rode, in diesem Band) und eine outcome- und wettbewerbsbezogene Verengung des Bewegungshandelns vorwerfen (Kosma & Buchanan, in diesem Band). Es erscheint gerade deshalb angesichts dieses Beispiels und denkbarer Alternativen notwendig, eine praktische Sensibilität für Datafizierung von Bewegung in pädagogischen Settings zu fordern und zu ergründen, in welchen Situationen und Zielsetzungen Datafizierung eine Rolle spielen kann oder nicht. Diese Ambivalenzen bilden wiederum einen möglichen Reflexionsgegenstand für pädagogische Situationen z.B. im Sportunterricht (Bonn, 2020).

4. Ausblick

Der Beitrag zeigt Möglichkeiten für die Integration von Datafizierung in sport- und bewegungsbezogenen Lehr-Lern-Settings auf, die sich in motivationaler Hinsicht beispielsweise über das *sport education model* fassen und einbinden lassen. Eine Anwendung stellt potenziell positive Effekte für Bewegungsmotivation und die Beteiligung in Aussicht. Gleichwohl trägt Datafizierung in solchen Settings beachtenswerte und diskussionswürdige Merkmale mit sich. Im Grunde liegt der zentrale Anlass für sportpädagogische Kritik in der Funktionalisierung: Eine Funktionalisierung im Hinblick auf bildungssystemisches Monitoring, wie mitunter über Schlagwörter wie *dataveillance* angedeutet wurde, und eine Funktionalisierung im Hinblick auf ein outcomebezogenes Bewegungsverständnis, wie es mit der phänomenologisch geführten Forderung nach einem Schwerpunkt auf Embodiment bspw. von Kosma und Buchanan (in diesem Band) abgelehnt wird. Leistungen der Datafizierung mit Apps oder Wearables im Schulsport sind deshalb nicht ohne die (normative) Reflexion ihrer Nebenwirkungen zu haben. Die Diskussion dieser sozial-kulturellen Bedeutung von Datafizierung und ihrer Wirkungen bietet daher für Lehr-Lern-Verhältnisse eine ertragreiche Aussicht.

Literatur

Aschebrock, H. & Stibbe, G. (2013). *Didaktische Konzepte für den Schulsport.* (Edition Schulsport; Band 21). Meyer & Meyer.

Bonn, B. (2020). Digitaler und evidenzbasierter Schulsport mit Selftracking? Sportdidaktische Überlegungen zur Selbstvermessung. *Sportunterricht*, 69(11), 500–504.

Bonn, B. (2021). *Pädagogisierung und Selftracking*. Baden-Baden: Academia.

Campo, D. G. D. del, López, L. M. G., Jilete, R. C. & Sánchez, A. J. F. (2014). Aplicación del modelo de Educación Deportiva en segundo de Educación Primaria: percepciones del alumnado y el profesorado. *Cuadernos de Psicología Del Deporte, 14*(2), 131–144. doi: 10.4321/s1578–84232014000200014

Cuevas, R., García-López, L. M. & Contreras, O. (2015). Influencia del modelo de Educación Deportiva en las necesidades psicológicas básicas. *Cuadernos de Psicología Del Deporte, 15*(2), 155–162. doi: 10.4321/s1578–84232015000200017

Cuevas, R., García-López, L. M. & Serra-Olivares, J. (2016). Sport education model and self-determination theory: an intervention in secondary school children. *Kinesiology, 48*(1), 30–38. doi: 10.26582/k.48.1.15

Dijck, J. van. (2014). Datafication, dataism and dataveillance: Big Data between scientific paradigm and ideology. *Surveillance & Society, 12*(2), 197–208.

Duttweiler, S. & Passoth, J.-H. (2016). Self-Tracking als Optimierungsprojekt? In S. Duttweiler, R. Gugutzer, J.-H. Passoth, & J. Strübing (Hrsg.), *Leben nach Zahlen. Self-Tracking als Optimierungsprojekt?* (Digitale Gesellschaft, 10, S. 9–43). Bielefeld: Transcript.

Eynon, R. (2015). The quantified self for learning: critical questions for education. *Learning, Media and Technology, 40*(4), 407–411. doi: 10.1080/17439884.2015.1100797

Fitbit (Hrsg.) (2020). *Warum Fitbit.* Zugriff am 07.07.2020 unter https://www.fitbit.com/de/whyfitbit

Gard, M. (2014). eHPE: a history of the future. *Sport, Education and Society, 19*(6), 827–845. doi: 10.1080/13573322.2014.938036

Goodyear, V. A., Armour, K. M. & Wood, H. (2018). Young people learning about health: the role of apps and wearable devices. *Learning, Media and Technology, 44*(2), 1–18. doi: 10.1080/17439884.2019.1539011

Laging, R. & Kuhn, P. (2018). Bildungstheorie und Sportdidaktik. Ein Diskurs zwischen kategorialer und transformatorischer Bildung (Bildung und Sport, Bd. 9). Wiesbaden: VS Verlag für Sozialwissenschaften.

Lindberg, R., Seo, J. & Laine, T. H. (2016). Enhancing Physical Education with Exergames and Wearable Technology. *IEEE Transactions on Learning Technologies, 9*(4), 328–341. doi: 10.1109/tlt.2016.2556671

Lupton, D. (2013). Quantifying the body: monitoring and measuring health in the age of mHealth technologies. *Critical Public Health, 23*(4), 393–403. doi: 10.1080/09581596.2013.794931

Lupton, D. (2014). Data assemblages, sentient schools and digitised health and physical education (response to Gard). *Sport, Education and Society, 20*(1), 122–132. doi: 10.1080/13573322.2014.962496

Lupton, D. (2016a). The diverse domains of quantified selves: self- tracking modes and dataveillance. *Economy and Society, 45*(1), 101–122. doi: 10.1080/03085147.2016.1143726

Lupton, D. (2016b). *The Quantified Self. A Sociology of Self-Tracking.* Cambridge: Polity Press.

Lupton, D. (2018). 'Better understanding about what's going on': young Australians' use of digital technologies for health and fitness. *Sport, Education and Society*, 1–13. doi: 10.1080/13573322.2018.1555661

Mayer-Schönberger, V., & Cukier, K. (2014). *Big Data: A Revolution That Will Transform How We Live, Work, and Think*. London: Murray.

Reichert, R. (2015). Digitale Selbstvermessung. Verdatung und soziale Kontrolle. *Zeitschrift Für Medienwissenschaft*, 7(13), 66–77. doi: 10.25969/mediarep/1590.

Reichert, R. (2016). Social Surveillance. Praktiken der digitalen Selbstvermessung in mobilen Anwendungskulturen. In S. Duttweiler, R. Gugutzer, J.-H. Passoth, & J. Strübing (Hrsg.), *Leben nach Zahlen. Self-Tracking als Optimierungsprojekt?* (Digitale Gesellschaft, 10, S. 185-200). Bielefeld: Transcript.

Scheid, V. & Prohl, R. (2012). *Sportdidaktik: Grundlagen – Vermittlungsformen – Bewegungsfelder*. Wiebelsheim: Limpert.

Siedentop, D. (1998). What is Sport Education and How Does it Work? *Journal of Physical Education, Recreation & Dance*, 69(4), 18–20. doi: 10.1080/07303084.1998.10605528

Villalobos-Zúñiga, G., & Cherubini, M. (2020). Apps That Motivate: a Taxonomy of App Features Based on Self-Determination Theory. *International Journal of Human-Computer Studies*, 102449. doi: 10.1016/j.ijhcs.2020.102449

Wallhead, T. & O'sullivan, M. (2005). Sport Education: physical education for the new millennium? *Physical Education & Sport Pedagogy*, 10(2), 181–210. doi: 10.1080/17408980500105098

Williamson, B. (2015). Algorithmic skin: health-tracking technologies, personal analytics and the biopedagogies of digitized health and physical education. *Sport, Education and Society*, 20(1), 133–151. doi: 10.1080/13573322.2014.962494

Wolf, G. (2010, May 2). The Data-Driven Life. *New York Times*. Abgerufen von http://www.nytimes.com/2010/05/02/magazine/02self-measurement-t.html?mcubz=1

Reale und Mentale Rotation aus der Embodied-Cognition Perspektive: Darstellung einer innovativen digitalen Methodik

Mai Geisen, Markus Raab, Petra Jansen, Stefanie Klatt

Zusammenfassung

Im Sport, insbesondere in kompositorischen Sportarten, finden häufig Rotationsbewegungen statt. Untersuchungen haben gezeigt, dass Sportler*innen aufgrund ihrer regelmäßigen Ausübung von räumlichen Aktivitäten eine bessere mentale Rotationsfähigkeit besitzen als Nicht-Sportler*innen. Die Bedeutung der häufigen realen Rotation und der verbesserten mentalen Rotation bei Sportler*innen kann aus der Embodied-Cognition-Perspektive betrachtet werden, die erklärt, dass sich motorische und kognitive Prozesse gegenseitig beeinflussen. Bisher wurden reale und mentale Rotation meist getrennt voneinander betrachtet. Mithilfe einer innovativen digitalen Methodik werden Untersuchungsmöglichkeiten dargestellt, welche gezielt die Forschung hinsichtlich Embodied-Cognition, speziell in der Sportwissenschaft, bereichern.

Summary

In sports, especially compositional sports, rotational movements often occur. Studies have shown that athletes have better mental rotation ability than non-athletes due to their regular practice of spatial-demanding activities. The importance of frequent real rotation and improved mental rotation in athletes can be considered from an Embodied-Cognition perspective, which elucidates that motor and cognitive processes shape each another. So far, real and mental rotation have mostly been studies separately. With the help of an innovative methodology, new investigations are offered that will augment research concerning Embodied-Cognition, especially in sports science.

Schlagworte: Embodiment, Cognition, Motion, Bewegung, Digitalisierung

1. Motorik und Kognition: Embodied-Cognition Ansätze

Forschungsansätze zu Embodied-Cognition beziehen sich auf die Verbindung motorischer und kognitiver Prozesse, insbesondere im Hinblick auf die durch Bewegungserfahrung und Interaktion des Körpers mit der Welt vorhandenen motorischen Informationen und deren Auswirkung auf die Kognition (Raab, Löffler & Cañal-Bruland, 2016; Wilson, 2002). In einem Überblicksartikel von Gentsch, Weber, Synofzik, Vosgerau und Schütz-Bosbach (2016) wurden verschiedene Konzepte zur Verbindung von Bewegungssteuerung und -handlung miteinander verglichen und die drei hauptsächlichen Rahmenwerke der vorhandenen Theorien zu Embodied-Cognition zusammengefasst: ‚Gemeinsame Kodierung‘, ‚Interne Modelle‘ und ‚Simulationstheorien‘.

‚Gemeinsame Codierung‘ umfasst zwei Theorien, die davon ausgehen, dass es einen sensomotorischen Code gibt, der zwischen Motorik und Kognition vermittelt. Die *Ideomotorische Theorie* besagt, dass Wahrnehmung und Handlung, welche grundsätzlich als getrennte Repräsentationen angesehen werden, anhand eines Codes koaktiviert werden können. Auf diese Weise wird beispielsweise die adaptive Kontrolle zielorientierten Verhaltens ermöglicht. Die *Theorie der Ereignis-Kodierung* handelt davon, dass zwischen motorischen und kognitiven Prozessen, welche die Handlungswahrnehmung strukturieren, ein gemeinsamer Repräsentationscode besteht (Gentsch et al., 2016).

Die zweite große Gruppe der Theorien zu Handlung und Wahrnehmung umfasst die ‚Internen Modelle‘, welche wiederum drei theoretische Ansätze beinhalten: *Theorie der Bewegungskontrolle, Prädiktive Kodierung* und *Emulationstheorie* (Gentsch et al., 2016). Die *Theorie der Bewegungskontrolle* geht zum einen davon aus, dass interne Modelle existieren, welche der Bestimmung von motorischen Befehlen für gewünschte Bewegungszustande dienen. Zum anderen sind vorausschauende Modelle dafür zuständig die erwartete sensorische Rückmeldung eines motorischen Befehls vorherzusagen, um somit bei Abweichung der tatsächlichen Rückmeldung von der vorhergesagten Rückmeldung, eine schnelle Fehlererkennung zu ermöglichen (Cooper, 2010). Bei der *Prädiktiven Kodierung* liegt das Hauptaugenmerk auf der Betrachtung der Wahrnehmung als Vorhersage (Gentsch et al., 2019). Mithilfe eines allgemeinen vorausschauenden Modells werden Prozesse von der motorischen Steuerung bis hin zu daraus resultierenden sensorischen Konsequenzen abgebildet (Gentsch et al., 2016). Die *Emulationstheorie* von Grush (2004) bezieht sich darauf, dass motorische Bilder und Aspekte der visuellen Wahrnehmung durch motorische

Steuerungsprozesse erzeugt werden können, welche den Vorgang einer motorisch-visuellen Nachbildung des Bewegungsapparates steuern.

Die dritte Gruppe der Theorien zu Motorik und Kognition, die ‚Simulationstheorien‘, definieren Kognition als eine simulationsgleiche Wiederverwendung der modalen Systeme im Gehirn. Die *Theorie der Spiegelneurone* geht davon aus, dass motorische Handlungen und motorische Wahrnehmungen durch dasselbe neuronale Subsystem repräsentiert werden, das aus einer Population von Neuronen besteht, welche sowohl für beobachtete als auch für ausgeführte Handlungen kodieren. Eine weitere Theorie, die *Theorie der Wahrnehmungs-Symbolsysteme,* befasst sich damit, dass Kognition aus Aktivierungsmustern verschiedener Sinnesmodalitäten besteht. Da Kognition als eine Simulation angesehen wird, die dem ursprünglichen Wahrnehmungszustand zugrunde liegende sensomotorische Aktivierungsmuster einschließt, teilen sich kognitive und Wahrnehmungs-Mechanismen die gleichen Repräsentationszustände (Gentsch et al., 2016).

Laut Gentsch et al. (2016) bietet die Gegenüberstellung der hier erläuterten Rahmenwerke zu Embodied-Cognition neue Perspektiven der Spezifizierung von Beziehungsebenen zwischen Wahrnehmung und Handlung. Eine konkrete Aufteilung der Rahmenwerke in bestimmte Beziehungsebenen würde allerdings über den Rahmen dieses Beitrages hinausgehen, weshalb hier der Fokus auf der Zusammenfassung von verschiedenen Ansätzen zu Embodied-Cognition liegt.

Shapiro (2011), der sich ebenfalls intensiv mit Embodied-Cognition-Ansätzen befasst, stellt drei umfassende Themenbereiche vor: ‚Konzeptualisierung‘, ‚Ersetzbarkeit‘ und ‚Einheit‘. Die Perspektive der ‚Konzeptualisierung‘ bezieht sich darauf, dass die Eigenschaften eines Körpers die Wahrnehmung des jeweiligen Organismus bestimmen. Shapiro orientiert sich dabei hauptsächlich an der von Varela, Rosch und Thompson (1992) diskutierten unterschiedlichen Farbwahrnehmung von Menschen. Laut Varela et al. (1992) werden Farben nicht von außen bestimmt, sondern vielmehr durch voneinander abweichende visuelle Systeme von Individuen beeinflusst und dementsprechend unterschiedlich wahrgenommen. Die Theorie der ‚Ersetzbarkeit‘ in Bezug auf Embodied-Cognition beschreibt Kognition als die Entstehung von dynamischen Interaktionen zwischen Gehirn, Körper und Umwelt (Shapiro, 2011). Die zentrale Bedeutung des Gehirns wird dabei mit der Bedeutung des Körpers und der Umwelt gleichgestellt (Shapiro, 2011). Die dritte von Shapiro (2011) genannte Perspektive zu Embodied-Cognition, die ‚Einheitsperspektive‘, umfasst die Annahme, dass Körper und Umwelt feste Bestandteile kognitiver Prozesse sind. Löffler, Cañal-Bruland und Raab (2019, S. 120) beschreiben es mit den Worten: „Der Körper, seine Bewegung und seine Umwelt sind Kognition".

Laut Löffler et al. (2019, S. 121) „machen alle von Shapiro (2011) dargestellten Embodied-Cognition-Ansätze deutlich, dass bei der Untersuchung von mentalen Prozessen der Körper, seine Bewegungen und seine Umwelt mit einbezogen werden sollten, um valide Aussagen treffen zu können". Wichtig ist jedoch, die bidirektionale Auswirkung von Körper und Wahrnehmung zu beachten und dementsprechend mentale Prozesse bei der Betrachtung des Körpers immer zu berücksichtigen (Löffler et al., 2019).

Wie anhand verschiedener Ansätze von Theorien demonstriert, bietet die Perspektive der Embodied-Cognition eine Grundlage für Untersuchungen der Verbindungen zwischen Körper und Wahrnehmung. Entsprechend der in diesem Beitrag diskutierten Kombination von realer und mentaler Rotation dient Embodied-Cognition als Basis für die Annahme, dass reale Körperbewegungen und mentale Wahrnehmungen miteinander verbunden sind. Im Folgenden werden die Konstrukte reale Rotation und mentale Rotation näher beschrieben und anschließend bisherige Forschungen dieser Konstrukte hinsichtlich der Embodied-Cognition-Perspektive aufgeführt.

2. Reale und Mentale Rotation aus der Embodied-Cognition Perspektive

Eine Rotation kann als die Bewegung eines Körpers um eine Achse oder einen Mittelpunkt definiert werden (Klein, Laube, Schomacher & Voelker, 2005). Der Mittel- bzw. Drehpunkt kann dabei in der Tiefenachse liegen, wie bei der Ausführung eines Radschlages (Wolgast, 2015). Ein Beispiel für eine Drehung um die Breitenachse ist der Vorwärts-Überschlag (Wolgast, 2015). Bewegungen in der Längsachse können Rotationen an den Wirbel-, Schulter- und Hüftgelenken sein, die im Turnen, Tanz und Eiskunstlauf häufig vorkommen, wie beispielsweise die Pirouette (Hamill & Knutzen, 2006; Wolgast, 2005). In Sportarten, wie Ballsportarten, finden regelmäßig Rotationsbewegungen statt, um schnelle Positionswechsel durchzuführen, maximale Winkelgeschwindigkeiten des Spielgerätes erzeugen zu können und darüber hinaus Verletzungen zu verhindern (Earp & Kraemer, 2010; Steele et al., 2018). In kompositorischen Sportarten liegt das Hauptziel der Entwicklung von Fertigkeiten, wie die Ausführung von Rotationen, in der Maximierung der ästhetischen Wirkung, d.h. beispielsweise die Ausführung einer Pirouette im Ballett (Lott & Laws, 2012; Schärli, 2016). Besonders Ganzkörperdrehungen, wie beispielweise die Pirouette, gelten als komplexe Bewegungsaufgaben, welche laut Forscher*innen mentale

Übung erfordern. So wenden Tänzer*innen vor allem mentale Vorstellungsmethoden an, in denen sie Rotationsbewegungen visualisieren (Sweigard, 1974).

Umgekehrt haben Untersuchungen gezeigt, dass Sportler*innen aufgrund ihrer regelmäßigen Ausübung von räumlichen Aktivitäten eine bessere mentale Rotationsfähigkeit besitzen als Nicht-Sportler*innen (Jansen & Lehmann, 2013; Pietsch & Jansen, 2012). Die mentale Rotation wird als eine kognitive Fähigkeit bezeichnet, welche es erlaubt, Objekte im Geist mental darstellen und rotieren zu können (Shepard & Metzler, 1971). Im klassischen chronometrischen mentalen Rotationstest von Shepard und Metzler (1971) wurden zwei benachbarte Reize präsentiert, wobei der linke Reiz als Standardreiz in aufrechter Position und der rechte Reiz als Vergleichsreiz in veränderter Winkelposition gezeigt wurde. Die Aufgabe der Proband*innen bestand darin, den rechten Stimulus mental in die aufrechte Position zu bringen und so schnell und genau wie möglich zu entscheiden, ob dieser dem Standardreiz entspricht oder ein Spiegelbild davon ist (Shepard & Metzler, 1971). Die Ergebnisse zeigten stetig ansteigende Reaktionszeiten mit zunehmender Winkeldifferenz, was darauf hindeutet, dass verschiedene Winkeldifferenzen zu einer unterschiedlichen Dauer der mentalen Rotation, sprich dem Vergleich mit dem Standardreiz, führen (Shepard & Metzler, 1971). Darüber hinaus interpretierten Shepard und Metzler (1971) die Reaktionszeiten als Hinweis darauf, dass die mentale Rotation eine echte physische Rotation simuliert. Später führten Wohlschläger und Wohlschläger (1998) eine Studie durch, in der genau diese Annahme untersucht und bestätigt wurde. Es wurde gezeigt, dass eine verbesserte mentale Rotationsfähigkeit durch die Übereinstimmung der Drehrichtung von mentaler Rotation und manueller Rotation ermöglicht wurde. Daher wird vermutet, dass die mentale und manuelle Rotation Teile eines Prozesses sind, welcher die gemeinsame Steuerung der imaginären und tatsächlich durchgeführten Neuausrichtung von Objekten ermöglicht (Wohlschläger & Wohlschläger, 1998).

Unter Berücksichtigung der Embodied-Cognition Perspektive wurde in einer Studie von Amorim, Isableu und Jarraya (2006) die Verkörperung des Stimulusmaterials bei der mentalen Rotation untersucht. Es zeigte sich, dass Aufgaben, bei denen menschenähnliche Figuren mental gedreht werden mussten, schneller und mit weniger Fehlern bearbeitet wurden als Aufgaben zu mentaler Rotation von abstrakten Figuren. Demnach wird das Absolvieren von Aufgaben zu mentaler Rotation erleichtert, sobald sich die Proband*innen aufgrund menschenähnlicher Körperstrukturen in die Figuren hineinversetzen können. Im Rahmen einer Studie von Kaltner, Riecke und Jansen (2014) wurden egozentrische Transformationen in Bezug auf den Embodiment-Ansatz untersucht. Die Autor*innen erwähnten, dass in egozentrischen Transformationsaufgaben die eigene Perspektive verändert und mental die Position des Reizes eingenommen werden muss, was wiederum zur Initiierung eines simulativen Rotations-prozesses des eigenen Körpers führt. Die Ergebnisse zeigten unter ande-rem, dass Sportler*innen bei egozentrischen Transformationsaufgaben bes-ser abschnitten als Nicht-Sportler*innen. Zusammenfassend wurde betont, dass das Konstrukt in Zukunft verstärkt als Embodied-Cognition wahrge-nommen und entsprechend in der Forschung behandelt werden müsste (Kaltner et al., 2014).

Im Hinblick auf den Einfluss des menschlichen Körpers auf mentale Prozesse stellte sich Francuz (2010) die Frage, inwieweit die mentale Rota-tion visueller Objekte von der Körperposition des*der Beobachters*in und der räumlichen Orientierung dieser Objekte abhängt. Dabei wurde der Prozess der mentalen Rotation durch die Interaktion zwischen der Körper-position und der Orientierung eines Objektes signifikant verändert. Die-ses Ergebnis drückt sich beispielsweise darin aus, dass reale Objekte eine natürliche Tendenz haben, sich zu einer bestimmten Seite zu bewegen, so-bald sich die Person auf der gleichen Seite befindet, was wiederum auf das Embodiment hinsichtlich mentaler Repräsentationen hinweist (Francuz, 2010).

Forschungsergebnisse bezüglich der Auswirkung des menschlichen Kör-pers auf Prozesse der mentalen Rotation führen zu der erweiterten For-schungsfrage, was geschieht, sobald der Körper nicht nur in ähnliche Positionen wie die der mentalen Repräsentation gebracht wird, sondern auch die gleiche Rotationsbewegung eines zeitgleich erfolgenden menta-len Reizes ausführt. Die Untersuchung von simultaner realer und mentaler Rotation aus Sicht der Embodied-Cognition-Perspektive war bislang nicht möglich, da noch kein dafür passendes Forschungsdesign entwickelt wur-de. Im Folgenden wird eine in diesem Zuge konzipierte innovative digitale Methodik vorgestellt, die diese Problematik beheben soll.

3. Darstellung einer innovativen digitalen Methodik

Für die Entwicklung einer innovativen Methodik, welche die zukünf-tige Untersuchung von kombinierter realer und mentaler Rotation er-möglicht, spielt die Anwendung von Virtual Reality (VR) und dessen jeweilige mögliche Kombination mit weiteren Technologien eine wich-tige Rolle. Allgemein finden neuere Technologien zunehmende Verwen-dung in Forschungs- und Anwendungsbereichen, welche sich auf die

Embodied-Cognition-Perspektive beziehen. So erwähnen Zona, Raab und Fischer (2018) den vermehrten Einsatz von immersiven Technologien in Forschung und Praxis, um besonders aus dem Forschungsfeld der Embodied-Cognition gewonnene Erkenntnisse in Lernparadigmen umsetzen zu können. In Bezug auf den hier beschriebenen Forschungsbereich kann mithilfe neuer Möglichkeiten der Digitalisierung besonders die unterschiedliche Auswirkung kongruenter Rotationen (reale und mentale Rotation mit gleicher Drehrichtung) und inkongruenter Rotationen (reale und mentale Rotation mit unterschiedlichen Drehrichtungen), in Bezug auf die Embodied-Cogniton-Perspektive, untersucht werden.

Die Verwendung einer elektrischen Drehscheibe, mit der eine Person passiv im Uhrzeigersinn und gegen den Uhrzeigersinn rotiert werden kann, dient der Realisierung von realer Rotation. Für die Untersuchung der mentalen Rotationsfähigkeit bietet VR-Hardware die Möglichkeit der jeweiligen Testperson die mentale Rotationsaufgabe zu präsentieren, während diese auf der Drehscheibe passiv gedreht wird. Mithilfe von VR ist es möglich, auf Stimuli, welche auf dem Display einer VR-Brille dargestellt werden, zu reagieren und sich gleichzeitig möglichst frei im Raum bewegen zu können. Für die mentale Rotationsaufgabe können VR-kompatible Controller so programmiert werden, dass der*die Proband*in per Knopfdruck (rechte und linke Hand) auf den Stimulus reagieren kann. Eine zeitgleiche Steuerung des Stimulus in VR und der Drehscheibe wird durch einen Gaming-spezialisierten Computer ermöglicht, was letztendlich zur bislang nicht realisierbaren Untersuchung von simultaner realer und mentaler Rotation führt.

Wie von Shephard und Metzler (1971) beschrieben bezieht sich die Fähigkeit der mentalen Rotation darauf, Objekte im Geist mental darstellen und rotieren zu können. In Verbindung mit dem hier beschriebenen Forschungsdesign soll die mentale Rotation auch als die Fähigkeit verstanden werden, Rotationen von Objekten mental wahrnehmen zu können. Ziel ist es, die gleichzeitige und unter gleichen Bedingungen stattfindende Untersuchung realer und mentaler Rotation zu ermöglichen. Die Umsetzungen der Rotationsbedingungen, sowohl physisch als auch mental, müssen daher übereinstimmen. Dementsprechend kann die mentale Rotationsfähigkeit so betrachtet und getestet werden, dass die jeweilige Person auf die Richtung eines rotierenden Stimulus reagieren muss, während sie gleichzeitig passiv rotiert wird. Das Konstrukt mentale Rotation ist in der Regel aus klassischen Tests abgeleitet, kann aber unter Berücksichtigung erweiterter Definitionen, insbesondere in Bezug auf die Forschung von Embodied-Cognition, auch differenziert angepasst und implementiert werden. Für eine vergleichbare Kombination der mentalen Rotationsaufgabe und der realen Rotation ist eine menschenähnliche Figur als VR Stimulus, wie bereits von Amorim et al. (2006) verwendet, von Vorteil. Eine mögliche mentale Rotationsaufgabe hinsichtlich dieses Forschungsdesigns ist die Reaktion, d.h. richtige Antwort auf die Drehrichtung des Stimulus in VR. Zur Umsetzung von simultaner realer und mentaler Rotation sollte der Stimulus die gleiche Beschleunigungsgeschwindigkeit und anschließend gleichbleibende Rotationsgeschwindigkeit wie die der Person auf der Drehscheibe haben. Abbildung 1 zeigt ein Beispiel eines möglichen Aufbaus einer Studie zum beschriebenen Forschungsthema.

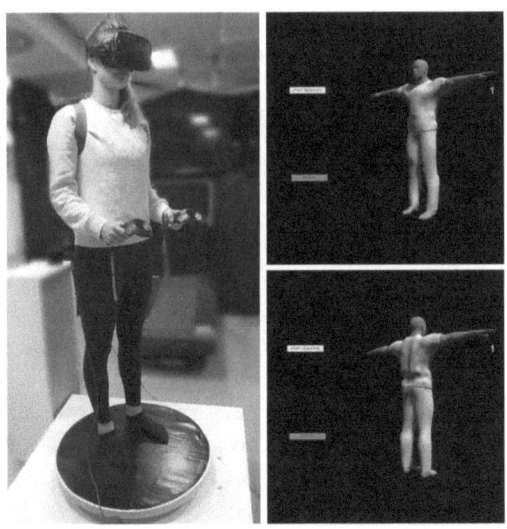

Abb. 1. Darstellung eines vorstellbaren Forschungsdesigns. Links wird eine Probandin auf der Drehscheibe mit VR-Brille und Controllern abgebildet. Rechts wird der sich drehende VR-Stimulus gezeigt (oben von vorne seitlich, unten von hinten seitlich).

Die Datenerfassung der Reaktionen auf die VR-Figur – Reaktionszeit und Angabe der Drehrichtung – würde anhand der VR-kompatiblen Controller durch Betätigung der Zeigefingertasten auf der rechten und linken Seite erfolgen. Um alle Kombinationen von rechtsseitiger und linksseitiger realer und mentaler Rotation zu berücksichtigen, müssten mindestens vier Durchgänge durchgeführt werden. Mögliche Rotationskombinationen lauten: reale und mentale Rotation im Uhrzeigersinn (kongruent), reale und mentale Rotation gegen den Uhrzeigersinn (kongruent), reale Rotation im Uhrzeigersinn und mentale Rotation gegen den Uhrzeigersinn (inkongruent), reale Rotation gegen den Uhrzeigersinn und mentale Rotation im Uhrzeigersinn (inkongruent).

4. Fazit

Anhand der hier beschriebenen innovativen Methodik wird es möglich sein, den Zusammenhang von realer und mentaler Rotation zu untersuchen. Davon profitiert zum einen besonders die Sport- und Bewegungswissenschaft, hinsichtlich der Grundlagenforschung und der Forschungen im Bereich der Leistungsdiagnostik in verschiedenen Sportarten. Zum anderen können Embodied-Cognition-Ansätze erweitert und die Kognitions- und Wahrnehmungsforschung bereichert werden. Nicht zuletzt ist dies besonders der stetig wachsenden Digitalisierung sowohl in der Sportwissenschaft als auch auf weiteren Forschungsgebieten zu verdanken. Mittels innovativer digitaler Methoden wie beispielsweise der Anwendung von VR und damit kompatiblen Vorrichtungen sowie weiteren technologischen Entwicklungen werden bislang unbekannte Forschungs- und Trainingsmöglichkeiten geboten, die in Zukunft verstärkt behandelt und darüber hinaus besonders in den Bereich der Sportpraxis integriert werden sollten.

Literatur

Amorim, M. A., Isableu, B. & Jarraya, M. (2006). Embodied spatial transformations: "Body Analogy" for the mental rotation of objects. *Journal of Experimental Psychology, 135*(3), 327–347.

Cooper, R. P. (2010). Forward and Inverse Models in Motor Control and Cognitive Control. In Chappell, J., Thorpe, S., Hawes, N. & Sloman, A. (Eds.), *Proceedings of the Symposium on AI-Inspired Biology* (p. 108–110). London, UK: The Society for the Study of Artificial Intelligence and the Simulation of Behaviour.

Earp, J. & Kraemer, W. (2010). Medicine ball training implications for rotational power sports. *Strength & Conditioning Journal, 32*(4), 20–25.

Francuz, P. (2010). The influence of body position and spatial orientation of an object on mental rotation task's performance. *Procedia Social and Behavioral Sciences, 5*, 896–900.

Gentsch, A., Weber, A., Synofzik, M., Vosgerau, G. & Schütz-Bosbach, S. (2016). Towards a common frame-work of grounded action cognition: Relating motor control, perception and cognition. *Cognition, 146*, 81–89.

Grush, R. (2004). The emulation theory of representation: Motor control, imagery, and perception. *Behavioral and Brain Sciences, 27*, 377–442.

Hamill, J. & Knutzen, K. M. (2006). *Biomechanical Basis of Human Movement – Second Edition*. USA: Lippincott Williams & Wilkins.

Jansen, P. & Lehmann, J. (2013). Mental rotation performance in soccer players and gymnasts in an object-based mental rotation task. *Advances in Cognitive Psychology, 9*(2), 92–98.

Kaltner, S., Riecke, B. & Jansen, P. (2014). Embodied mental rotation: A special link between egocentric transformation and the bodily self. *Frontiers in Psychology, 5*(505).

Klein, D., Laube, W., Schomacher, J. & Voelker, B. (2005). *Biomechanik, Bewegungslehre, Leistungsphysiologie, Trainingslehre*. Stuttgart: Georg Thieme.

Lott, M. B. & Laws, K. (2012). The physics of toppling and regaining balance during a pirouette. *Journal of Dance Medicine & Science, 16*(4), 167–74.

Löffler, J., Cañal-Bruland, R. & Raab, M. (2019). Embodied Cognition. In Schüler, J., Wegner, M. & Plessner, H. (Hrsg.), *Sportpsychologie – Grundlagen und Anwendung* (S. 115–137). Berlin: Springer-Verlag.

Pietsch, S. & Jansen, P. (2012). Different mental rotation performance in students of music, sport and education. *Learning and Individual Differences, 22*(1), 159–163.

Raab, M., Löffler, J. & Cañal-Bruland, R. (2016). Embodied Cognition in der Lebensspanne. In Granacher, U., Mechling, H. & Voelcker-Rehage, C. (Hrsg.), *Handbuch Bewegungs- und Sportgerontologie* (S. 460–466). Schorndorf: Hofmann-Verlag.

Schärli A. (2016). Functional movement analysis in dance. In Müller, B. et al. (Eds.), *Handbook of Human Motion* (p. 1–15). Cham, Switzerland: Springer.

Shapiro, L. (2011). *Embodied Cognition*. New York: Routledge Press.

Shepard, R. & Metzler, J. (1971). Mental rotation of three-dimensional objects. *Science, 171*(3972), 701–703.

Sweigard, L. E. (1974). *Human movement potential: Its ideokinetic facilitation*. New York: Dodd, Mead and Co.

Varela, F. J., Rosch, E. & Thompson, E. (1992). *The embodied mind: Cognitive science and human experience*. Cambridge: MIT Press.

Wilson, M. (2002). Six views of embodied cognition. *Psychonomic Bulletin Review, 9*(4), 625–636.

Wohlschläger, A. & Wohlschläger, A. (1998). Mental and manual rotation. *Journal of Experimental Psychology: Human Perception and Performance, 24*(2), 397–412.

Wolgast, B. (2015). *Surftechnik optimiert. Band 1 Surftheorie auf sportwissenschaftlicher Grundlage*. Norderstedt: BoD – Books on Demand.

Zona, C. I., Raab, M. & Fischer, M. H. (2018). Embodied perspectives on behavioral cognitive enhancement. *Journal of Cognitive Enhancement, 3*, 144–160.

Motorisches Lernen und Video Modeling: Eine systematische Analyse von Gelingensbedingungen im Kontext schulischen Schwimmens

Lucas Abel, Ilka Staub, Tobias Vogt

Zusammenfassung

Das Schulschwimmen konfrontiert Lehrkräfte mit zahlreichen Herausforderungen. Der Einsatz digitaler Medien wird von Wissenschaft und Politik gefordert und gefördert und könnte auch den Schwimmunterricht wirkungsvoll unterstützen. In dieser hermeneutischen Untersuchung werden Studien zum Video Modeling im motorischen Lernen unter Berücksichtigung von Anforderungen zum erfolgreichen Einsatz von Video-Feedback nach Stroß (2015) reflektiert. Nachfolgend werden Gelingensbedingungen für den Einsatz von Video Modeling im schulischen Schwimmunterricht herausgearbeitet. Unter den analysierten Methoden des Video Modelings zeichneten sich Self-Modeling Interventionen als praktikabler Ansatz für den schulischen Kontext ab.

Summary

Swimming classes in school confront teachers with numerous challenges. The use of digital media has been suggested and promoted by both science and politics and may support teachers throughout the challenges of effective teaching in school swimming. Therefore, this hermeneutical study elaborates conditions for a successful use of video modeling in school swimming lessons. At first, a systematic literature research examines the successful use of video feedback (Stroß, 2015). Subsequently, findings will be reflected based on conditions of success. Among the considered methods of video modeling, the use of self-modeling interventions proved to be feasible for the school context.

Schlagworte: Video-Feedback, Schwimmunterricht, Lernen am Modell, Digitalisierung

1. Einleitung

Im Schulschwimmen werden Lehrkräfte in Deutschland mit zahlreichen Herausforderungen konfrontiert wie u. a. einer großen Heterogenität der Lerngruppen, ein z. T. unzureichender Betreuungsschlüssel sowie fehlende zeitliche und räumliche Gegebenheiten (Brettschneider, 2006; DLRG, 2017; Staub, Nobis, & Bieder, 2017). Im Prinzip stehen Pädagog*innen vor der Herausforderung, unter teils widrigen Rahmenbedingungen, Kinder und Jugendliche möglichst schnell schwimmfähig zu machen und gleichzeitig den Bedürfnissen der Schülerinnen und Schüler (SuS) mit durchschnittlicher und guter Schwimmfähigkeit gerecht zu werden. Eine Aufgabe, die bei unverändertem Stellenschlüssel im Schwimmen entsprechend dem ministeriellen Erlass, ohne alternative Lehr- und Lernformen nur schwer zu bewältigen ist (Kleinert & Wolf, 2018). Gleichzeitig fördern die Bundesregierung und bspw. die Landesregierung Nordrhein-Westfalen die Digitalisierung von Forschung und Lehre mit der Initiative DigitalPakt (www.schulministerium.nrw.de/themen/schulpolitik/digitalpakt) sowie dem Medienkompetenzrahmen (www.medienkompetenzrahmen.nrw). Zukünftig ist es wichtig, Ziele des Kerncurriculums und des Medienkompetenzrahmens durch den Einsatz von digitalen Medien erfolgreich zu kombinieren (Vogt, Rehlinghaus & Klein, 2019).

Es bleibt die Frage, mit welchen Unterrichtsformen das Schwimmen im schulischen Kontext, auch unter aktuellen personellen und organisatorischen Voraussetzungen, verbessert werden kann? Gibt es Methoden, welche die Lehrkraft in der Unterrichtssituation entlasten und gleichzeitig die Qualität der schwimmerischen Leistung der SuS verbessern können? Bietet der Einsatz von digitalen Medien hier gar neue Handlungsoptionen für die einleitend beschriebenen Herausforderungen?

So setzt dieser Beitrag bei der Untersuchung zweier Methoden des *Video Modelings* an: *Self-Observation* (SO) und *Video Self-Modeling* (VSM). Beide videogestützten Interventionen wurden sowohl im Schwimmsport als auch anderen (Leistungs-)Sportkontexten im Rahmen des motorischen Lernens erfolgreich eingesetzt. Video Modeling im Allgemeinen basiert auf der kognitivistischen Lerntheorie Alfred Banduras zum *Lernen am Modell* (Bandura, 1997). In beiden Interventionsformen agiert der Lernende selbst als Modell. Im *VSM* dient im Unterschied zur *SO* ein positiv modifiziertes Video des Teilnehmenden als Modell (Clark & Ste-Marie, 2007).

In einer systematischen Literaturrecherche wird der Einsatz von Video-Feedback-Methoden eruiert. Die Ergebnisse werden anhand des Rahmenmodells[1] nach Stroß (2015) strukturiert und reflektiert. Ausgehend von der Studienlage sowie der anforderungsgeleiteten Strukturierung, wird in diesem Beitrag analysiert, welche Gelingensbedingungen für eine zielorientierte Übertragbarkeit der Video-Feedback-Methoden auf den schulischen Schwimmunterricht gegeben sein müssen.

2. Untersuchungsmethodik

Für die Literaturrecherche diente die Onlinedatenbank SURF des Bundesinstituts für Sportwissenschaften als Grundlage. SURF vereint mit SPO-LIT, SPOFOR und SPOMEDIA Literatur, Projekte sowie audiovisuelle Medien und den Fachinformationsführer Sport und beinhaltet als externe Quellen den Directory of Open Access Journals (DOAJ), die International Society of Biomechanics in Sports (ISBS) und die Datenbank PubMed Central (PMC) (Bundesinstitut für Sportwissenschaft, 2018). Recherchiert wurde anhand von 18 Schlagwortkombinationen, verbunden durch die Booleschen Operatoren UND und ODER. Die Schlagworte *Self-Modeling*, *Self-Observation*, *Self-Review*, *Video Self-Modeling*, *Self-as-a-modell* und *Video-Feedback* wurden mit dem Operator UND mit den Begriffen *Swimming*, *Motor Learning* und *Sport* kombiniert und durch den Operator ODER verbunden. Insgesamt ergaben sich so 1429 Treffer, deren weiterer Selektions- und Analyseprozess als Flow-Chart in Anlehnung an PRISMA (Moher et al., 2009) skizziert ist (Abb. 1).

Grundsätzlich wurden ausschließlich englisch- und deutsch-sprachige Quellen berücksichtigt und die erhobene Studienlage mittels Ausschlusskriterien anhand der folgenden drei Phasen selektiert: (1) Screening der Titel, (2) Screening der Abstracts, (3) Screening der Volltexte. In diesen drei Phasen wurden jeweils Quellen ohne Bezug zum Thema, Übersichtsarbeiten, Quellen ohne Interventionen, Quellen ohne Berücksichtigung von *SO*- oder *VSM*-Interventionen, Beobachtungsstudien sowie Fallberichte ausgeschlossen. Demzufolge konnten elf Studien (Abb. 1) in der Analyse zur Entwicklung von Gelingensbedingungen berücksichtigt werden.

---

1 Das Rahmenmodell von Stroß (2015) umfasst räumliche Anforderungen, zeitliche Anforderungen, kommunikative Anforderungen, psychosoziale Anforderungen, Grad der Rückwirkung, personelle und materielle Anforderungen sowie didaktisch-methodische Anforderungen.

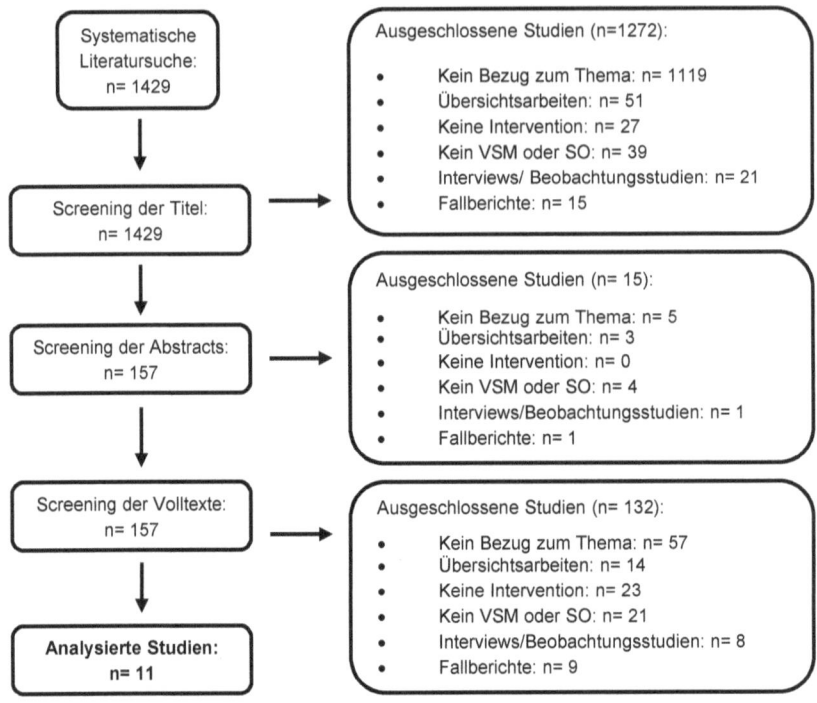

Abb. 1. Flow-Chart

3. Ergebnisse

In allen schwimmspezifischen Studien (Tab. 1) wurden die Teilnehmenden von Fachlehrkräften unterrichtet. Als Fachlehrkräfte galten sowohl Personen mit einer entsprechenden Trainerlizenz des Schwimmverbandes oder Personen mit einer Ausbildung im Fachbereich Schwimmen auf universitärer Ebene. Dabei beherrschten die Studienteilnehmenden die Zielform der intendierten Bewegung nicht oder nur rudimentär, jedoch waren die schwimmerischen Grundfertigkeiten (Staub & Fokken, 2020; Vogt & Staub, 2020) immer gegeben sowie z. T. auch ein sicheres Schwimmen in verschiedenen Lagen (Martini, 2011); die Betreuungsschlüssel lagen mindestens bei 1 zu 6 und höchstens bei 1 zu 11 (Hahn, 2010; Martini, Rymal & Ste-Marie, 2011).

Die materiellen Anforderungen wurden in allen Studien mit einer Grundausstattung aus Kamera, Stativ sowie Bildschirm bei *SO*-Interventionen bedient und bei *VSM*-Interventionen zusätzlich mit einem Video-Schnittprogramm ergänzt.

Während Clark und Ste-Marie (2007) sowie Martini et al. (2011) sowohl in der *VSM*- als auch in der *SO*-Intervention den Studienteilnehmenden Video-Feedback vor der Schwimmstunde erteilten (Clark & Ste-Marie, 2007; Martini et al., 2011), erfuhren Teilnehmende von Hahn (2010) sowie Bunker et al. (1976) ein über die ganze Einheit verteiltes direktes Feedback (4–8 Interventionseinheiten á 30–60 Minuten alle 1–7 Tage).

In den allgemein-sportspezifischen Studien (Tab. 2) lassen sich neben Gemeinsamkeiten vermehrt Unterschiede feststellen. So war von den Testleitenden eine jeweils genaue Bewegungsvorstellung der zu vermittelnden motorischen Handlung gefordert, Teilnehmende hingegen wiesen keine einheitlichen Voraussetzungen auf.

Als Grundausstattung dienten ebenso Kamera, Stativ und Bildschirm. Dallinga et al. (2017) und Zetou et al. (1999) arbeiteten zusätzlich mit speziellen Videobearbeitungsprogrammen, um die überlappende Darstellung bzw. die Präsentation von Soll- und Ist-Wert mittels Split-Screen darzustellen.

Unterschiede zeigten sich zudem im methodischen Vorgehen, z.B. im Zeitpunkt des Feedbacks sowie in der Anzahl der Interventionen und deren zeitlichen Abstände. Ferner wurde in Studien von Laguna (1996), Reichard (1986) und Dallinga et al. (2017) zur Schaffung einer Bewegungsvorstellung zudem ein Video eines Star-Models bei der Bewegungsausführung eingesetzt.

Unter Einsatz eines direkten Feedbacks arbeiteten Reichardt (1986), Heymen et al. (1987) und Rohleder & Vogt (2018) mit einer Interventionseinheit, Dallinga et al. (2017) mit zwei, Robertson et al. (2018) mit vier, Laguna (1996) mit fünf und Zetou et al. (1999) mit insgesamt 16 Interventionseinheiten, verteilt auf acht Wochen. Reichard (1986), Laguna (1996), Dallinga et al. (2017), Rohleder & Vogt (2018) und Robertson et al. (2018) kombinierten gar *SO* und Star-Modeling zur Verbesserung der motorischen Leistungsfähigkeit in den jeweiligen Interventionsgruppen.

Tab. 1. Schwimmspezifische Studien

Autor*innen/Jahr	Titel	Gegenstand	Intervention	Ergebnis
Bunker, Shearer & Hall (1976)	Video-Taped Feedback and Children learning to flutter kick	Untersuchung des Effekts von Video-Feedback (SO) beim Erlernen des Wechselbeinschlags	Kinder (n=36); Alter: 4,5–6,4 und 6,5–8,5; randomisierte Interventionsstudie; Kontrolle (n=18), SO (n=18); 4 Interventionen (60min) verteilt auf 4 Wochen	Positiver Effekt durch SO für Kinder zw. 6,5–8,5 Jahren; kein Effekt für Kinder zw. 4,5–6,4 Jahren
Clark & Ste-Marie (2007)	The impact of self-as-a-model interventions on children's self-regulation of learning and swimming performance	Untersuchung der Effektivität von VSM- und SO-Interventionen im Prozess des schwimmen Lernens bei Kindern	Kinder (n=33; ♀13 + ♂ 20); Alter: 8,3 ± 1,2; randomisierte Interventionsstudie; Kontrolle (n=11), SO (n=11), VSM (n=19); 6 Intervention (30min) an aufeinanderfolgenden Tagen	Verbesserungen durch VSM
Hahn (2010)	Video-Training zur Start- und Wendetechnik im Schwimmsport	Untersuchung der Wirkung von SO Video-Feedback bei Spitzensportler*innen	Hochleistungsathlet*innen (n=6) Nachwuchsathlet*innen (n=18) Alter: 14–18; 10 Interventionen verteilt über 8 Monate	Ein*e Athlet*in verbesserte konstant die Startzeit

Autor*innen/ Jahr	Titel	Gegenstand	Intervention	Ergebnis
Martini, Rymal & Ste-Marie (2011)	Investigating Self-as-a-Model Techniques and Underlying Cognitive Processes in Adults Learning the Butterfly Swim Stroke	Untersuchung der Effektivität von *VSM*- und *SO*-Interventionen mit Erwachsenen beim Erlernen des Delfinarmzugs	Erwachsene (n=35; ♀14, ♂ 21); Alter: 29.4 ± 11.4.; randomisierte Interventionsstudie; Kontrolle, *SO*, *VSM*; 6 Intervention (20min) verteilt auf 3 Wochen	Alle Interventionsgruppen verbesserten sich

Tab. 2. Allgemein-sportspezifische Studien

Autor*innen/ Jahr	Titel	Inhalt	Intervention	Ergebnis
Dallinga, Joan, Benjaminse, Gokeler & Cortes (2017)	Innovative video feed-back on jump landing improves landing technique in males	Untersuchung einer Kombination aus *SO* und Star-Modeling beim Abfangen eines Sprungs	Versuchspersonen (n=59; ♀ 30, ♂ 29); Alter: 23,1 randomisierte Interventionsstudie; Kontrolle, *SO*; 2 Interventionen	Verbesserung der männlichen Teilnehmer durch *SO*, Verbesserung der weiblichen Teilnehmerin-

Autor*innen/Jahr	Titel	Inhalt	Intervention	Ergebnis
				nen durch SO und verbales Feedback
Heymen, Leue, Lindauer & Schulte (1987)	Zur Wirksamkeit von verbal-visueller Rückmeldung im Sportunterricht – ein Untersuchungsbericht	Untersuchung von verschiedenen verbalen und visuellen Feedback Methoden mit einer SO-Gruppe bei der motorischen Handlung von Schlusssprüngen	SuS (n=261 ♀+♂) Alter: 12–16; randomisierte Interventionsstudie; verbal, visuell, verbal und visuell; 1 Intervention (10min)	Größte Entwicklung im motorischen Lernen mit Hilfe der verbalen und visuellen Interventionen; geringste Verbesserung mit der ausschließlich visuellen Rückmeldung
Laguna (1996)	The effects of model demonstration strategies on motor skill acquisition and performance	Untersuchung der Effektivität von verschiedenen SO-Interventionen im Kontext des motorischen Lernens	Versuchspersonen (n=80; ♀ 40, ♂ 40); randomisierte Interventionsstudie; Kontrolle, SO, Star-Model, SO + Star-Model; 1 Intervention	Positiver Einfluss von SO-Interventionen im motorischen Lernen
Reichardt (1986)	Zum Einfluss von Video-Instruktionen und Video-Feedback auf	Untersuchung des Einflusses von Video-Feedback im sensomotori-	Versuchspersonen (n=118); randomisierte Interventionsstudie;	Konstante Verbesserung der Gruppen mit Video-Feedback

Autor*innen/Jahr	Titel	Inhalt	Intervention	Ergebnis
	das sensomotorische Lernen	schen Lernen der Körperwelle	Kontrolle, 4x SO, VSM; 5 Interventionen	nach jeder Bewegungsausführung
Robertson, St. Germain & Ste-Marie, (2018)	The effects of self-observation when combined with a skilled model on the learning of gymnastics skills (2018)	Untersuchung des Einflusses von zwei Video-Feedback-Methoden (SO und Star-Modeling in Kombination mit SO) beim Erlernen turnerischer Grundelemente	Turnerinnen (n=26 ♀); Alter: 8–14; randomisierte Interventionsstudie; Taktil-verbal (n=13) vs. Visuell-vergleichend (n=13), 4 Intervention verteilt auf 2 Wochen	Diese Ergebnisse deuten darauf hin, dass die Paarung von SO- und Star-Modeling-Interventionen mit einem geübten Modell in einem turnerischen Umfeld besser ist als die Selbstbeobachtung allein.
Rohleder & Vogt (2018)	Teaching novices the handstand: a practical approach of different sport-specific feedback concepts on movement learning	Untersuchung von kurzfristigen Effekten taktil-verbaler Rückmeldung vs. visuell-vergleichender (SO & Star-Modeling) Rückmeldung auf die Haltungsleistung und motorische Bewegungsvorstellung beim Hand-	Sportstudierende, (n=26; ♀ 7, ♂ 19); Alter: 22,7 ± 3.9; randomisierte Interventionsstudie; Taktil-verbal (n=13) vs. Visuell-vergleichend (n=13), 1 Intervention (30min)	Beide Testgruppen erzielten Verbesserungen mit unterschiedlichen Schwerpunkten; kombiniertes Feedback wurde empfohlen

Autor*innen/ Jahr	Titel	Inhalt	Intervention	Ergebnis
		stand von Turnanfänger*innen		
Zetou, Fragouli & Tzetzis (1999)	The influence of star and self modeling on volleyball skill acquisition	Untersuchung des Einflusses von zwei Video-Feedback-Methoden (SO und Star-Modeling) beim Erlernen des oberen Zuspiels im Volleyball.	Grundschulkinder (n=58; ♀ 31, ♂ 27) Alter: 11,7; randomisierte Interventionsstudie; Kontrolle, 4x SO, Star-Modeling; 8 Interventionen verteilt auf 8 Wochen	Signifikant bessere Ergebnisse zeigten sich in der Star-Modeling Gruppe

4. Diskussion

Die Ergebnisse aller analysierten Studien werden anhand definierter Anforderungen zum erfolgreichen Einsatz von Video-Feedback (Stroß, 2015) bezüglich *SO-* und *VSM*-Interventionen kritisch reflektiert, bevor anschließend Gelingensbedingungen abgeleitet werden. Im Fokus stehen dabei die zeitlichen-, personellen und materiellen- sowie didaktisch-methodischen Anforderungen – insbesondere hinsichtlich der insgesamt vier schwimmspezifischen Studien.

Als Anforderung an die Teilnehmenden lässt sich in allen schwimmspezifischen Studien feststellen, dass diese bereits die schwimmerischen Grundfertigkeiten beherrschten (Bunker et al., 1976; Clark & Ste-Marie, 2007; Hahn, 2010; Martini et al., 2011). Grundlegende Voraussetzung für eine erfolgreiche Intervention scheint zu sein, dass Lehrkräfte über eine korrekte Vorstellung des Leitbilds zur motorischen Handlung verfügen. Diese Grundlage ist in jeder der elf betrachteten Studien gegeben (Bunker et al.1976; Clark & Ste-Marie, 2007; Hahn, 2010; Martini et al. 2011; Reichardt, 1986; Heymen, et al. 1987; Laguna, 1996; Zetou, et al.1999; Dallinga et al., 2017; Rohleder & Vogt, 2018; Robertson et al., 2018). Ferner scheinen diese Anforderungen für *SO-* sowie *VSM*-Interventionen identisch. Für die Anwendung der *VSM*-Intervention ist zusätzlich unerlässlich, dass die Lehrkraft ein einfaches Videobearbeitungsprogramm zu bedienen weiß. Als technische Ausstattung setzen alle Studien mindestens eine Kamera, ein Stativ und einen Bildschirm voraus. Zusätzlich wird ein Videobearbeitungsprogramm in *VSM*-Studien genutzt (Clark & Ste-Marie, 2007; Martini et al., 2011). Für den Schulsportunterricht stellen Tablets eine mittlerweile verfügbare Alternative dar (Hofmann, Marquardt & Müller, 2014).

Eine Einordnung der in den schwimmspezifischen *SO-* bzw. *VSM*-Studien unterschiedlichen Betreuungsschlüssel macht die zusätzliche Betrachtung der im Schulschwimmen geltenden Vorgaben des Sicherheitserlasses Schulsport Nordrhein-Westfalen erforderlich (Ministerium für Schule und Weiterbildung des Landes Nordrhein-Westfalen, 2015). Vor diesem Hintergrund sind einzelne hier recherchierte Betreuungsschlüssel schwimmspezifischer Studien zutreffend (Clark & Ste-Marie, 2007), andere weniger (Hahn, 2010).

Als Zeitpunkt des Feedbacks findet sich in schwimmspezifischer *SO* ausschließlich eine Rückmeldung vor der Bewegungsausführung (Bunker et al., 1976; Clark & Ste-Marie, 2007; Hahn, 2010; Martini et al., 2011; Robertson et al. 2018). Clark und Ste-Marie (2007) sowie Bunker et al. (1976) verbesserten so die Schwimmleistung. Allgemein-sportspezifische

Verbesserungen erzielten ein Feedback nach der Bewegungsausführung (Dallinga et al., 2017; Laguna, 1996) sowie der Einsatz und die damit einhergehende Schaffung einer konkreten Bewegungsvorstellung mittels Star-Model-Einsatz (Heymen et al., 1987; Reichardt, 1986; Zetou et al., 1999; Vogt & Rohleder, 2018; Robertson, 2018). Demzufolge erscheint – wenngleich schwimmspezifische Ansätze anders agieren – im Schulsport-unterricht ein fortlaufendes Feedback in der Einheit sinnvoll, bspw. durch die Erweiterung eines kombinierten Einsatzes aus Tablet und Video-Delay-Programm. *VSM*-Studien präsentierten Teilnehmenden persönliche Videos direkt zu Beginn der Einheit vor der Bewegungsausführung (Clark & Ste-Marie, 2007; Martini et al., 2011). Dieses Verfahren lässt sich auch im Schwimmunterricht umsetzen und erscheint ebenso gewinnbringend wie der Einsatz eines Star-Models mittels Videosequenz. Zusätzlich zum visuellen Feedback erhielten die Teilnehmenden in schwimmspezifischen Studien ein verbales Feedback (Bunker et al., 1976; Clark & Ste-Marie, 2007; Hahn, 2010; Martini et al., 2011). Gleiches gilt für allgemein-sport-spezifischen Studien mit einer Verbesserung der motorischen Lernleistung der Teilnehmenden, mit Ausnahme der Studie von Reichardt (1986). Offenbar ist es für den motorischen Lernerfolg vorteilhaft *SO*-Interventionen durch ein verbales Feedback zu unterstützen. *VSM*-Studien arbeiteten ohne zusätzliches verbales Feedback.

Schwimmspezifische *SO*-Interventionen waren auf sechs bis acht Einheiten (je zwischen 30 und 40 Minuten) über einen Zeitraum von einer bis sechs Wochen angelegt (Bunker et al., 1976; Clark & Ste-Marie, 2007; Hahn, 2010; Martini et al., 2011). Erfolgreich intervenierten dabei Clark und Ste-Marie (2007) in 6 *VSM*-Interventionseinheiten mit einer zeitlichen Dauer von 30 Minuten an aufeinander folgenden Tagen (Clark & Ste-Marie, 2007). Eine reelle Wasserzeit von 30 Minuten in einer Doppelstunde Schulschwimmen ist in der Praxis zu realisieren (Ministerium für Schule und Weiterbildung des Landes Nordrhein-Westfalen, 2013). Unrealistisch ist bei einem, in der Regel, wöchentlich stattfindenden Schwimm-unterricht allerdings die Umsetzung von sechs Einheiten an aufeinander folgenden Tagen. Aufgrund der Studiendesigns in schwimmspezifischen Studien, als auch der Studien mit allgemein-sportspezifischen komplexen motorischen Aufgaben, erscheint ein kontinuierlicher Einsatz von *SO* oder *VSM* zu einem spezifischen Thema sinnvoll.

Es bleibt festzuhalten, dass sowohl *SO* wie auch *VSM* gewinnbringend in schulischen Lehrsituationen eingesetzt werden können. Im Vergleich erscheint *SO* grundsätzlich tauglicher für den Schulalltag und erlaubt bei geringerem Einsatzaufwand und einer weniger komplexen technischen

Ausstattung (bspw. Stativ, Tablet, kostenlose Applikationen) eine, dem Schulkontext dienlichere, Handhabung.

4.1 Gelingensbedingungen

Aus den Ergebnissen der Studienlage sowie deren Analyse und kritischen Einordnung in schulunterrichtliche Rahmenbedingungen lassen sich sieben Gelingensbedingungen für eine erfolgreiche *SO*-Intervention sowie fünf für *VSM*-Interventionen im Schulschwimmunterricht ableiten (Tab. 3):

Tab. 3. Gelingensbedingungen für den Schwimmunterricht

SO:	VSM:
• Die Lehrkraft sowie die SuS müssen eine konkrete Bewegungsvorstellung haben.	• Die Lehrkraft sowie die SuS müssen eine konkrete Bewegungsvorstellung haben.
• Die SuS sollten nicht jünger als sieben Jahre alt sein.	• Die Lehrkraft muss im Umgang mit einem einfachen Videoschnittprogramm ausreichend geübt sein.
• Ein Tablet mit einem Video-Delay-Programm und ein Stativ oder eine Kamera, ein Laptop mit einem Video-Delay-Programm und ein Bildschirm sind erforderlich.	• Ein Tablet sowie ein Videoschnittprogramm sind erforderlich.
• Ein mehrmaliges Feedback innerhalb der Einheit ist zielführend.	• Methodisch ist ein Einsatz der *VSM*-Intervention unmittelbar vor der Bewegungsausführung sinnvoll.
• Die *SO*-Intervention sollte durch verbales Feedback gestützt werden.	• Ziel sollte ein konstanter Einsatz der *VSM*-Methodik im Rahmen einer Unterrichtsreihe sein, z.B. über einen Zeitraum von sechs Wochen.
• Die Ergänzung der Intervention durch ein Star-Model Video ist sinnvoll.	
• Die *SO*-Intervention kann kurz und langfristig in Unterrichtsreihen zum Einsatz kommen.	

4.2 Limitationen

Zunächst ist festzustellen, dass die für den Ergebnisteil verwendete ausschließlich englisch- und deutschsprachige Literatur lediglich mit Hilfe der Datenbank SURF erhoben wurde. Wenngleich bspw. die Auswahl der zurande gezogenen Datenbanken das Untersuchungsergebnis – nicht zuletzt aufgrund sprachlicher Selektion – naturgemäß einschränkt, so liefert SURF eine weitreichende Übersicht zugänglicher, sportwissenschaftlich-relevanter Erkenntnisse. Ferner grenzt die bewusste Reduktion, einzig Originalarbeiten zu berücksichtigen, das Informationsangebot ein, eignet sich jedoch womöglich zur gezielteren Ableitung von Gelingensbedingungen. Ähnlich trifft dies auf den Einsatz der Suchbegriffe zu, die in diesem Fall methodenspezifisch ausgewählt wurden. So konnten Studien berücksichtigt werden, die mit Video-Feedback arbeiteten, welches einer *SO*-Intervention entsprach, auch wenn die Autor*innen ihre Intervention nicht explizit als solche kennzeichneten. Darüber hinaus wurden bezüglich des *VSM* nur zwei relevante Studien gefunden, auf welchen nun Teile der Handlungspotentialanalyse basieren.

Abschließend muss attestiert werden, dass eine Übertragbarkeit von Ergebnissen zum motorischen Lernen aus anderen Sportarten auf den Schwimmsport Grundlage für weitere Diskussionen sein kann. Die Diskussion der Ergebnisse der vorliegenden Analyse und die abgeleiteten Handlungsempfehlungen stellen vor diesem Hintergrund zweifelsfrei einen Mehrwert dar, sind aber nur entsprechend der Ausführungen belastbar.

5. Ausblick

Diese Arbeit trägt als ein theoretischer Beitrag zu einem noch nicht vollständig beleuchteten Forschungsfeld bei. Im Zuge der Digitalisierung der Lehre ist es ein notwendiger Schritt zur Qualitätssteigerung moderne Medien sinnvoll in den Unterricht zu integrieren. Insbesondere eine Kombination aus Star-Model und Self-Observation birgt Potentiale im Kontext des Schulschwimmens, obliegt in diesem Feld jedoch nach wie vor weiterer wissenschaftlicher Untersuchungen.

Literatur

Bandura, A. (1997). *Self-efficacy: The exercise of control.* New York: W. H. Freeman.

Bundesinsitut für Sportwissenschaft. *Sport und Recherche im Fokus. Das Sportinformationssportal*, https://www.bisp-surf.de.

Bundesministerium für Bildung und Forschung. *DigitalPakt Schule*, https://www.digitalpaktschule.de.

Bunker, L. K., Shearer, J. D. & Hall, E. G. (1976). VIDEO-TAPED FEEDBACK AND CHILDRENS LEARNING TO FLUTTER KICK. *Perceptual and motor skills*, (43), 371–374.

Clark, S. E. & Ste-Marie, D. M. (2007). The impact of self-as-a-model interventions on children's self-regulation of learning and swimming performance. *Journal of sports sciences*, 25(5), 577–586.

Dallinga, J. M., Benjaminse, A., Gokeler, A., Cortes, N., Otten, E. & Lemmink, K. (2017). Innovative video feedback on jump landing improves landing technique in males. *International journal of sports medicine*, 38(2), 150–158.

Hahn, A. (Hrsg.). (2010). *Biomechanische Leistungsdiagnostik im Schwimmen. Erfahrungen im Leistungssport und Ableitungen für die Ausbildung von Studierenden; Beiträge zum dvs-Symposium Schwimmen 10. – 12.09.2009 in Leipzig* (1. Aufl.). Köln: Sportverl. Strauß.

Heymen, N., Leue, W., Lindauer, R. & Schulte, H. (1987). Zur Wirksamkeit von verbal-visueller Rueckmeldung im Sportunterricht – ein Untersuchungsbericht. *sportunterricht*, 36(8), 293–298.

Hofmann, Marquardt & Müller. (2014). Grundbildung medien an der PH Ludwigsburg. Digitale Medien zur Unterstützung von Sportlehrkräften und Sportunterricht. *Ludwigsburger Beiträge zur Medienpädagogik*, (17), 1–9.

Kleinert, J. & Wolf, J. (Hrsg.). (2018). *Schulsport 2020. Aktuelle Forschung und Perspektiven in der Sportlehrerbildung* (Brennpunkte der Sportwissenschaft, Band 40, 1. Auflage). Baden-Baden: Academia Verlag.

Laguna, P. L. (1996). The effects of model demonstration strategies on motor skill acquisition and performance. *Journal of human movement studies*, 30(2), 55–79.

Martini, R., Rymal, A. M. & Ste-Marie, D. M. (2011). Investigating self-as-a-model techniques and underlying cognitive processes in adults learning the butterfly swim stroke. *International journal of sports science and engineering*, 5(4), 242–256.

Ministerium für Schule und Weiterbildung des Landes Nordrhein-Westfalen. (2013). *Sekundarstufe I. Realschule. Sport. Richtlinien und Lehrpläne Schule in NRW Nr. 3320* (1. Auflage). Frechen: Ritterbach.

Moher, D., Liberati, A., Tetzlaff, J., Altman, D.G. & The PRISMA Group (2009). Preferred Reporting Items for Systematic Reviews and Meta-Analyses: The PRISMA Statement. *PLoS Med*, 6(7): e1000097.

Reichardt, C. (1986). Zum Einfluss von Video-Instruktionen und Video-Feedback auf das sensomotorische Lernen (1), (2). In H. Letzelter, W. Steinmann & W. Freitag (Hrsg.), *Angewandte Sportwissenschaft : 7. Sportwissenschaftlicher Hochschultag der Deutschen Vereinigung für Sportwissenschaft vom 25. – 27. September 1985 in Mainz* (S. 325–332). Clausthal-Zellerfeld: Deutsche Vereinigung für Sportwissenschaft.

Robertson, R., St. Germain, L. & Ste-Marie, D. M. (2018). The effects of self-observation when combined with a skilled model on the learning of gymnastics skills. *Journal of Motor Learning and Development, 6*(1), 18–34.

Rohleder, J. & Vogt, T. (2018). Teaching novices the handstand: a practical approach of different sport-specific feedback concepts on movement learning. *Science of Gymnastics Journal, 10*(1), 29–42.

Staub, I. & Fokken, I. (2020). Vermittlungsinhalte einer umfassenden schwimmerischen Grundbildung. In T. Vogt (Hrsg.), Vermittlungskompetenz in Sport, Spiel und Bewegung: Sportartspezifische Perspektiven (S. 129-148). Aachen: Meyer & Meyer.

Stroß, M. (2015). *Technische Hilfsmittel im Sport. Ein Spannungsfeld zwischen Training und Wettkampf?* (Schriften zur Bewegungswissenschaft, Bd. 7, 1. Aufl., Zugl.: Darmstadt, Univ., Diss., 2013). Hamburg: Kovač.

Vogt, T., Rehlinghaus, K. & Klein, D. (2019). School sport facing digitalisation: A brief conceptual review on a strategy to teach and promote media competence transferred to physical education. *Journal of Physical Education and Sport, 19*(4), 1424–1428.

Vogt, T & Staub, I (2020). Assessment of basic aquatic skills in children: Inter-rater reliability of coaches, teachers, students and parents. *Journal of Physical Education and Sport, 20*(2), 577–583.

Zetou, E., Fragouli, M. & Tzetzis, G. (1999). The influence of star and self modeling on volleyball skill acquisition. *Journal of human movement studies, 37*(3), 127–144.

Zur Bedeutung von Bewegungserfahrung in der digitalen Lehre und ihren Perspektiven in Theorie und Praxis

Constantin Wirth, Christian Büning

Zusammenfassung

Diverse Studien zeigen, dass für die Entwicklung einer Bewegungsexpertise der Praxisvollzug von zentraler Bedeutung ist. Er zeichnet sich grundlegend für die (Selbst)Wahrnehmung von Bewegungsvollzügen, diesbezüglichem Urteilsvermögen und für die Fähigkeit zu selbstreguliertem Lernen auch im E-Learning-Kontext. Vor diesem Hintergrund rückt die Bedeutung des Körpers für Lernprozesse (mit sowie ohne technische Hilfsmittel) in den Mittelpunkt der Professionalisierung potentieller Lehrkräfte für den Fachbereich Sport. Das Konzept der Embodied Cognition begründet hierzu grundlegende Richtlinien für den Aufbau und die Gestaltung mediatisierter Lernszenarien. In der Praxis soll der Prototyp der Pythagoras 360° Echtzeit-Bewegungsanalyse einen innovativen Beitrag leisten. Hierbei ermöglicht ein Avatar, der anhand des Körpers der Bewegungslernenden erzeugt wird, einen anatomischen „Blick unter die Haut". Die Visualisierung anatomischer Funktionsweisen anhand des eigenen Körpers sowie die Betrachtung des Bewegungsvollzugs aus einer externen Beobachter*innenperspektive generieren zahlreiche Feedbackprozesse und ermöglichen dadurch ein vertiefendes Bewegungslernen. Das Ziel der hier skizzierten Konzeption besteht folglich in der Unterstützung Studierender zum selbstregulierten Erwerb von Bewegungsexpertise im E-Learning-Kontext mithilfe der Pythagoras 360° Echtzeit-Bewegungsanalyse, verbunden mit einem professionell angeleiteten Präsenzunterricht.

Summary

Various studies show that movement practice is of central importance for the development of movement expertise. Among other things, it is fundamental for the (self-)perception of movement processes, for judgment in this regard, and for the ability to self-regulate learning in an e-learning context. Therefore, the importance of the body for learning processes (with and without technical aids) moves into the focus of professionaliza-tion of potential teachers for the subject area of sports. In this context, the concept of embodied cognition establishes basic guidelines for the construction and design of mediatized learning scenarios. In practice, the Pythagoras 360° real-time movement analysis prototype is to make an innovative contribution. Here, an avatar, which is generated based on the body of the movement learner, enables an anatomical "look under the skin". Visualizing one's own body's anatomical functions and observing one's movement execution from an external observer's perspective opens up numerous possibilities for movement learners and teachers to generate feedback processes. The purpose of the concept outlined here is to support students in the self-regulated acquisition of movement expertise with the Pythagoras 360° real-time movement analysis based on professionally guid-ed classroom instruction.

Schlagworte: E-Learning, Echtzeit-Bewegungsanalyse, Embodied Cognition, Professionalisierung, Medienkompetenz

1. Einleitung

Der Erfolg von digitalen Lern-Formaten hängt grundlegend ab von den individuellen, kognitiven, motivationalen sowie metakognitiven Fähigkei-ten der Lernenden, auch bezeichnet als Fähigkeit zu selbstreguliertem Lernen (SRL) (vgl. Zimmermann, 2002). Ebenso wird der Lernerfolg von einer adäquaten Aufbereitung der Inhalte beeinflusst, welche die zugrun-deliegenden kognitiven Prozesse unterstützen. Sind diese Voraussetzungen nicht erfüllt, führt dies häufig zu einer unzureichenden Nutzung u.U. kostenaufwendig erstellter Lernangebote, einer Verstärkung von Chancen-ungleichheiten der Lernenden aufgrund heterogener Medienkompetenzen (vgl. Schulmeister, 2011) sowie zu einer verzerrten und letztendlich irre-führende Perspektive auf die Komplexität von Lehr- und Lernprozessen mit digitalen Medien.

Aus diesen Gründen wird nachfolgend ein handlungsleitendes Rahmen-konzept skizziert, das der Entwicklung erfolgreicher Blended Learning-Formate im Fachbereich Sport dienen soll. Hierzu werden kognitionswis-senschaftliche Parameter im Kontext digitaler Lehr- und Lernszenarien herangezogen im Rahmen der Cognitive Theory of Multimedia Learning (CTML) (vgl. Mayer, 2011; Sweller, 2011), sowie mediennutzungsspezifi-sche Ansätze der Embodied Cognition (vgl. Clark, 2003; Hinton, 2015; Menary, 2018). Zur praktischen Implementation in das hochschulische

Unterrichtsgeschehen dient ein entsprechend perspektiviertes Modell des pädagogischen Konzepts zur Medienkompetenzentwicklung. Der Prototyp der Pythagoras 360° Echtzeit-Bewegungsanalyse soll in diesem Kontext die Studierenden während der Selbstlernphasen dabei unterstützen, den Lernprozess an der individuellen Bewegungspraxis zu orientieren (vgl. Kapitel 4; Büning & Wirth, 2020).

Eine zentrale Funktion des anvisierten E-Learning-Formats ist es, digitale Lernangebote inhaltlich und zeitlich mit Präsenzveranstaltungen systematisch zu verschränken, um einen Mehrwert von Anwesenheit für Student*innen bei Präsenzveranstaltungen zu generieren, keinesfalls, diese zu erübrigen. Denn, insbesondere in sportspezifischen Fachbereichen, ist die Vermittlung einer Expertise ohne die unmittelbare Bewegungserfahrung nicht zu erreichen (vgl. Kapitel 3.2; Büning, Steinberg & Lausberg, im Review; Sevdalis & Keller, 2011).

2. Strategische Aspekte zur Implementierung von E-Learning-Konzepten in die universitäre Lehre

Erfahrungen aus E-Learning- oder Blended Learning-Projekten diverser Universitäten zeigen, dass eine breitenwirksame Integration ohne die notwendigen Investitionen in technische, organisatorische und personelle Kapazitäten schwer herbeizuführen ist (vgl. Mürner, Polexe & Tschopp, 2015). Unter allen Umständen erscheint eine Bottom-up-Strategie zur sukzessiven Implementation von Blended Learning-Konzepten in den laufenden Lehrbetrieb sinnvoll. Das bedeutet, möglichst kostenneutral Inhalte und Lernformen zu etablieren, Strukturen minimal anzupassen, somit abschreckende Wirkungen zu vermeiden und durch die gezielte Thematisierung der Potenziale weitergehende Initiativen anzustoßen (ebd.). Zu weitergehenden Initiativen gehören letztlich ebenfalls unerlässliche Top-down-Strategien, welche eine breitenwirksame Implementation durch das zielgerichtete Vorgehen und Investitionen der Entscheidungsträger*innen in technische und personelle Kapazitäten ermöglichen. Für die Implementierung hochschulweit umsetzbarer Strategien ist also eine vorausblickende Konzeption von Bottom-up-Aktivitäten von zentraler Bedeutung, um sie im weiteren Verlauf mit top-down-orientierten Maßnahmen zusammenführen zu können. Zur nachhaltigen Umsetzung entsprechender Strategien kommt der Motivation und den Kompetenzen der Lehrenden eine Schlüsselrolle zu (ebd.). Wenn sie fehlen, steigt die Wahrscheinlichkeit, v.a. für Bottom-up-Aktivitäten, durch die Beharrlichkeiten eines Hochschulbetriebs absorbiert oder nivelliert zu werden (ebd.).

Vor diesem Hintergrund verfolgen die nachfolgenden Überlegungen ein grundlegendes, für unterschiedliche Fachbereiche adaptierbares Rahmenkonzept, konkretisiert anhand des Beispiels der Pythagoras 360° Echtzeit-Bewegungsanalyse im Fachbereich Gymnastik.

3. Theoretische Rahmung der E-Learning-Konzeption

Das Rahmenkonzept beschreibt, basierend auf Ansätzen der *CTML* (vgl. Kapitel 3.1) und der *Embodied Cognition* (vgl. Kapitel 3.2), die theoretischen Richtlinien für den Aufbau eines individualisierten Lehr- Lernkonzepts im E-Learning-Kontext. Eine pädagogische Konzeption zur *Medienkompetenzentwicklung* (vgl. Kapitel 3.3) soll die verschiedenen Ansätze für den systematischen Einsatz in der hochschulischen Ausbildung ordnen und in ihrer praktischen Umsetzung Studierende zur selbstregulierten Bearbeitung studienrelevanter Inhalte befähigen.

3.1 Cognitive Theory of Multimedia Learning (CTML)

Mit Blick auf zunehmend mediatisierte Lernumgebungen und Einsichten zu den kognitiven Implikationen der Mediennutzung in sämtlichen Lebensbereichen erscheint eine differenziertere Betrachtung (meta)kognitiver Prozesse angebracht. Hierzu liefert die *Cognitive Theory of Multimedia Learning* (Mayer, 2011), im Anschluss an die so genannte *Cognitive Load-Theory* (CLT) nach Sweller (2011), geeignete Ansätze. Die *CLT* basiert auf evolutionären Theorien und empirisch gewonnenem Wissen zur Struktur, Funktion und Limitation menschlicher Kognition und dient der Testung und Entwicklung von angeleiteten Lernprozessen (vgl. Sweller, 2011). Daran anschließend bezieht sich die *Cognitive Theory of Multimedia Learning* auf multimedial angeleitete Lernprozesse, die visuell, auditiv sowie audiovisuell vollzogen werden können (vgl. Mayer, 2011). Die Lernprozesse werden anhand kognitionswissenschaftlich basierter Prinzipien beschrieben und in ein Prozessmodell multimedial basierten Lernens übersetzt (ebd.). Dieses Modell beschreibt die Begrenzung des Arbeitsgedächtnisses, was zu limitierter Verarbeitungsfähigkeit (Auswahl, Organisation und Integration) von bildlichen sowie sprachlichen Informationen in Wort und Schrift führt (vgl. Mayer, 2011; Sweller, 2011). Für die Praxis lässt sich aus der *Cognitive Theory of Multimedia Learning* empirisch gesichertes Handlungswissen generieren zur Aufbereitung multimedialer Lernangebote in

Blended Learning-Formaten. Zahlreiche, teils detailliert beschriebene Darstellungs-Prinzipien, bspw. das Redundanz-Prinzip[1], wurden experimentell überprüft und liefern konkrete Gestaltungsrichtlinien für die multimediale Produktion und Präsentation digitaler Lerninhalte (vgl. Mayer, 2011), die auch für die Pythagoras 360° Echtzeit-Bewegungsanalyse in Anschlag gebracht werden (vgl. Büning & Wirth, 2020).

3.2 Embodied Cognition

Einschlägigen Ansätzen der Embodied Cognition liegt die Vorstellung zugrunde, dass kognitive Prozesse höherer Ordnung sich über Nervensystem, Körper und dessen (mediatisierte) Umgebung erstrecken. Dem Körper und der Umgebung werden dabei konstituierende Funktionen zugeschrieben (vgl. Shapiro, 2019; Wilson, 2002). Entsprechend konstatiert Wilson (2002): „Therefore, to understand cognition we must study the situation and the situated cognizer together as a single, unified system" (ebd. S. 630).

Vor diesem Hintergrund werden zunehmend lernpsychologische sowie edukative Fragestellungen im Kontext zur Embodied Cognition diskutiert und der Bedeutung von Lernumgebungen und dem darin situierten Körper für den Lernerfolg gesteigerte Bedeutung beigemessen (vgl. Nguyen & Larson, 2015; Shapiro & Stolz, 2019). Dementsprechend wird auch das Design von Schnittstellen zwischen Mensch und Medientechnik zunehmend an Ansätzen der Embodied Cognition ausgerichtet (vgl. Hinton, 2015; Kirsh, 2013). Sie erfüllt dabei eine richtungsweisende Funktion v.a. hinsichtlich der Potenziale des physikalischen Bezugs sämtlicher Verstehensprozesse. So greifen HCI-Designer*innen bereits auf körperbasierte Erfahrungen der Nutzer*innen zurück zur Gestaltung von Informationsarchitektur, wie etwa dem Layout von Benutzeroberflächen, um digitale Informationen in sprachliche, grafische und akustische und damit physikalisch sinnstiftende Inhalte zu übersetzen (vgl. Büning & Wirth, 2020; Hinton, 2015). Darüber hinaus kommt der Körpererfahrung als Grundlage von Verstehensprozessen besondere Relevanz zu, wenn die Lernziele im Be-

---

1 Darstellungsprinzipien dienen der Regulation von Informationsaufkommen (cognitive load) während der multimedialen Informationsvermittlung unter Berücksichtigung der individuellen Arbeitsgedächtnisleistung. Die unterschiedlichen Kategorien der Informationsverarbeitung werden bezeichnet als *extraneous processing* (irrelevante Informationsverarbeitung), *essential processing* (relevante Informationsverarbeitung) und *generative processing* (generierende Informationsverarbeitung) (vgl. Mayer, 2011).

reich lernbedeutsamer Bewegungsexpertise liegen. Dann muss zusätzlich unterschieden werden zwischen der Rezeption digitalen Materials (z.B. Videotutorials) und Lernaspekten, welche nur in Präsenzphasen erworben werden können. Erst die motorische Praxis während der Präsenzphasen erlaubt es, professionell kontrollierte Bewegungserfahrungen zu sammeln und eine dementsprechende Expertise aufzubauen. Die Expertise in der Praxis ist grundlegend für eine kompetente Beurteilung und Antizipation von Bewegungsabläufen, wenn sie über Video rezipiert, in einer sozialen Lehr-Lernsituation beobachtet sowie während der eigenen Bewegungsausführung wahrgenommen werden soll (vgl. Sevdalis & Keller, 2011). Ist also die praktische Expertise der Lernenden beschränkt, ist auch ihre Wahrnehmung und ihr Urteilsvermögen in dem betroffenen Bewegungsfeld beschränkt. Ein Mangel an motorischer Expertise begrenzt damit auch die Effizienz von Video-Tutorials und anderen E-Learning-Angeboten. Unsere Lehrerfahrungen, u.a. während der Covid-19-bedingten Distanzlernphase, bestätigen diesen Befund: Ohne hohe motorische Expertise war es Bewegungslernenden in der Regel nicht möglich, komplexe Bewegungsmuster akkurat auf Basis einer digitalen Bewegungsaufzeichnung zu replizieren.

Ein Beispiel stellt das komplexe Zusammenspiel der Muskulatur während der Ausführung gymnastischer Elemente dar. So erfordert beispielsweise eine Anteversion der unteren Extremität oberhalb der Hüftgelenkshöhe (im Tanz auch als ‚grand battement‘ bezeichnet) eine schnellkräftige Aktivierung der agonistischen Muskulatur (bspw. M. rectus femoris, M. iliopsoas) bei zeitgleicher Entspannungsfähigkeit der antagonistischen Muskelgruppen (bspw. M. biceps femoris, M. semitendinosus, M. semiembranosus). Diese differenzierten Ansteuerungsmechanismen können rein auf Basis digitalem Videomaterials nicht nachvollzogen werden. Im Praxisvollzug im Rahmen einer Präsenzveranstaltung hingegen können diese Aktivierungen körperlich nachvollzogen und im Dialog mit erfahrenen Lehrkräften reflektiert und verfeinert werden. Für Bewegungslernende ist daher die Expertise der Lehrkräfte wichtig zur Generierung von Feedbackprozessen, daran anknüpfende Aufgabenstellungen und die daraus resultierenden Bewegungserfahrungen.

Vor diesem Hintergrund rückt die Bedeutung des Körpers für Lernprozesse, basierend auf Ansätzen der Embodied Cognition, in den Mittelpunkt der Vermittlung von Expertise in Bewegungspraxis, Urteilsvermögen und der Fähigkeit zu selbstreguliertem Lernen im E-Learning-Kontext und damit in den Mittelpunkt der Professionalisierung potentieller Lehrkräfte. Bei der Umsetzung digitaler Formate in den Sportwissenschaften muss daher auf die aktive Einbindung des Körpers und der damit verbundenen lernbedeutsamen Körpererfahrungen geachtet werden.

Das Konzept der Embodied Cognition begründet hierbei die grundlegenden Richtlinien für den Aufbau und die Gestaltung mediatisierter Lernszenarien, ihrer Verzahnung mit Präsenzlernphasen und eine in diesem umfassenden Sinne zu verstehende Befähigung der (Bewegungs)Lernenden zu einem kompetenten und lernbedeutenden Medienumgang.

3.3 Medienkompetenz und Embodied Cognition

Der Medienkompetenzbegriff wird im pädagogischen Diskurs, je nach Zweck und Perspektive der*s jeweiligen Autors*in, uneinheitlich definiert (vgl. Gapski, 2007). Die vorherrschende Definition lässt sich, angelehnt an Baacke (2007), zusammenfassen als „Fähigkeit, Medien (kritisch/selbstbestimmt/kreativ/verantwortlich) (anwenden/verstehen/gestalten) zu können" (vgl. Gapski, 2001, S. 58). Demnach verwendet der*die ideale Nutzer*in ein bestimmtes medientechnisches Werkzeug (instrumentell-qualifikatorisch kompetent), um medial vermittelte oder generierte Inhalte möglichst kritisch und reflektiert zu rezipieren oder selbst zu gestalten. Aus bewegungs- und kognitionswissenschaftlicher Perspektive ist dieses werkzeug- und inhaltsbetonte Konzept von einem kompetenten Medienumgang nicht ausreichend. Etwa die (meta)kognitiven Prozesse im Licht der *Cognitive Load Theory* (vgl. Kapitel 3.1.) sowie das interferenzielle Verhältnis von Lernendem und mediatisierter Lernumgebung, insbesondere beim Bewegungslernen, erfordern ein erweitertes Verständnis von Medienkompetenzentwicklung, das die Körperlichkeit des Menschen als zentrales in der digitalen Lernumgebung situiertes Organisationsmedium versteht. Körper und mediatisierte Lernumgebung sind dann zu verstehen als zusammenhängendes System kognitiver (Lern-)Prozesse. Es wird also ein Konzept der Medienkompetenz verfolgt, das den Körper als integralen Bestandteil mediatisierter Lernprozesse einbezieht und somit auch die Entwicklung nichttechnischer Komponenten, wie bspw. die Bewegungsexpertise, als fundamentalen Aspekt der Medienkompetenzentwicklung.

Kompatibel zu diesem Ansatz entwerfen Gröschner und Sandbothe (2010) den menschlichen Körper als mehrdimensionales Medium der Wahrnehmung, der Kommunikation und des Handelns und fordern eine medienpädagogische „Revalidierung des menschlichen Körpers" (ebd. S. 11) als zentrales „Koordinationsmedium" (ebd. S. 7). Medien sind dabei als Steuerungsinstrumente aufzufassen, „mit deren Hilfe sich eine bewusste oder unbewusste Veränderung von Wirklichkeit intra- und/oder intersubjektiv koordinieren lässt" (ebd. S. 6). Die Autoren plädieren, Shusterman (2008, S. 4) folgend, für diese Revalidierung des Körpers als „[...] our most basic medium for interacting with our various environments, a necessity for all our perception, action, and even thought", sowie als zentrales Werkzeug, um diese Fähigkeiten im Kontext der Einübung von Bewegungen im Raum zu entwickeln (vgl. Gröschner & Sandbothe, 2010, S. 8). Eine solche Einübung erfordert eine elaborierte Praxis.

Der Zweck der hier skizzierten Konzeption besteht also in einer kognitionswissenschaftlich informierten und pädagogisch geleiteten Vermittlung von Medienkompetenz im Kontext digitaler Lernumgebungen. Die Konzeption eines entsprechenden Lehrangebots befindet sich derzeit im Aufbau. Möglichkeiten der Umsetzung mit Fokus auf Selbstlernprozesse zur Entwicklung und Professionalisierung von Bewegungsexpertise sind nachfolgend am Beispiel der Pythagoras 360° Echtzeit-Bewegungsanalyse dargestellt.

4. Anwendungsbeispiel aus dem Lehr- und Lernbereich Gymnastik

Gerade hochschuldidaktische Veranstaltungen mit einem Schwerpunkt auf einer fachdidaktischen Reflexion der Eigenrealisation tragen zu zeitgemäßer Professionalisierung bei (vgl. Leijen & Sööt, 2016). Konkret soll am Beispiel der Gymnastikausbildung im Lehramtsstudium illustriert werden wie eine Überführung i.S. einer bewegungspraktischen Umsetzung anhand des vorgestellten Rahmenkonzepts und unter Verwendung der Pythagoras 360° Echtzeit-Bewegungsanalyse zu einem Mehrwert für die Studierenden während der Präsenzveranstaltungen führen kann. In der praxisbezogenen Umsetzung fällt auf, dass das in Kapitel 3.2 beschriebene komplexe Zusammenspiel der Muskulatur während der Ausführung gymnastischer Elemente, wenn es auf Basis von Videotutorials erarbeitet wurde, oft nur abstrakt vorliegt. In Folge sind Studierende nur bedingt in der Lage, dieses Grundlagenwissen auf funktionelle Bewegungsbezüge und somit auf konkrete Lehr- und Lernsituationen zu überführen. Ein Übertrag anatomischen Grundlagenwissens (z.B. Ursprung und Ansatz der muskulären Strukturen), welcher für eine vertiefende Bewegungsreflexion unerlässlich ist, erfordert daher einen stärker ausdifferenzierten und individuell an die eigene Bewegungsvorerfahrung anknüpfenden „Blick unter die Haut".

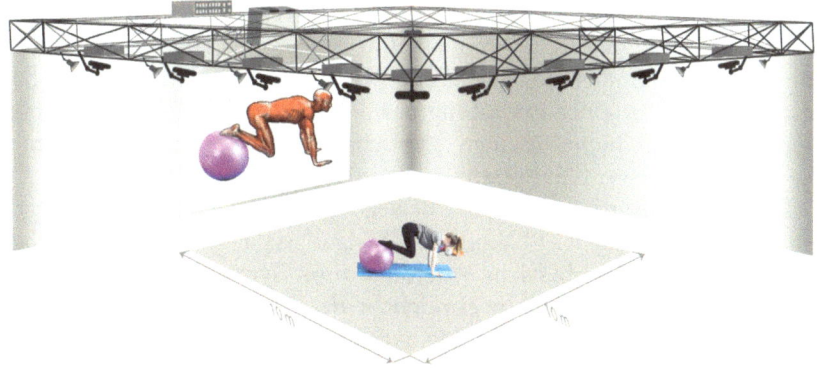

Abb. 1. Skizze der Pythagoras 360° Echtzeit-Bewegungsanalyse am Beispiel der Kräftigung der geraden Bauchmuskulatur unter Zuhilfenahme eines Objekts (aus Büning & Wirth, 2020)

Erfahrungen aus bewegungsanalytischen Untersuchungen mit Studieren-den der Deutschen Sporthochschule Köln im Rahmen eines aktuellen For-schungsprojektes zur Verbesserung der Lernleistung im Fachbereich Gym-nastik zeigen ein großes didaktisches Potential, das sich hinter der digi-talen Simulation anatomischer Strukturen während der simultanen Bewe-gungsausführung verbirgt (vgl. Büning, Baumgart, Grawunder & Temme, 2017; Büning, Wirth & Grawunder, 2019; Büning & Wirth, 2020). Kon-kret bedeutet dies, dass Studierende die Möglichkeit erhalten ihren eige-nen Körper in Form eines Muskelskeletts während der Bewegungsausfüh-rung betrachten zu können (s. Abbildung 1). Die Studierenden erhalten somit simulationsgestützt die Möglichkeit anatomische Funktionsweisen am eigenen Körper in Bewegung zu visualisieren und so den eigenen Be-wegungsvollzug aus externer Beobachter*innenperspektive zu betrachten. Die Besonderheit liegt hierbei in der Multicodalität (vgl. Weidenmann, 2002), welche das Verständnis komplexer Wirkmechanismen (z.B. Frei-heitsgrade der Gelenke; Funktionsweisen der Skelettmuskulatur und Fas-zien) durch die Visualisierung anatomischer Strukturen bei simultanem kinästhetischem Bewegungsvollzug erleichtert. Verantwortlich hierfür ist der sogenannte Bildüberlegenheitseffekt (vgl. Carney & Levin, 2002; Levie & Lentz, 1982; Levin, Anglin & Carney, 1987). Dieser Effekt besagt, dass bildliche Repräsentationen im Vergleich zu Textbuchvorlagen einen nach-weisbaren Behaltensvorteil bieten. Darüber hinaus postuliert die kognitive Theorie multimedialen Lernens (CTML) die Bedeutung einer Entlastung des Arbeitsgedächtnisses für gelingende Lernprozesse (vgl. Mayer, 2014;

Kapitel 3.1). Die Pythagoras 360° Echtzeit-Bewegungsanalyse entspricht dieser Forderung durch die simultane Präsentation der Bildinformationen mit den korrespondierenden, kinästhetischen Bewegungserfahrungen. Somit kommt es zu einer Entlastung des Arbeitsgedächtnisses, da mentale Repräsentationen nicht für einen längeren Zeitraum im Arbeitsgedächtnis aufrechterhalten werden müssen.

Die Visualisierung funktionaler Bewegungen am eigenen Körper durch einen sprichwörtlichen „Blick unter die Haut" stellt nicht nur eine Möglichkeit dar, die Fachbereiche Anatomie und Gymnastik näher miteinander zu verbinden, sondern ermöglicht der Lehrperson durch die Bewegungsvisualisierung, Studierende aktiv in den Prozess des Bewegungsverstehens und notwendiger Bewegungskorrekturen einzubinden. Eine Rückmeldung, beispielsweise über den Erfolg einer semesterbegleitenden Dehnungs-Intervention, kann durch simultane Visualisierung somit transparent und gemeinsam mit den Studierenden durchgeführt werden. Die Pythagoras 360° Echtzeit-Bewegungsanalyse ermöglicht den Studierenden darüber hinaus individuelle Bewegungsgestaltungen zu den Themenfeldern Dehnung, Kräftigung und Mobilisation im Sinne eines forschenden Lernansatzes zu entwickeln (vgl. Büning, Baumgart, Grawunder & Temme, 2017).

Für die Lernprozesse, innerhalb der gymnastischen Grundausbildung der Studierenden, ergeben sich daraus im Vergleich zu Textbuchvorlagen oder Videotutorials eine Vielzahl motivationaler Vorteile. So sind virtuelle Lernumgebungen im Vergleich zum Lernen aus Textbuchvorlagen für viele Lerner anfänglich ungewohnt und aufregend (vgl. Noyes & Garland, 2006). Die aktive und selbstgesteuerte Verbindung neu erworbener Wissensinhalte aus Anatomie und Gymnastik fördert zudem ein vertieftes und interdisziplinär anwendbares Körper- und Bewegungswissen. Aufgrund der hohen Studierendenzentrierung synthetisieren die Studierenden selbstständig Forschungsfragen, welche über einen hohen subjektiven Mehrwert verfügen.

Die Darstellung relevanter Inhalte kann in der anvisierten Programmierung auf das Vorwissen des Lernenden abgestimmt werden. Die am personalisierten Modell dargestellten Informationen, etwa Gelenktypen oder die Bezeichnung innervierter Muskelgruppen, lassen sich damit in Abhängigkeit vom Wissensstand der Nutzer*innen ein- oder ausblenden.

5. Fazit

Im vorliegenden Artikel haben wir ein Rahmenkonzept skizziert, das den (bewegten) Körper, kognitive Prozesse (i.S. der Lernerfahrung) und die (mediatisierte) Lernumgebung als ein zusammenhängendes System der Kompetenzentwicklung mit technischen Hilfsmitteln versteht. Basierend auf Ansätzen der Embodied Cognition und der CTML soll es Lehr-Lernpotenziale aufdecken und Handlungswissen generieren für die Entwicklung individualisierter E-Learning-Angebote. Es soll der Ermöglichung von und Befähigung zu selbstreguliertem Lernen dienen. Insbesondere für lernbedeutsame Körpererfahrungen stellte sich heraus, dass professionell kontrollierte Praxis in Präsenzphasen unerlässliche Fähigkeiten für daran anknüpfende Lernprozesse im E-Learning-Kontext generieren. Als konkretes Anwendungsbeispiel haben wir den Einsatz der Pythagoras 360° Echtzeit-Bewegungsanalyse im Fachbereich Gymnastik dargestellt (vgl. Büning, Wirth & Grawunder, 2019).

Literatur

Baacke, D. (2007). *Medienpädagogik* (Grundlagen der Medienkommunikation, Bd. 1). Berlin: De Gruyter.

Büning, C., Baumgart, M. S., Grawunder, M. & Temme, D. (2017). Pythagoras. Softwaregestüze 360° Bewegungsanalyse im Kontext selbstbestimmten Lernens – Anwendungsmöglichkeiten und theoretische Verdichtung. In S. Körner & L. Istas (Hrsg.), *Martial Arts and society. Zur gesellschaftlichen Bedeutung von Kampfkunst, Kampfsport und Selbstverteidigung* (S. 207–220). 6. Jahrestagung der dvs-Komission "Kampfkunst und Kampfsport" vom 6.-8. Oktober 2016 in Köln. Hamburg: Feldhaus Edition Czwalina.

Büning, C., Steinberg, C. & Lausberg, H. (im Review). Divergent learning experiences and diversification enhance movement self-perception in university sport students. *Journal of Teaching in Physical Education.*

Büning, C. & Wirth, C. (2020). Multimediales selbstreguliertes Lernen im Lehramtsstudium Sport am Beispiel der Pythagoras 360° Echtzeit-Bewegungsanalyse. In B. Fischer & A. Paul (Hrsg.), *Lehren und Lernen mit und in digitalen Medien im Sport* (S. 69–88). Wiesbaden: Springer VS.

Büning, C., Wirth, C. & Grawunder, M. (2019). Pythagoras 360° Echtzeit-Bewegungsanalyse. Möglichkeiten und Grenzen innerhalb der Lehramtsausbildung. In Hildesheimer CeLeB Tagung zur Bildungsforschung vom 29.03. bis 30.03.2019 (Hrsg.), *Poster-Abstracts : alphabetische Übersicht, Stand: 06.03.2019; 4. Videografie in der Lehrer_innenbildung. aktuelle Zugänge, Herausforderungen und Potentiale* (S. 6).

Carney, R. N. & Levin, J. R. (2002). Pictorial illustrations still improve students' learning from text. *Educational psychology review, 14*(1), 5–26.

Clark, A. (2003). *Natural-born cyborgs. Minds, technologies, and the future of human intelligence*. Oxford: Oxford University Press.

Gapski, H. (2001). *Medienkompetenz. Eine Bestandsaufnahme und Vorüberlegungen zu einem systemtheoretischen Rahmenkonzept*. Wiesbaden: VS Verlag für Sozialwissenschaften.

Gapski, H. (2007). Denn sie wissen nicht, was sie tun? Medienkompetenz im Netz. In B. Sokol (Hrsg.), *Persönlichkeitsentfaltung im Netz. Sicherheit – Kontrolle – Transparenz* (S. 80–90). Düsseldorf: Landesbeauftragte für Datenschutz und Informationsfreiheit NRW.

Gröschner, A. & Sandbothe, M. (2010). Einzelbeiträge 2010.*MedienPädagogik: Zeitschrift für Theorie und Praxis der Medienbildung, 2010* (Occasional Papers), 1–27. doi:10.21240/mpaed/00/2010.09.03.X

Hinton, A. (2015).*Understanding context. Environment, language, and information architecture* (1. ed.). Beijing: O'Reilly.

Kirsh, D. (2013). Embodied cognition and the magical future of interaction design. *ACM Transactions on Computer-Human Interaction, 20*(1), 1–30. doi:10.1145/2442106.2442109

Leijen, Ä. & Sööt, A. (2016). Supporting pre-service dance teachers' reflection with different reflection procedures. *Research in Dance Education, 17*(3), 176–188. doi:10.1080/14647893.2016.1178713

Levie, H. W. & Lentz, R. (1982). Effects of text illustrations. A review of research. *Educational Communication and Technology Journal, 30*(4), 195–232.

Levin, J. R., Anglin, G. J. & Carney, R. N. (1987). On empirically validating functions of pictures in prose. In D. M. Willows & H. A. Houghton (Hrsg.), *The psychology of illustration* (1. Aufl., S. 51–86). New York: Springer.

Mayer, R. E. (2011). Applying the science of learning to multimedia instruction. *Psychology of learning and motivation, 55*, 77–108.

Mayer, R. E. (Hrsg.). (2014).*The Cambridge Handbook of Multimedia Learning*. Cambridge: Cambridge University Press.

Menary, R. (2018). Cognitive Integration How Culture Transforms Us and Extends Our Cognitive Capabilities. In A. Newen, L. de Bruin & S. Gallagher (Hrsg.),*The Oxford Handbook of 4E Cognition* (S. 187–215). Oxford University Press.

Mürner, B., Polexe, L. & Tschopp, D. (2015). Es funktioniert doch. Akzeptanz und Hürden beim Blended Learning. *ZFHE, 10*(2), 39–50.

Nguyen, D. J. & Larson, J. B. (2015). Don't Forget About the Body: Exploring the Curricular Possibilities of Embodied Pedagogy. *Innovative Higher Education, 40* (4), 331–344. doi:10.1007/s10755–015–9319–6

Noyes, J. & Garland, K. (2006). Explaining students' attitudes toward books and computers. *Computers in Human Behavior, 22*(3), 351–363. doi:10.1016/j.chb.2004.09.004

Schulmeister, R. (2011). Relevanz der Medienkompetenz für die (Ausbildung von) in der Schule Lehrenden. *Blended Learning und Medienkompetenz* (3), 17–35.

Sevdalis, V. & Keller, P. E. (2011). Captured by motion: dance, action understanding, and social cognition. *Brain and cognition, 77*(2), 231–236. doi:10.1016/j.bandc.2011.08.005

Shapiro, L. (2019).*Embodied cognition* (New problems of philosophy, Second Edition).

Shapiro, L. & Stolz, S. A. (2019). Embodied cognition and its significance for education. *Theory and Research in Education, 17*(1), 19–39. doi:10.1177/1477878518822149

Shusterman, R. (2008).*Body consciousness. A philosophy of mindfulness and somaesthetics*. Cambridge: Cambridge University Press.

Sweller, J. (2011). Cognitive load theory. *Psychology of learning and motivation, 55,* 37–76.

Weidenmann, B. (2002). Multicodierung und Multicodalität im Lernprozeß. In L. J. Issing & P. Klimsa (Hrsg.), *Information und Lernen mit Multimedia* (3. Aufl., S. 45–62). Weinheim: Beltz PVU.

Wilson, M. (2002). Six views of embodied cognition.*Psychonomic Bulletin & Review, 9*(4), 625–636. doi:10.3758/bf03196322

Zimmermann, B. J. (2002). Becoming a self-regulated learner. An overview. *Theory into practice, 41*(2), 64–70.

Digitalisierte Tanzbildung im Livestream

Stephani Howahl, Derya Kaptan, Maren Zühlke

Zusammenfassung

Im COVID-19-bedingten Lockdown im Frühjahr 2020 ermöglichten Livestreams die Durchführung von Tanzkursen im universitären und außeruniversitären Bereich unter Infektionsschutzbedingungen. Ein Digitalisierungsschub war die Antwort auf den plötzlich erhöhten Bedarf an kontaktlosen Lehr-Lernformaten. Die Tanzvermittlung im Livestream warf ein neues Licht auf etablierte Praxen und tradierte Bildungsziele. Zum einen wurde der besondere Wert ästhetischer Erfahrung beim gemeinsamen Tanzen in analogen Settings deutlich. Zum anderen offenbarten sich im Livestream digitale Möglichkeiten und auch Bildungsgegenstände mit zeitgemäßem Lebensweltbezug, deren weitere Einbindung für die Tanzbildung gewinnbringend scheint. Im Vergleich von außer- und universitären Tanzvermittlungspraxen im Kontext der kulturellen Jugendbildung zeigen sich dabei sowohl Gemeinsamkeiten als auch gravierende Unterschiede.

Summary

Digital technology and e-learning have been applied in dance education at the German University of Sport Science for more than ten years. While dance education via live stream had appeared impossible before, the live stream format enabled practical dance classes to continue during the corona shutdown in spring 2020. Livestreams shed new light on established educational practices and objectives. On the one hand, qualities of life aesthetic experience became evident. On the other hand, new digital facilities presented themselves as worth maintaining. The realization of live streams on the university level differed significantly from educational dance classes elsewhere. Here dance teachers and students had to face different problems.

Schlagworte: Tanz, Tanzvermittlung, Digitalität, Livestream

Stephani Howahl, Derya Kaptan, Maren Zühlke

1. Tanzkultur im virtuellen Raum als relevante Lebenswelt

Der 2004 geborenen Charli d'Amelio folgen über 80 Millionen Abon-
nent*innen weltweit über die Social-Media-Plattform TikTok. Angepasst
an die Aufnahmemöglichkeiten einer Handykamera tanzt sie kurze Kombinationen verschiedener Jugendtanzkulturen im Stand meist in augenscheinlich privaten Räumen.[1] In TikTok wie in der Vorgänger-App Mu-
sical.ly filmen sich Nutzer*innen mit der eigenen Handykamera. Verfügbar ist eine Auswahl an Musiktiteln oder Geräuschen, die während der
Aufnahme im Programm abgespielt werden und den Soundtrack des produzierten Filmclips liefern. Die TikTok-User*innen können sich im Split-
Screen auch neben Vorbildern wie Charli d'Amelio filmen und so virtuell
mit ihnen kurze Tanzsequenzen lernen. Verschiedene Filter, wie die Möglichkeit zum Verlangsamen und Beschleunigen erleichtern das Lernen und
das eigene Gestalten der produzierten Videos. TikToker*innen können
selbstproduzierte Videos im World Wide Web veröffentlichen und sich
ebenso cool, lebensfreudig und sexy wie die junge Amerikanerin präsentieren. Die TikTok-Community liked und kommentiert. D'Amelios Moves
der Renegade Choreo wurden zuletzt von Figuren des besonders bei Jungen beliebten Computerspiels Fortnite nachgeahmt (vgl. KIT, 2020). Auch
auf deutschen Straßen finden sich Jugendliche, die flüchtig den einen
oder anderen Move und Ablauf von D'Amelio tanzen. Hier zeigt sich:
Tanzbildung findet in neuen Medien mit oder ohne Pädagogik statt (vgl.
Jörissen, 2019).

2. Möglichkeiten und Grenzen digitaler Tanzvermittlung – Vom Blended-Learning zur Tanzbildung im Livestream

Universitäre Tanzbildung steht unweigerlich im Bezug zu digitalen Tanzkulturen. Bildungs- und Ausbildungsziele übersteigen jedoch ein Bewe-
gungstraining, dass zu einem reinen Mittanzen befähigt. Universitäre
Tanzbildung umfasst zwar auch die exemplarische Bewegungserfahrung

---

1 Anfang (2012) beschreibt die besondere Ästhetik eines Handyclips als unterschiedlich im Bezug zu Videofilmen für den großen Bildschirm. Diese gleichen sich
den Videoproduktionen von TikTok an. Videoclips müssen clipartig sein, also
kurz, keine Dialoge, sondern Musik als Untermalung und eine besondere visuelle
Umsetzung durch den Gegenstand künstlerisch-ästhetischer Sportarten und einer
damit verbunden interessanten Perspektive. Wichtig sind weder ein hochauflösen-
des Bild, noch ein guter Text oder Dialog.

in ausgewählten Tanzsprachen, wie die D'Amelios. Mehr Umfang und Wert wird aber übergeordneten Bildungsdimensionen beigemessen wie dem Erkennen der kulturellen Verfasstheit von Tanzstilen und Tanzvermittlungspraxen, der Körper- und Bewegungsbildung durch die Erweiterung der Bewegungsmöglichkeiten des menschlichen Körpers in Raum, Zeit und Dynamik, der Förderung der Bewegungskreativität und der Handlungsfähigkeit im Bereich Bewegungsgestaltung, dem Erleben eines sinngesättigten und gerichteten Bewegungsausdrucks, der Fähigkeit, Ideen gezielt in Bewegung darzustellen und mit Bewegung zu kommunizieren, die Fähigkeit, Bewegung zu lesen und in Bewegung Gelesenes in Wort- und Schriftsprache zu übersetzen und nicht zuletzt der Bereitschaft Explorationsprozesse in Bewegung zuzulassen.

Die außeruniversitäre Tanzvermittlung im Kontext der kulturellen Kinder- und Jugendbildung ist wie die universitäre Tanzbildung geprägt von einem partizipativen und prozessorientierten Ansatz mit einem integrativen Lehrstil. Tanzvermittler*innen lehren gezielt ausgewähltes Fachwissen zu Tanzkulturen und begleiten Lernende bei der Gestaltung von Tänzen und Stücken.

Tanzselbstbildung aus dem digitalen Raum ist in der außeruniversitären Tanzvermittlung allgegenwärtig. Kinder und Jugendliche bringen die Bewegungssprache ihrer Vorbilder von dort mit in den analogen Tanzunterricht. Von Tanzvermittler*innen initiierte, digitalisierte Tanzbildung war im außeruniversitären Bereich bis Anfang 2020 hingegen eher eine Seltenheit. Vorreiter sind beispielsweise die Tools des Projekts #digitanz (siehe lite.digitanz.de; Zühlke, Rittershaus, Steinberg, Koch & Jenett, 2019) wie auch die Plattform Calypso des Vereins Tanzzeit Berlin (Boekman, Hegenscheidt, Huhn, Patrizi & Schulze, o. Jahr). Beide richten sich zunächst an Tanzvermittler*innen, die ihren Einsatz in analogen Tanzklassen moderieren.

Auf universitärer Ebene schlossen digitale Formate der Tanzvermittlung in einer ersten Welle der Digitalisierung an dort vorhandene analoge pädagogische Praktiken vor mehr als zehn Jahren an. Im Sinne eines Blended-Learning wurden die Möglichkeiten der Lernplattform Moodle dazu genutzt, um Student*innen Dokumente, Musik- und Videodateien zur Verfügung zu stellen, mit ihnen in Kontakt zu treten, Lernmöglichkeiten in Form von Aufgaben und Lernpaketen [2] zu schaffen und auch Kleingrup-

---

2 Für die Erstellung von Lernplakaten wurde insbesondere das Programm LernBar von studiumdigitale einer zentralen eLearning-Einrichtung der Goethe Universität Frankfurt am Main verwendet.

pendiskussionen, Wikis und Brainstormings auf Distanz zu ermöglichen. Aus technischen Gründen waren Livestreams und Online-Seminare vor zehn Jahren noch schwer möglich. Angesichts der Selbstverständlichkeit von Nähe und physischer Kopräsenz in Kontaktveranstaltungen in allen Tanzkursen und -seminaren wurden Online-Seminare und Livestreams an der Deutschen Sporthochschule Köln bis zum März 2020 gar nicht erst als mögliche oder nötige Praxis angesehen. Ähnlich verhielt es sich in pädagogischen Angeboten des außeruniversitären Bereichs.

Ein entscheidender Moment der Neusondierung digitaler Möglichkeiten war der COVID-19-bedingte Lockdown im Frühjahr 2020. Aus Infektionsschutzgründen war Tanzvermittlung in analoger Kopräsenz von Lehrenden, Lernenden und Gruppe im Pandemiekontext plötzlich unmöglich. Es stellte sich die Frage, wie Tanzbildung kontaktlos in den virtuellen Raum übersetzbar ist. Weltweit war die Existenzsicherung besonders der selbstständigen Tanzvermittler*innen unmittelbar an ihre Fähigkeit und Bereitschaft gebunden, digitalen Ersatz für den ausfallenden Präsenzunterricht zu schaffen. Träger kultureller Bildung, Universitäten und Studiobesitzer*innen stellten entsprechende Forderungen an angestellte Tanzvermittler*innen. Eine Digitalisierung tänzerischer Bildung im Eilverfahren mit Mehrwert und Grenzen war die Folge.

Die universitäre Livestream-Praxis in der Tanzvermittlung an der Deutschen Sporthochschule Köln wurde im Frühjahr 2020 sechs Wochen lang teilnehmend beobachtet (vgl. Spreadley, 2016). Die Eindrücke verschiedener Beobachter*innen, die als *complete member researcher* (Gold, 1958) agierten, fließen in der folgenden Betrachtung zusammen. Sie werden verglichen mit den Erkenntnissen aus dem außeruniversitären Feld kultureller Bildung. Teilnehmend beobachtet wurde hier das Projekt „Tanz dein Leben"[3]. Es war Teil des kulturellen Angebotes an einer Jugendeinrichtung in Köln Müngersdorf an der zwölf Jugendliche im Alter von fünfzehn bis zwanzig Jahren teilnahmen. Auch die Beobachtungsdaten eines *complete member researcher* in diesem Projekt wurden ergänzt und abgeglichen mit weiteren Beobachtungen aus dem Feld der außeruniversitären kulturellen Bildung. Dies gelang nicht zuletzt über ein Treffen zum Fachaustausch zur digitalen Tanzermittlung, welches von der Landes-

---

3 „Tanz dein Leben" ist ein Tanzprojekt unter der Leitung von Derya Kaptan. Im Rahmen des Projektes trainieren internationale Tänzer*innen seit drei Jahren Kinder und Jugendliche regelmäßig in Köln Müngersdorf bei einem Träger der Jugendhilfe (vgl. SKM, 2020).

arbeitsgemeinschaft Tanz NRW initiiert, durchgeführt und protokolliert wurde (Kemper, 2020).

2.1 Technische und soziale Bedingungen für Livestream-Praxen

Eine erste Forschungsphase im Projekt „Tanz dein Leben" im außeruniversitären Bereich ging der Frage nach, welche soziale Plattform für die Tanzvermittlung als ein geeigneter Lernort für die spezifische Teilnehmer*innengruppe etabliert und genutzt werden kann. Bisher genutzte Medien und soziale Plattformen sollten nun statt als situative informelle Alltagsplattformen vielmehr als Möglichkeit neuer Lernorte wahrgenommen werden[4]. Der Austausch und die Interaktion innerhalb der Peer-Gruppen spielten dabei eine besondere Rolle[5]. Innerhalb informeller Interviews mit den Teilnehmer*innen, zeigte sich, dass diese verschiedenste digitale Tools nutzen. Dabei waren die Plattformen Skype, Zoom und Instagram beliebte Ersatzformate für analoge Begegnungen zu Zeiten des Lockdowns. Nach Biermann (2013) gibt es stabile Unterschiede in der Art und Weise der Nutzung des Internets zwischen Jugendlichen unterschiedlicher Bildungshintergründe. Nach zweiwöchiger Beobachtung des Nutzer*innenverhaltens und der aus Interviews hervorgehenden Präferenzen der Teilnehmer*innen stellte sich für die digitale synchrone Tanzvermittlung für die Tanzgruppe die Plattform Instagram mit den Möglichkeiten des öffentlichen Livestreams und einem privaten Chatraum als meist genutztes Tool heraus. Die Plattform Zoom als zweitmeistgenutzte Plattform wurde im Rahmen des Projektes nicht eingesetzt. Viele Teilnehmer*innen hatten keinen Zugriff auf digitale Großgeräte wie PC´s oder Laptops. Instagram schien kompatibler für Livestreams auf dem Smartphone. Bei der Entscheidung für Instagram waren also Überlegungen zur technischen Umsetzbarkeit maßgeblich (vgl. Elias, 2011). Ein öffentlicher Livestream und ein privater Chatraum wurden in Kombination zweimal wöchentlich in einem sechswöchigen Zeitraum angeboten. Der öffentliche Livestream[6] ist für

---

4 Laut der JIM- Studie (2018) werden soziale Plattformen wie Instagram zu 35 % zu Kommunikations- und zu 31 % zu Unterhaltungszwecken durch die genannte Zielgruppe genutzt (Medienpädagogischer Forschungsverbund Süd-West, 2018).

5 Kergel bemerkt, dass die Ressourcen eines Peer-Austausches, die im stofflich-physikalischen Sozialraum nicht vorhanden sind, sich über einen digital basierten Sozialraum realisieren (Kergel, 2020, S. 236).

6 Siehe Instagram Kanal des Tanzprojektes „Tanz dein Leben" unter ironmonkeys_official.

alle Instagram-Nutzer*innen zugänglich. Die Tanzvermittler*innen sind für alle sichtbar. Die Teilnehmer*innen sind in öffentlichen Instagram-Livestreams grundsätzlich unsichtbar. Sie haben allerdings die Möglichkeit, schriftlich zu kommentieren. Zum privaten Chatraum laden Tanzvermittler*innen ausgewählte Teilnehmer*innen über einen Anruf (*call*) ein. Im privaten Chatraum können alle Teilnehmer*innen visuell und auditiv miteinander kommunizieren. Im Projekt „Tanz Dein Leben" wurde der private Chatraum einmal wöchentlich genutzt, um Gruppenentscheidungen, wie z.B. die Auswahl der Musiktitel zu fällen und individuelle Feedbackgespräche zu führen. Auch aktuelle Themen, insbesondere zur besonderen Situation im Lockdown fanden hier Gehör. Der Instagram Kanal zum öffentlichen Livestream besaß bis zu 150 Abonnenten*innen, die aus dem Freundeskreis der Teilnehmer*innen stammten. 25 Personen nahmen durchschnittlich am öffentlichen Livestream teil, das waren etwa 17 mehr als in einer analogen Tanzklasse.

In der Umsetzung von digitalisierter Tanzbildung schwangen zweifellos stets die unterschiedlichen praktischen Logiken von Universitäten und Angeboten der kulturellen Kinder- und Jugendbildung mit. In Universitäten erwerben Menschen Formalqualifikationen. Student*innen sind verpflichtet zum Lehr-Lernprozess beizutragen. Kinder und Jugendliche in Freizeitangebote im Kontext der kulturellen Kinder- und Jugendbildung stehen diesbezüglich formal gesehen in keiner Bringschuld. Auch soziale und finanzielle Unterschiede erwiesen sich wie erwartet während des Lockdowns im Frühjahr 2020 als maßgeblich für abweichende Möglichkeiten und Grenzen digitalisierter Tanzbildung an und fernab von Hochschulen. An der Deutschen Sporthochschule Köln wurden Lizenzen für das Cisco Programm Webex angeschafft, von dafür eingestellten Fachleuten supported und mit der Lernplattform Moodle verküpft. Wie Zoom, MS Teams oder Skype ist auch die Software Cisco Webex für Videokonferenzen gemacht. Im Livestream werden Videodaten nahezu synchron hochgeladen und ausgestrahlt. Webex Meetings erlaubt die Zusammenarbeit von bis zu 200 Personen im virtuellen Raum. In einer Rasteransicht sind dabei bis zu 25 Personen gleichzeitig sichtbar. Durch den Filter mobiler oder stationärer Endgeräte (PC, Laptop, Netbook, Smartphone, ...) waren dank Cisco Webex auch zu Lockdownzeiten Tanzpraxiskurse möglich. Die Tanzkurse auf Webex unterschieden sich schon auf den ersten Blick von den eingangs beschriebenen Tanzpraxen bei TikTok oder Youtube. Während im Webex-Tanzkurs das Lehr-Lern-Geschehen als Interaktionsprozess in einer Gruppe im Vordergrund steht, zielen TikTok und Youtube eher auf die Präsentation fertiger Tanzclips, die *on demand* von den User*innen geliked oder kommentiert werden können[7]. Anders als asynchrone Formen digitaler Kommunikation wurden in Webex Livestreams Lehrende wie Lernende füreinander ohne zeitlichen Verzug erreichbar. Als kognitiv wissende, affektiv verstehende und evaluativ wertende bringen Tanzvermittler*innen im Livestream mit sichtbar-interagierenden Teilnehmer*innen Lerngegenstände „zum Sprechen". Sie nehmen für Lernende so die Rolle eines „Resonanzkompasses" ein, der in asynchronen digitalen Lehr-Lernformen fehlt (vgl. Beljan, 2019; Rosa & Endres, 2016). Aus Sicht der Lehrpersonen erlaubt die synchrone Kommunikation in Webex Meetings den vermittelten Stoff situativ an den Lernfortschritt der Gruppe anzupassen, auf Vorlieben, Wünsche und Haltungen einzugehen und Missverständnisse zeitnah zu klären. Vorteile der Synchronität in Livestreams täuschen gleichzeitig nicht über die Spezifik dieser Lehr-Lern-Situation hinweg, die sich grundsätzlich von analogen Tanzkursen unterscheidet.

2.2 Wahrnehmungsmodalitäten und veränderte Körperlichkeiten im Tanzlivestream – Tanzbildung durch das Schlüsselloch digitaler Endgeräte

Im Livestream verbinden und trennen digitale Endgeräte Teilnehmer*innen zugleich. Spezifika ergeben sich aus einer durch Endgeräte und Übertragungswege vermittelten Wahrnehmung und verändern auch Körperlichkeiten.

Fortgeschrittene digitale Mehrkanal-Tonsysteme können heutzutage prinzipiell zwar atmosphärisch Richtungshören simulieren. Rückkopplungen in Online-Meetings verbieten hingegen, dass viele Teilnehmer*innen zugleich Mikrofone eingeschaltet halten. Musik, die im analogen Tanzunterricht die Bewegungsäußerungen atmosphärisch trägt und rhythmisch ordnet, wird im Online-Meeting durch technische Probleme der Übertragung nicht selten zur Irritation und Störquelle (vgl. auch Kemper, 2020). Im universitären wie außeruniversitären Kontext 2020 verschickten Lehrende daher nicht selten Musiklinks schon vor dem Unterricht an die Lerngruppe und koordinierten im Livestream ein gemeinsames Musikabspielen auf individuellen Endgeräten. *„Drei, zwei, eins! – Play"* war hier das Motto. Alternativ sangen, klatschten und lautierten sie, um Tanz im

---

7 Im Jahr 2020 ist Livestreaming für alle Youtube-Nutzer*innen möglich. Streams mit vielen Präsentierenden sind aber eher unüblich. Das Programm TikTok erlaubt zu dieser Zeit das Livestreamen erst Influencer*innen mit mehr als 1000 Follower*innen.

Livestream rhythmisch zu strukturieren. Bisweilen überließen sie Teilnehmer*innen bei Bewegungsexplorationen schließlich ihren eigenen Musikwelten in eigenen Tempi. Über die bewegten Bilder ohne Ton blieb zu erahnen, wer regelmäßig rhythmisch auf musikalische Impulse reagierte.

Auch visuelle Wahrnehmungsmodalitäten im Livestream gestalten sich anders als das Sehen im analogen Tanzunterricht. Bewegte Bilder werden lediglich aus der einen Richtung des begrenzten Bildschirmfensters gesehen und nicht aus einem 360° Umgebungsraum. Selten sind Bewegungsräume der Einzelteilnehmer*innen in Online-Meetings so groß, bzw. Kamerawinkel so weit, dass Tanzende von Kopf bis Fuß in unterschiedlichen Lagen in Bewegung erfasst werden können. Daraus resultiert eine Konzentration auf isolierte Bewegungszentren wie obere Extremitäten oder Füße, bzw. eine Trennung von Bewegungssequenzen auf dem Boden von Sequenzen im Stand. Endgeräte müssen ihren Standort und ihre Perspektive an unterschiedliche Bewegungsansätze und Raumlevel anpassen.

In der analogen Tanzvermittlung bestimmter Bewegungen sind Spiegel traditionell nicht nur Hilfsmittel zur Selbstbeobachtung, sondern auch zum Verständlich Machen von Unterschieden zwischen linksseitiger und rechtsseitiger Bewegung. Während Webcams die erste Funktion von Spiegeln übernehmen führen Perspektivierungen von Kameras im Livestream zu weiteren Verwirrungen beim Erkennen von Bewegungsseite und Bewegungsrichtung in Nachgestaltungen. Tanzvermittlungen mit der Front und mit dem Rücken zur Kamera schienen vor diesem Hintergrund im Livestream besonders notwendig.

Die Frage, inwiefern differenzierte Krafteinsätze übertragen auch auf kleinste Gelenksysteme des Körpers und daraus resultierende zeitlich-differenzierte Bewegungsverläufe im Tanz von herkömmlichen Webcams an Computern visuell erfasst und ungekürzt digital übertragen werden können, bleibt offen. Koordinativ-komplexe Bewegungen in schnellem Tempo und differenzierter Dynamik konnten beispielweise über den Instagram-Livestream mit Jugendlichen nur eingeschränkt und in ihrer Grobform ohne Feinabstimmung der Gelenkwinkel und Körperhaltung umgesetzt werden. Tanzvermittler*innen, Künstler*innen und Kritiker*innen sind sich indes einig darüber, dass eben diese Dynamiken und Bewegungsqualitäten den flüchtigen Sinngehalt tänzerischen Ausdrucks bestimmen. Diskutiert wird, dass Teilhabe an kulturell tradierten Sinnsystemen im Tanz und individuelle Tanzerfahrung Zugang zur Rezeption und eigenen Produktion von sinngesättigtem Tanz in differenzierter Bewegungsqualität brauchen[8].

Taktile Interaktionen innerhalb von digitalen Lerngruppen oder taktile Hilfen über das Internet durch Lehrpersonen schienen in den hier untersuchten Online-Meetings noch undenkbar. Sowohl kollektiv-kinästhetisches Bewegen wie typisch sowohl im Paar- und Folkloretanz als auch in der Kontaktimprovisation und beim Partnering ebenso wie klassische Hands-On Corrections entbehrten folglich ihrer physischen Grundlage. Besonders im außeruniversitären Bereich wurde das Fehlen ausreichender individueller Korrekturen in Interviews bemängelt. Im universitären und außeruniversitären Bereich (vgl. Kemper, 2020) konnte während des CO-VID-19-bedingten Lockdowns vor diesem Hintergrund eine vermehrte Integration von Objekten, insbesondere von Stühlen aber auch Wasserflaschen etc. und die taktile Aktivierung durch Boden und Wände verzeichnet werden (vgl. z.B. PUSH, 2020). Dinge haben in Bewegungskonstellationen mit Menschen das Potential zu informieren, zu leiten aber auch zu irritieren (vgl. Spahn, Leysner, Pürgstaller & Rudi, 2019, S. 213). In ihrer Widerständigkeit sind Objekte sowohl Lernanlass als auch Resonanzkörper.

Es fiel auf, dass die Nachgestaltung vorgegebener Tanzformen über das Livestream Format dann besser gelang, wenn die Teilnehmer*innen bereits aus Erfahrungen des vorhergehenden analogen Unterrichts schöpfen konnten. Koordinativ-komplexe Bewegungen in schnellem Tempo konnten über den Livestream nur eingeschränkt und in ihrer Grobform ohne Feinabstimmung der Gelenkwinkel und Körperhaltung umgesetzt werden. Schon analog kultivierte Lehr-Lernpraxen der individuellen Bewegungsexplorationen erwiesen sich im Livestream hingegen als besonders geeignet zur Entdeckung differenzierter Bewegungsqualitäten. Die stimmliche Moderation gewann im digitalen Format an Bedeutung, schließlich war die Stimme einer einzelnen Person anders als dreidimensionale Raum- und Bewegungsbilder oder taktile Hilfen hier meist problemlos übertragbar. Stimmliche Differenzierungen gaben Hinweise für im Videobild nur bedingt vermittelbare Krafteinsätze und Bewegungsdynamiken.

---

8 Inwiefern vollzogene Bewegungsqualitäten und damit verbundenes Sinnerleben videographisch erfasst werden kann, untersuchen und diskutieren Howahl, Büning und Temme (2020).

2.3 Intimität trotz medialer Exponiertheit

Im öffentlichen Livestream z.B. in Instagram sind Teilnehmer*innen bei ausgeschalteten Kameras unsichtbar. Sie bleiben privat. Im Gegenzug findet ihr Tanzen keine Resonanz in der Gruppe oder bei den Tanzvermittler*innen. Im privaten Chatraum bei Instagram wie in Webex Meetings sind Tanzende hingegen medial exponiert. Livegestreamte außeruniversitäre Tanzangebote waren für schüchterne Teenager im außeruniversitären Bereich daher oft kein Ersatz für analoges Tanzen. Nach Überwinden einer ersten Hemmschwelle fühlten sich Student*innen in digitalen Tanzkursen bei Improvisationen und auch bei Präsentationen ungeachtet der faktischen medialen Exponiertheit trotzdem augenscheinlich bisweilen geschützter vor einer vermeintlich wertenden Gruppe als in den analogen universitären Tanzkursen in den 270 qm großen Tanzhallen der Deutschen Sporthochschule Köln. Im Online-Meeting bewegten sie sich doch analog in ihren Privaträumen. Dabei waren lautliche Kommentare von Kommiliton*innen auf Stumm gestellt. Gestisch-mimische Bewertungen auf kleinen Bildschirmfenstern konnten leicht ausgeblendet werden. Nebentätigkeiten mit Kommiliton*innen und Gespräche untereinander waren ebenso wenig möglich, wie die Abgabe von Verantwortung für die Ideenfindung in Bewegungsexplorationen. Daraus resultierte nicht selten eine besonders intensive und tiefgehende Auseinandersetzung mit individuellen Bewegungsmöglichkeiten.

Die tatsächliche mediale Exponiertheit in Tanzlivestreams bleibt von subjektiven Wahrnehmungen unberührt. Webcams erfassen das Bild von Tanzenden und senden es in den Äther. Eingeschaltete Kameras offenbaren augenscheinlich auch das Publikum in Livestreams. Sie täuschen darüber hinweg, dass Zuschauer*innen in toten Kamerawinkeln andere hier stets auch ungesehen und ungehört beobachten können. Die Gefahr, dass Bewegtbilder ungewollt und ohne Kenntnis der im Meeting sichtbaren Personen mit nachgeschalteten Kameras oder Apps aufgezeichnet werden, ist vorhanden. Zarte erste Tanzversuche von Anfänger*innen und künstlerische Selbstäußerungen von Fortgeschrittenen sind daher in Online-Meetings potentiell ebenso bloßgestellt wie Wäschekörbe, Sportler*innenfüße in Badelatschen mit weißen Tennissocken, durchs Bild tanzender Nachwuchs und winkende Eltern.

Absprachen von Regeln über das Einschalten von Kameras sind im respektvollen Umgang miteinander unumgänglich. Auf universitärer Ebene schienen Verabredungen, dass alle Teilnehmer*innen ihre Kameras einzuschalten haben, eher möglich als im außeruniversitären Bereich.

2.4 Gemeinschaft und Resonanz in Online-Tanzkursen

Die Erfahrung von Freude beim *gemeinsamen* Tanzen wird in wissenschaftlichen Veröffentlichungen über universitäre Tanzbildung in Sportstudiengängen als Bildungsdimension wenig fokussiert. Rosa (2019) liefert mit seiner theoretischen Analyse zu Resonanz als Gegenbegriff zur Entfremdung in einer Soziologie der Weltbeziehung eine überzeugende Argumentation für den eigenen Bildungswert von solcher Resonanz (vgl. auch Rosa & Endres, 2016)[9]. Die tatsächliche und auch in digitalen Tanzkursen drohende Isolation von Sportstudent*innen und anderen Jugendlichen im März 2020 durch COVID-19 erinnerte daran, wie grundlegend diese Freude beim Schwingen, Grooven und Improvisieren in der Gruppe im Einklang mit Musik, eigenen Ideen und Emotionen dafür ist, dass Lernende sich auf Tanz und Tanzen[10] einlassen. Im Livestream schien es besonders wichtig, den Teilnehmer*innen das Gefühl zu vermitteln, dass sie nicht alleine sind (vgl. Kemper, 2020). Öffentliche Livestreams, in denen Teilnehmer*innen unsichtbar bleiben (vgl. Instagram) erzwingen geradezu Frontalunterricht. Online-Meetings oder private Instagram Chaträume bei eingeschalteten Kameras erlauben ein interaktives Unterrichtsgeschehen, das in partizipativen Ansätzen präferiert wurde.

Während des Lockdowns im Frühjahr 2020 waren Lehrpersonen besonders in Anfänger*innengruppen gefordert, Resonanz mit den Lernenden in ihren ‚stillen Kämmerlein' aufrecht zu erhalten. Vermittelnde verstärken Bewegungsäußerungen von Explorierenden durch Versprachlichen von Bewegung (*„Ich sehe, Du schwingst Dein Bein und kommst fast zum Fliegen!")*; differenzierte Bestärkungen (*„Gut, wie Du dabei Deinen Oberkörper mitnimmst!"*); erweiternde Aufgabenstellungen (*„Intensiviere jetzt Deinen Armeinsatz"*) bis hin zu assoziativen und lautlichen Kommentierungen (*„Du tanzt ja wie Spiderman, whusch! …"*). Bedingt durch die besondere Kommunikationssituation in Online-Meetings, erfolgte das Herstellen von

---

9 Rosas Ideen sind in Teilen deckungsgleich zu Fritschs Arbeit über das pathisch-expressive Bewegen (1988). In Bezug auf soziale Resonanzen überschreitet Rosas Theorie auf gewinnbringende Weise Fritschs Grundlegungen zur Ästhetischen Erziehung im Tanz und Tanzen im Rahmen des Sportstudiums.

10 Cabrera-Rivas (1992) prägte die Unterscheidung zwischen einer Erziehung zum Tanz und einer Erziehung durch Tanzen. Während erstere die Teilhabe an einem kulturellen Phänomen ermöglicht, fokussiert letztere das individuelle, subjektive Erleben.

Resonanz hier schwerpunktmäßig als verbal-kommunikatives Feedback[11]. Ein solches Feedback ist weniger korrigierend. Vielmehr reagierten Lehrende situativ und performativ und unterstützten Lernende darin Bewegung ereignis-geleitet zu entwickeln (vgl. Spahn et al., 2019).

Auf universitärer Ebene, wo Lernende als Multiplikator*innen selbst befähigt werden Tanzunterricht zu leiten, wurde die Aufgabe ereignisgeleitetes Feedback zu geben auch in Partner*innen- und Gruppenarbeiten an Student*innen übertragen. Ein Gruppenmitglied motivierte durch Versprachlichung, Lob, inhaltliches Assoziieren, Lautieren und erweiternde Aufgabenstellungen die Bewegungsfindung der Kommiliton*innen. Dabei vertieften Student*innen ihr Wissen über verschiedenartige Vermittlungsweisen und erprobten diese gleichzeitig. Im Austesten diverser sozialer Organisationsformen von Unterricht zeigte sich, wie gering bisher Videokonferenztools auf kreative und ästhetische Tanzbildung ausgerichtet waren. Video-Breakout-Sessions wurden in Webex erst im September 2020 möglich. Vorher wurde dazu auf den Messengerdienst WhatsApp zurückgegriffen. Videotelefonie fand via WhatsApp sowohl mit einem Studybuddy[12] als auch in Kleingruppen von bis zu vier Personen gleichzeitig statt. Parallel waren Lernende mit der Großgruppe am Laptop oder PC über Webex und mit einer Kleingruppe am Smartphone über WhatsApp verbunden.

Auch während kleine Tanzabläufe aus exemplarisch thematisierten Tanzkulturen im Frontalunterricht in der Webex-Großgruppe nachgestaltet wurden, konnte in anschließender Partner*innen- und Kleingruppenarbeit Gemeinschaft hergestellt werden. Resonanzpraktiken durch Kommiliton*innen und Lehrpersonen nahmen in dieser Lehr-Lern-Situation auch korrigierende Formen an. Aus resonanzpädagogischer Perspektive kann und sollte Widerspruch ein Element einer Resonanzbeziehung sein und ist keineswegs mit verletzender oder feindlicher Repulsion zu verwechseln. Rosa (2019) erklärt: „Widerspruchsfähigkeit und -bereitschaft, nicht die blinde Übereinstimmung, sind geradezu eine Voraussetzung für Resonanzbeziehungen, erst sie ermöglichen es dem Subjekt, einen *Widerhall* in der Welt zu finden" (S. 327). Dass sich Lernende nach einigem korrigierenden Widerspruch im Livestream umso mehr über bestärkende Resonanzprakti-

---

11 „Bei dem Wechsel ins Digitale erfahren Pädagog*innen, dass die Vermittlung durch Worte eine wichtige Rolle spielt," fasst Kemper (2020) die Erfahrungen verschiedener Tanzexpert*innen aus NRW zusammen.

12 Um zu vermeiden, dass Lernende während des Lockdowns inhaltlich wie emotional abgehängt werden, wurde ihnen zu Beginn des Semesters ein Studybuddy also ein Lernpartner oder eine Lernpartnerin zugeordnet. Mit ihm oder ihr kooperierten sie in und auch außerhalb des Livestreams.

ken wie Taubstummenapplaus (beide Hände winken in die Kamera) freuten und diese das Gemeinschaftsgefühl in der Gruppe stärkten, soll hier nicht verschwiegen werden.

Das Nachtanzen von Videotutorials auf YouTube oder TikTok ohne Feedback von Tanzvermittler*innen, scheint im Vergleich zur Lehr-Lern-Situation im interaktiven Online-Meeting ein eher kläglicher Ersatz für eine Resonanzbeziehung zu einer Lehrperson und einer Lerngruppe. Dass resonante, pädagogisch-verantwortete Tanzangebote der Isolation von Jugendlichen während des Lockdowns entgegenwirkten, bestätigten diese in Interviews und Evaluationen

2.5 Zugang zu digitalen Weiten und multimediale Verdichtung

Die Einbindung verschiedener multimedialer Lernformate im Livestream führte insgesamt zu einer multimedialen Verdichtung des Unterrichts und ebnete den Zugang zu den globalen Weiten des Internets. Ein Austausch zwischen dem Tanzvermittlungsgeschehen, das sich bislang nicht selten hinter verschlossenen Türen in Tanzsälen versteckte, und einer internationalen Fachcommunity, erfolgte in der virtuellen Welt auf zwei Wegen.

Die tanzdidaktische Vielfalt im außeruniversitären Bereich wurde im öffentlichen Livestream z.B. bei Instagram sichtbar. Durch die Funktion der Instagram-Story konnten Beiträge und Informationen zum anstehenden Livestream mit den Infos Zeit, Musiktitel und Tanzstil veröffentlicht werden, um an die bevorstehende Veranstaltung zu erinnern. Die Instagram-Story Funktion zeigt tagesaktuelle Posts, die für 24 Stunden sichtbar sind. Das „anteasern" und Werben war essentiell für die Sichtbarkeit und die Partizipation Jugendlicher im außeruniversitären Bereich und eine Möglichkeit neue Teilnehmer*innen für Tanzangebote zu gewinnen.

Tanzbildung im Livestream auf universitärer Ebene profitierte besonders von Impulsen aus dem World Wide Web. Im Sinne eines Web 2.0 erlaubt das Livestreaming die Rekrutierung anderer auch internationaler „Assistenzlehrer*innen" (vgl. z.B. Dinero, 2009). So gelang eine im analogen Raum nur schwer umzusetzende Divergenz von Vorbildern und Tanzkulturen. Möglich und sinnvoll schien es in diesem Zusammenhang, die Lernenden selbst auf die Suche nach Videoclips von für sie relevanten Tanzkulturen zu schicken. Baustein tänzerischer Bildung war es in diesem Zusammenhang, den Blick für stilistische Besonderheiten zu schärfen und komplexe Abläufe auf kleine Bewegungsmotive zu reduzieren, die leicht nach- und umgestaltet werden konnten. Digitale Tanzbildung bot insgesamt einen pädagogischen Rahmen, um Haltungen und Positionen im Netz verbreiteter Videos auch kritisch zu reflektieren.

Lehrende nutzen auch eigene vorproduzierte Videotutorials im Livestream und richteten nicht gelistete Youtubekanäle ein, um diese für Lernenden zugänglich zu machen. Lernende konnten Youtubetutorials vor, während und nach Livestreams im eigenen Lerntempo abrufen. Für die Moderation von Nachgestaltung im Livestream engagierten Lehrpersonen auf diese Weise ein Double von sich selbst als Assistenzlehrer*in. Im Livestream waren sie entlastet, weil sie keine Bewegung präsentieren mussten und sich ganz auf die Wahrnehmung der Gruppe und verbal-kommunikative Hilfestellungen konzentrieren konnten. Tanzbildung wurde im Livestream also multimedial verdichtet. Intensivere, vielfältigere und individuellere Lernreize erfolgten in der gleichen Unterrichtszeit.

Naheliegend und umso effektiver für eine multimediale Verdichtung, theoretische Fundierung und letztlich Professionalisierung der universitären Tanzbildung über den Livestream war die konsequente Verschriftlichung der Unterrichtsgegenstände mit theoretischer Fundierung und Quellenangaben und die Präsentation dieser Grundlegungen über im Livestream abgespielte Power-Point-Präsentationen. Der COVID-19-bedingte Lockdown warf hier ein neues Licht auf das widersprüchliche Verhältnis zwischen Praxis und Theorie (vgl. Serwe-Pandrick, 2016). Zunächst losgelöst von dem Anspruch, ein gewisser Umfang an Bewegungsinput wäre für ein gewisses Niveau an tänzerischer Bildung unabdingbar, sondern eher getrieben von der Sorge, wie Tanzbildung online überhaupt denkbar sei, etablierten sich PowerPoint-Vorträge als gesetztes Inventar und Stütze von Livestreams.

Um die Aufmerksamkeit und den Kontakt zu Lernenden im Livestream auch in Theoriephasen zu halten, wurde regelmäßig auf die Poll-Funktion in Webex zurückgegriffen. Das sind online Befragungen mit geschlossenen und offenen Fragestellungen. Online-Befragungen in Polls wertet Webex direkt aus. Befragungsergebnisse können direkt im Meeting veröffentlicht und/oder gespeichert werden. Die Polls in Tanzkursen im Sommersemester 2020 wurden eingesetzt, um das Verständnis von gelesenen Texten und Sichtweisen auf gesehene Beispielvideos abzufragen und Kursevaluationen durchzuführen. Alle Mitglieder einer Lerngruppe konnten sich in den Polls regelmäßig über die Angemessenheit von Workload, wahrgenommener Relevanz von Unterrichtsthemen und technische Nöte äußern. In anschließenden Diskussionen konnten im Poll angerissene Problemstellungen aufgegriffen werden, die ohne dieses Tool sicher unberücksichtigt geblieben wären.

3. Digitale Tanzbildung nach COVID-19

Sowohl im universitären als auch im außeruniversitären Bereich wäre eine Fortführung praktischer Tanzkurse im Frühjahr 2020 ohne die technischen Möglichkeiten des Livestreams unmöglich gewesen. Der außeruniversitären digitalen Tanzbildung begegnen im Vergleich zum universitären Bereich dabei andere Nöte und Schwierigkeiten. Diese beginnen bei der Verfügbarkeit von Endgeräten, datensicheren Programmen und IT-Support und reichen bis zu Fragen von Verbindlichkeit und Entlohnung für erhöhten Vorbereitungs- und Werbeaufwand.

Insgesamt werfen die Erfahrungen aus der Krisenzeit mit der Übersetzung von synchronem Tanzunterricht in den virtuellen Raum ein neues Licht auf selbstverständliche Qualitäten analoger Settings[13]. Dazu gehört die ästhetische Resonanzerfahrung gemeinsamen Tanzens im dreidimensionalen Raum, mit bewegungstragender Musik und Möglichkeiten des leiblichen Kontakts. Tanzen im Livestream verändert Wahrnehmungsmodalitäten und Körperlichkeiten. In der Beschränkung auf die digitalen Möglichkeiten offenbaren sich gleichermaßen Chancen für individuell-konzentriertere Bewegungsexplorationen, eine bessere Verflechtung von Theorie und Praxis, eine noch konsequentere Kultivierung von Feedbackverfahren für eine formative Evaluation und nicht zuletzt für eine Öffnung gegenüber den Weiten des Worldwideweb mit seinen diversen Tanzkulturen.

So bleibt die Idee, Blended Learning mit Tools wie Polls, Videotutorials, Videosuchmaschinen und Zugriff auf Theoriebausteine nach der Krisenerfahrung zur Coronazeit weiter in Fernlern- und auch in Präsenzphasen zu verankern. Auch aus Sporthallen heraus könnten Student*innen dazu über ihre Smartphones auf das Internet zugreifen. Im Sinne eines Bezugs zur relevanten Lebenswelt von Student*innen, Kindern und Jugendlichen sind staatliche Bildungsreinrichtungen heute mehr denn je gefragt, zeitgemäße digitale Formate zu integrieren (vgl. Dittler, 2017) und sich auch inhaltlich auf digitale Tanzkulturen zu beziehen und diese zu reflektieren.

Neue digitale Bildungswege sind bisher in Teilen aus Sicht der Medienpädagogik und der kulturellen Bildung erforscht (siehe u.a. Hugger, 2014; Jörissen, 2016; KMK, 2016; Tillmann, 2014), jedoch fehlen explizite sport-

---

13 Digitale Medien eröffnen gleichermaßen Vermittlungsmöglichkeiten und legen neue Perspektiven auf bestehende Lehr-Lernpraxen und auch auf traditionelle Bildungsziele offen (vgl. Jörrisen & Unterberg, 2019/2017).

didaktische Ansichten zum Tanz. Auf der Basis der Erfahrungen während des COVID-19-bedingten Lockdowns liefert der vorliegende Beitrag einen Baustein zur sportdidaktischen Reflexion von Tanzunterricht im Zuge der Digitalisierung.

Literatur

Anfang, G. (2012). Handyclips – neue Wege der kreativen Filmarbeit. In J. Lauffer & R. Röllecke (Hrsg.), 7. *Chancen digitaler Medien für Kinder und Jugendliche: Medienpädagogische Konzepte und Perspektiven* (S. 48–52). München: kopaed.

Beljan, J. (2019). *Schule als Resonanzraum und Entfremdungszone. Eine neue Perspektive auf Bildung* (2., durchgesehene Auflage). Weinheim: Beltz Juventa.

Biermann, R. (2013). Medienkompetenz – Medienbildung – Medialer Habitus. Genese und Transformation des medialen Habitus vor dem Hintergrund von Medienkompetenz und Medienbildung. *Medialer Habitus, 51*(4), Zugriff am 24. Juli 2020 unter https://journals.univie.ac.at/index.php/mp/article/view/mi604

Boekman, A., Hegenscheidt, H., Huhn, U., Patrizi, L. & Schulze, F. (ohne Jahr). *Calypso*, Tanzzeit Berlin. Zugriff am 12. Dezember 2020 unter https://calypso.tanzzeit-berlin.de

Cabrera-Rivas, C. (1992). Erziehung zum Tanz oder Erziehung durch Tanzen? Gedanken über einen Weg zur Tanzpädagogik. In M. Klein (Hrsg.), *Jahrbuch Tanzforschung. Band 2* (S. 61–81). Wilhelmshaven: Noetzel Verlag.

Dinero, L. (2009). *Dance like John Travolta with the Online Session of Lele Dinero.* Zugriff am 21. August 2020 unter https://www.youtube.com/watch?v=C6RiRxeVJa4

Dittler, U. (2017). Die 4. Welle des E-Learning: Mobile, smarte und soziale Medien erobern den Alltag und verändern die Lernwelt. In U. Dittler (Hrsg.), *E-Learning 4.0*. Berlin, Boston: De Gruyter

Elias, T. (2011). 71. Universal Instructional Design Principles for Mobile Learning. *International Review of Research in Open and Distributed Learning* (Vol. 12.2), 144–156. Zugriff am 24. Juli 2020 unter https://id.erudit.org/iderudit/1067630ar

Fritsch, U. (1988). *Tanz, Bewegungskultur, Gesellschaft. Verluste und Chancen symbolisch-expressiven Bewegens* (1. Aufl.). Zugl.: Frankfurt (Main), Univ., Diss., 1987. Frankfurt am Main: Afra-Verl.

Gold, R. (1958). Roles in Sociological Field Observations. *Social Forces, 36,* 217–223.

Howahl, S., Büning, C. & Temme, D. (2020). Zur videogestützten Beobachtbarkeit von Gerichtetheit menschlicher Bewegung. Indikatoren für Sinnerleben und Teilhabe im Tanz. In M. Corsten, K. Hauenschild, M. Pierburg, B. Schmidt-Thieme, U. Schütte & D. Wolff (Hrsg.), *Qualitative Videoanalyse in Schule und Unterricht* (S. 93–110). Weinheim: Juventa Verlag ein Imprint der Julius Beltz GmbH & Co. KG.

Hugger, K.-U. (Hrsg.) (2014). *Digitale Kultur und Kommunikation: Vol. 2. Digitale Jugendkulturen* (2., erw. und aktual. Aufl.). Wiesbaden: Springer VS.

Jörissen, B. (2016). ‹Digitale Bildung› und die Genealogie digitaler Kultur: historiographische Skizzen. *Zeitschrift für Theorie und Praxis der Medienbildung, 25,* 26–40.

Jörissen, B. (2019). Medienbildung findet statt: mit oder ohne Pädagogik. In Rat für kulturelle Bildung (Hrsg.), *JUGEND / YOUTUBE /KULTURELLE BILDUNG.HORIZONT 2019. Studie: Eine repräsentative Studie unter 12- bis 19-Jährigen zur Nutzung kultureller Bildungsangebote an digitalen Kulturorten.* (S. 41–47). Zugriff am 3. Dezember unter: https://www.rat-kulturelle-bildung.de/fileadmin/user_upload/pdf/Studie_YouTube_Webversion_final.pdf

Jörissen, B., & Unterberg, L. (2019/2017). Digitale Kulturelle Bildung: Bildungstheoretische Gedanken zum Potenzial Kultureller Bildung in Zeiten der Digitalisierung. Zugriff auf: https://www.kubi-online.de/artikel/digitale-kulturelle-bildung-bildungstheoretische-gedanken-zum-potenzial-kultureller-bildung

Kemper, N. (2020). *Protokoll zum Fachaustausch Digitale Tanzvermittlung am Samstag, dem 15. August 2020 in Köln der LAG Tanz NRW.*

Kergel, D. (2020). Der Ansatz der Sozialraumorientierung im digitalen Wandel. In N. Kutscher, T. Ley, U. Seelmeyer, F. Siller, A. Tillman & I. Zorn (Hrsg.), *Handbuch Soziale Arbeit und Digitalisierung* (1. Aufl., S. 229–240).

KIT. (2020). *FORTNITE THE RENEGADE EMOTE (1 HOUR).* Zugriff am 06. Juli 2020 unter https://www.youtube.com/watch?v=opr7_PGHy4E

Medienpädagogischer Forschungsverbund Südwest. (2018). *JIM-Studie 2018. Jugend, Information, Medien.* Basisstudie zum Medienumgang 12-bis 19-jähriger.

PUSH Physical Theatre. (2020). *Theatre/Dance Training During COVID-19. (Chair Choreography).* Zugriff am 20. August 2020 unter https://www.youtube.com/watch?v=o3bu3jhdzEE

Rosa, H. (2019). *Resonanz. Eine Soziologie der Weltbeziehung* (suhrkamp taschenbuch wissenschaft, 2272, Erste Auflage). Berlin: Suhrkamp.

Rosa, H. & Endres, W. (2016). *Resonanzpädagogik. Wenn es im Klassenzimmer knistert* (1. Auflage). Weinheim: Beltz.

Serwe-Pandrick, E. (2016). Der Feind in meinem Fach? "Reflektierte Praxis" zwischen dem Anspruch des Machens und dem Aufstand des Denkens. *Zeitschrift für Sportpädagogische Forschung, 4* (Sonderheft), 15–30.

SKM Köln. (2020). *Tanzprojekt „Tanz dein Leben!". Tanzprojekt Tanzprojekt für Mädchen und Jungen von 10–18 Jahren unter Leitung von Derya Kaptan.* Zugriff am 30. September 2020 unter https://www.otvita.de/tanzprojekt/

Spahn, L., Leysner, M., Pürgstaller, E. & Rudi, H. (2019). Feedback everywhere?! Eine praxeologische Perspektivierung von Tanzvermittlungssituationen. In Y. Hardt & M. Stern (Hrsg.), *Körper – Feedback – Bildung. Modi und Konstellationen tänzerischer Wissens- und Vermittlungspraktiken* (S. 204–223). München: Kopaed.

Tillmann, A. (2014). Selfies.: Selbst- und Körpererkundungen Jugendlicher in einer entgrenzten Gesellschaft. In J. Lauffer & R. Röllecke *(Hrsg.), 9. Lieben, Liken, Spielen: Digitale Kommunikation und Selbstdarstellung Jugendlicher heute; medien-pädagogische Konzepte und Perspektiven* (S. 42–51). München: kopaed.

Zühlke, M., Rittershaus, D., Steinberg, C., Koch, A. & Jenett, F. (2019). *#digitanz -Computer als Akteure choreografischer Gestaltung im Kontext ästhetisch-kultureller Bildung.* Zugriff unter KULTURELLE BILDUNG ONLINE: https://www.kubi-o nline.de/artikel/digitanz-computer-akteure-choreografischer-gestaltung-kontext-a esthetisch-kultureller

„Jetzt, wo es weg ist, weiß ich, was fehlt." – Potentiale und Grenzen künstlerisch-pädagogischer Online-Praxislehre im universitären Kontext

Marco Grawunder, Simone Kieltyka, Helena Rudi

Zusammenfassung

In Zeiten von Kontaktbeschränkungen, aufgrund der Covid-19-Pandemie, gewinnen digitale Lernumgebungen und Lehrformate schlagartig an Relevanz. Universitäre Bildungseinrichtungen sehen sich mit der Notwendigkeit einer temporär ausschließlich digitalen Umsetzung ihres Curriculums konfrontiert. Neben Vorlesungen und Seminaren sind in der Sportwissenschaft auch praktische Kurse innerhalb kürzester Zeit an die Vorgaben der Landesrektorenkonferenzen sowie der beteiligten Ministerien anzupassen. Nahezu alle Sport- und Bewegungskurse stellt diese Maßgabe vor besondere Herausforderungen, so auch den an der Deutschen Sporthochschule Köln in allen BA Studiengängen vertretenen künstlerisch-pädagogischen Fachbereich. Der Beitrag gibt einen Einblick in die Vielfältigkeit der neuen Herausforderungen, denen sich Pädagog*innen hinsichtlich des Unterrichtsdesigns sowie der pädagogischen Interaktion in der Online-Praxislehre konfrontiert sehen. Er zeigt ein pädagogisches Handlungsspektrum auf: vom einfachen arbeitsökonomischen Transfer von Inhalten aus der Präsenzlehre in die Online-Umgebung bis zur Neuinterpretation des Lehrgegenstands, aufgrund der (Weiter-)Entwicklungspotentiale, die digitale Lernumgebungen ermöglichen. Ziel ist es, die künstlerisch-pädagogische Arbeit in ihrer (erzwungenen) Erweiterung um digitale Ressourcen zu beschreiben (RKB e.V., 2015) und hinsichtlich der Chancen und Grenzen dieser Weiterentwicklung zu prüfen. Ausgehend von ethnographischen Beobachtungen, Gesprächsprotokollen sowie Reflexionsgesprächen mit Studierenden sowie Mitarbeitenden sollen im Sinne einer qualitativen Inhaltsanalyse (Mayring, 2010) Handlungs- und Sinnzusammenhänge herausgearbeitet und ausgewertet werden. Ausgangspunkt der ethnologischen Datensammlung ist die universitäre Lehre in künstlerisch-pädagogischen Praxiskursen an der Deutschen Sporthochschule Köln im Sommersemester 2020.

Marco Grawunder, Simone Kieltyka, Helena Rudi

Summary

In times of contact restrictions due to the Covid 19 pandemic, digital learning environments and teaching formats are suddenly gaining relevance. University educational institutions are confronted with the necessity of a temporary digital-only implementation of their curriculum. In addition to lectures and seminars, practical courses in sports science have to be adjusted within a short time to the specifications of the regional rectors' conferences and the participating secretary. Almost all sport and movement courses are confronted with unique challenges, including the artistic-pedagogical field represented in all BA courses at the German Sport University. The article gives insight into the diversity of the new challenges teachers face in lesson design and pedagogical interaction in online practical teaching. It shows a pedagogical spectrum of action: from a simple labor-economical transfer of content from classroom teaching to an online environment to the reinterpretation of the subject matter due to the (further) development potential that digital learning environments allow. The aim is to describe the artistic-pedagogical work in its (forced) extension by digital resources (RKB e.V., 2015) and examine it concerning the chances and limits of this further development. Based on ethnographic observations, interview transcripts, and reflective conversations with students and staff, the aim is to work out and evaluate contexts of action and meaning through qualitative content analysis (Mayring, 2010). The ethnological data collection is based on the university teaching at the German Sport University Cologne in the summer term 2020.

Schlagworte: künstlerisch-pädagogisch, Vermittlung, Onlinelehre, Onlinepraxis, Chancen, Grenzen, Vertrauensaufbau, 360°-Modell, Verständnis von Unterricht

1. Einleitung

An der Deutschen Sporthochschule Köln (DSHS Köln) werden digitale Lehrinhalte im regulären Unterricht, sowohl in Seminaren als auch in Praxiskursen, der Idee eines Inverted Classrooms (Großkurth & Handke, 2016; Zeaiter & Handke, 2020) folgend, vorbereitend oder ergänzend eingesetzt. Genutzt werden die zur Verfügung stehenden Möglichkeiten allerdings sehr unterschiedlich. Das Spektrum reicht vom Versenden von Mitteilungen bis hin zur multimedialen Ergänzung der Präsenzlehre durch Videotutorials, Wikis und Chaträume. Mit Beginn der Einschränkungen durch die COVID-19-Pandemie zu Beginn des Sommersemesters 2020 änderte sich der Umgang mit digitaler Lehre grundlegend, da ein gemeinsamer Präsenzunterricht nicht mehr gestattet war. Für Lehrende in der Sport- und Bewegungspraxis der DSHS Köln eröffnete sich in der Ausgestaltung der Lernumgebung von Lehrveranstaltungen dadurch eine neue Dimension: Die Übersetzung und Aufbereitung der eigenen Lehrinhalte in ausschließlich digitale Formate. Dabei stellten sich folgende Fragen: Soll der Unterricht zur Kurszeit, also zeitsynchron stattfinden, oder werden die Inhalte bereitgestellt, um den Studierenden die Möglichkeit zu geben, sich die Inhalte asynchron und damit zeitlich individualisiert zu erarbeiten? Kann online eine praktische Umsetzung, bzw. ein praktischer Nachvollzug derjenigen Inhalte erfolgen, die gerade in bewegungsbezogenen Kontexten tragend sind? Ist Sport- und Bewegungspraxis überhaupt transferierbar? Und wenn ja, welche Modifikationen gehen damit (notwendigerweise) einher?

Für die Fächer *Bewegungstheater, Gestalten, Tanzen, Darstellen* sowie *Bewegung und Gestaltung* sahen sich die Autor*innen dieses Beitrags (gleichzeitig auch Lehrpersonen der DSHS Köln in diesen Kursen) vor neue Herausforderungen gestellt. Aus dieser Perspektive sollen die zu diesem Zeitpunkt wahrgenommene Unsicherheit und Skepsis betrachtet und reflektiert werden. Die Reflexion erfolgt hinsichtlich der Herausforderungen für das Unterrichten in künstlerisch-pädagogischen Online-Praxiskursen. Sie beschreibt die Lehrtätigkeit in ihrer Erweiterung um digitale Ressourcen hinsichtlich ihrer Chancen und Grenzen.

2. Kontextuelle Veränderungen in der Lehre

Das Gelingen kreativer Bewegungsvermittlung ist auf ein balanciertes Verhältnis einzelner, den Unterricht beeinflussender, Dimensionen zurückzuführen. Diese können die in das Unterrichtsgeschehen involvierten Personen (Lehrende und Lernende), den konkreten Unterrichtsinhalt sowie damit einhergehende Rahmenbedingungen (organisatorisch, technisch, methodisch, usw.) und Zielvorstellungen umfassen (vgl. Scherler, 2004). Körner und Staller (2020) rücken in ihrem Professionellen Coaching-Modell die Lehrperson differenziert in den Fokus. Die Anwendung des Modells auf künstlerisch-pädagogische Unterrichtsprozesse liegt nahe, denn in diesem Unterricht bestehen im besonderen Maße Möglichkeiten zur individuellen Ausgestaltung von methodischen Prozessen seitens der Lehrperson. Es ist das Einbringen der eigenen (bewegungs-)künstlerischen und pädagogischen Biographie, die bei gleichen Lernzielen zu sehr individuellen Unterrichtskonzepten und -praxen führen kann.

In der Betrachtung von Unterricht unterscheiden Körner und Staller (2020) sechs Dimensionen: Sie verweisen darauf, dass die Komplexität und Dynamik von Lehrsituationen neben der Zielgruppe (*Wer* wird unterrichtet?), dem Lerninhalt (*Was* wird unterrichtet?) und der Lehrmethode (*Wie* wird unterrichtet?) maßgeblich beeinflusst ist durch die Lehrperson. Diese steht im Zentrum des Modells mit ihren persönlichen Eigenschaften und Haltungen (*Selbstdimension*), ihrer Einschätzung der sozialen und organisatorischen Rahmung des Unterrichts (*Kontextdimension*) sowie dem eigenen Verständnis von Unterrichtsprozessen (*Praxisdimension*) (vgl. Abb. 1).

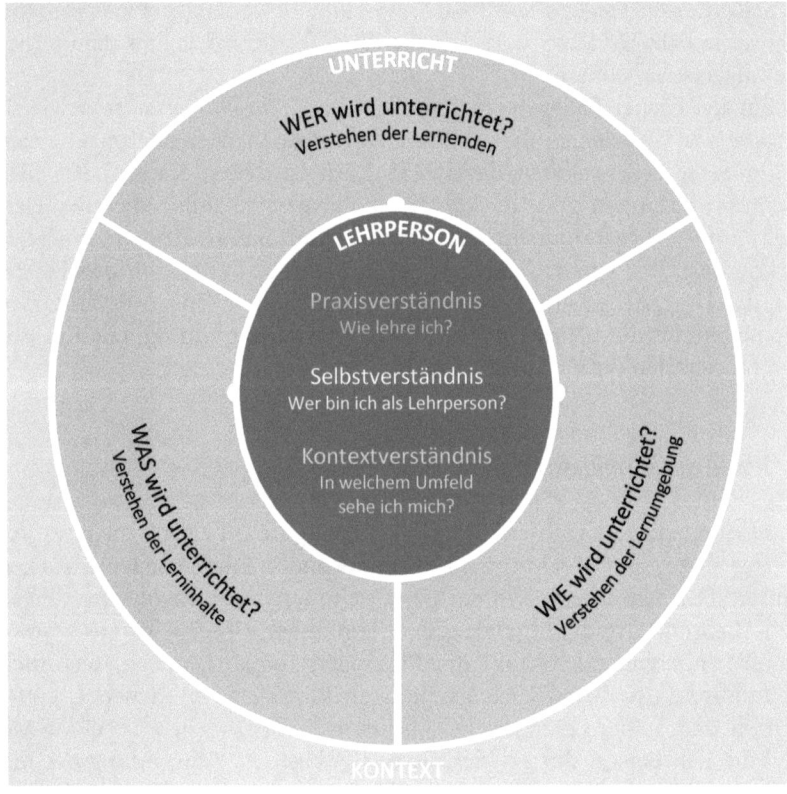

Abb. 1. 360°-Modell zum Verständnis von Unterricht (adapt. n. Körner & Staller 2020)

Durch die zeitweise Umwandlung auf ausschließlich Online-Praxislehre bedeuten die COVID-19-Maßnahmen zu Beginn des Sommersemesters 2020 einen massiven Einschnitt. Allen voran fehlt in der Online-Praxislehre der gemeinsame Bewegungsraum (*Kontextdimension*), in dem die Lehrperson mit den Lernenden und die Lernenden untereinander physisch interagieren können (*Praxisdimension*). Zudem sind die privaten räumlichen Gegebenheiten der Studierenden, in denen sie am Unterricht teilnehmen, individuell sehr unterschiedlich: Von großen Wohnzimmern und Gärten bis zu sehr kleinen Räumen mit weniger als fünf Quadratmetern Bewegungsfläche. Auch ändert sich die Position der Lehrkraft im Unterrichtsprozess signifikant (*Wie-Dimension*). Von einer in die Gruppe integrierten Position wandelt sich diese hin zu einer räumlich statischen Moderation auf einem Bildschirm, die je nach technischem Endgerät für die Studierenden sehr gut wahrnehmbar (Fernseher/großer Bildschirm) oder kaum erkennbar (Tablet-/Handybildschirm) ist. An die Lehrperson wird die Anforderung gestellt, sich mit den technischen Gegebenheiten auseinanderzusetzen, damit die Praxislehre auch adäquat innerhalb digitaler Formate (z.B. zeitsynchrone Online-Lehre) realisiert werden kann (*Praxisdimension*). Die übergreifenden Lernziele, wie sie in den Modulbeschreibungen festgelegt sind, sollten weiterhin Bestand haben. Methodische und inhaltliche Anpassungen werden seitens der Hochschulleitung allerdings gestattet. Die Zielgruppe bleibt im Grundsatz unverändert: Sportstudierende, Anfang bis Mitte 20, in der Regel mit wenigen bis keinen Erfahrungen im Umgang mit Bewegungsgestaltungsprozessen (*Wer-Dimension*). Allerdings bedeutet die Separierung an einzelne Bildschirme eine wesentliche Veränderung im Bezug zueinander. Während Gruppen beim gemeinsam verorteten kreativen Arbeiten die Erlebnisse im Unterricht teilen sind die Möglichkeiten zu Interaktion und gegenseitiger Teilhabe und Reflexion in der Online-Praxislehre deutlich reduziert und an technische Mittel gebunden.

3. Methodik

Unterrichtsvorbereitend ergaben sich zu Beginn des Sommersemesters zwei grundlegende Fragen für den Übertrag der Präsenz- in die Online-Praxislehre: Welche Folgen hat der Wechsel in die Online-Umgebung für den Unterricht in bewegungsgestalterischen Kontexten? Welche Chancen und Grenzen erwachsen aus dieser kontextuellen Veränderung?

Kern der Datenerhebung sind ausgewählte künstlerisch-pädagogische Lehrveranstaltungen (*N* = 7) innerhalb der BA- und BEd-Studiengänge der DSHS Köln im Sommersemester 2020 mit Schwerpunkten in Bewegen und Gestalten, Tanz und/oder Bewegungstheater. Die Studierenden sind überwiegend im Alter von 20 bis 25 Jahre und mit keinen bis wenig Erfahrung in kreativer Bewegungsgestaltung. Durchgeführt wurden die Kurse von den Autor*innen, im Zeitraum vom 20. April bis 31. Mai 2020 in ausschließlich digitaler Form sowie vom 01. Juni bis zum 19. Juli 2020 ergänzt durch Präsenzlehre unter Einhaltung der jeweils gültigen Hygieneverordnung. In diesem Zeitraum erfolgte die Datenerhebung einem ethnographischen Ansatz folgend (Breidenstein, Hirschauer, Kalthoff & Nieswand, 2015) über teilnehmende Beobachtungen, überwiegend retrospektiv anhand von Feldnotizen, Memos und Gesprächsprotokollen der Lehrpersonen. Außerdem wurden Gesprächsprotokolle zwischen Studierenden und Lehrenden sowie die Beantwortung eines Fragebogens ($N = 121$) herangezogen. Die Analyse des Datensatzes erfolgte mithilfe der qualitativen Inhaltsanalyse nach Mayring (2010).

4. *Ergebnisdarstellung und Diskussion*

Zu Beginn des Sommersemesters wurden in einem Fragebogen Erwartungen, Wünsche sowie Befürchtungen der Studierenden im Bezug zum anstehenden Kurs schriftlich erfragt. Dies zielte zum einen darauf ab, die Erwartungen sowie die grundlegende Haltung zum Bewegungsfeld zu eruieren, um das *Wer* kennenzulernen. Zum anderen initiierte der Fragebogen einen Vertrauensbildungsprozess und gab den Studierenden eine erste Idee, *wie* persönlich der Umgang miteinander im Unterricht realisiert werden soll.

Die Teilnehmenden äußern sich vielfältig: Von einer persönlichen Weiterentwicklung und dem Wunsch in diesem Bewegungsfeld viel ausprobieren zu können (u. a. TN12), über die Annäherung an Tanz sowie Bewegungstheater: „Ich möchte Vertrauen in diese Art des Unterrichts gewinnen" (TN26), bis hin zu konkreten Vorstellungen der Anwendbarkeit im sportunterrichtlichen Kontext, „[welche] nicht so sein soll, wie in meiner Schulzeit" (TN86). Die Teilnehmenden formulieren weiterhin den Wunsch „echte Erfahrungen [zu] sammeln" (TN35), „trotz Corona [zu] tanzen" (TN54) und „viele, auch neue, Facetten kennenzulernen" (TN12).

Die formulierten Befürchtungen zielen, in diesem wie in den vorangegangenen Semestern, auf das eigene Können in Bezug auf die Prüfungsleistung sowie das Sich-Erleben in peinlichen Situationen ab. Darüber hinaus thematisiert die Mehrheit der befragten Studierenden konkrete Bedenken zur Online-Lehre in einem praktischen Kurs. Sie verweisen z. B. auf die „Furcht vor einer endlos ermüdenden Zeit am Bildschirm" (TN70), auf potentielle „Schwierigkeiten durch fehlende spürbare Praxis" (TN18) oder „keine gemeinsamen Erfahrungen" (TN8). Weiterhin sei „durch Online-Lehre kein Schulbezug möglich" (TN17). Auch werden vielfach Bedenken bezüglich einer Soloperformance oder dem „zuhause alleine rumtanzen zu müssen" (TN72) geäußert. Auf inhaltlicher Ebene unterscheidet sich der Erwartungshorizont der Studierenden kaum von den Wünschen und Erwartungen der Studierenden im regulären Semesterbetrieb. Wie vorangehend beschrieben, zeigen sie sich darüber hinaus aufmerksam und kritisch hinsichtlich der Bewertung des erwarteten Unterrichtsprozesses in seinen verschiedenen Dimensionen (Körner & Staller, 2020). Ebenso divers, wie die genannten Erwartungen, Wünsche und Befürchtungen zu Semesterbeginn, ist die eigene Verortung der Studierenden im Verlauf des durchgeführten Online-Praxisunterrichts. Die Eindrücke reichen von: „Hier fühle ich mich endlich frei, nicht so wie in der Halle" (TN3, B6), bis hin zum vermissten gemeinsamen Erlebnis: „Jetzt, wo es [das gemeinsame Erlebnis] weg ist, weiß ich, was fehlt" (TN50, B17). Trotz der formulierten Zweifel begrüßen es die Studierenden, auch die Praxis ausprobieren zu können (u. a. TN12, B1).

Neben einer technischen Umsetzung bestand die Aufgabe der Lehrpersonen daher zusätzlich darin, einen Übertrag der Praxis von echter körperlicher Begegnung in eine digitale Auseinandersetzung zu überführen. Die Beobachtung, dass „alle Routinen aus der Praxis […] plötzlich unbrauchbar [scheinen]. Jedes Spiel, jede Übung muss neu durchdacht werden" (LP2, P4), bezieht sich sowohl auf die organisatorische Umsetzung als auch auf die motivierende Wirkung des Unterrichtssettings. Dabei war von Beginn an klar, dass es ausreichend Ideen und Gestaltungspotentiale gibt, um die Stunden inhaltlich zu füllen, aber die Perspektive, vorwiegend „die Studis allein improvisieren lassen zu müssen, macht[e] mir Kopfschmerzen" (LP1, P4). Und „solo neben anderen Solisten ist ja nicht wirklich allein, aber allein im Zimmer? Das ist wirklich allein" (LP2, P4).

So zeigt sich, dass die Betrachtung der Chancen und Grenzen immer wieder zwei Ebenen tangieren: Die Praxisdimension, die die Durchführung der Online-Praxislehre abbildet, und die Beziehungsebene zwischen den Beteiligten. Zum einen wird innerhalb der Praxisdimension ein Spannungsfeld von Vorzügen des digitalen Arbeitens und deren Einbußen deutlich. Zum anderen zeigt sich eine Beziehungsebene, die zwischen den einzelnen Dimensionen die Zielgruppe (das *Wer*) mit der Lehrperson (die *Selbst-* sowie die *Praxisdimension* ansprechend) und der Lehrmethode (das *Wie*) verbindet. Im Folgenden werden beide Dimensionen im Einzelnen ausdifferenziert und diskutiert.

4.1 „Und es ist nur ein Klick" – Chancen und Grenzen digitaler Kommunikation

Das Anpassen der Unterrichtsinhalte auf verschiedenen Ebenen, wie an eine Zielgruppe (*Wer*) oder eine curriculare Rahmung (*Was/Wie*), ist für Lehrende in der Regel üblich. Die Herausforderungen in der Anpassung an eine ausschließliche Online-Praxislehre sind hingegen außergewöhnlich. Sie zeigen sich insbesondere im technischen Handling sowie der Passung von Inhalt und virtueller Unterrichtsumgebung. Die Universität als öffentliche Einrichtung gibt vor, welche digitalen Arbeits-Tools verwendet werden dürfen und setzt damit auch indirekt eine Norm hinsichtlich der minimal notwendigen Kenntnisse und Fähigkeiten im Umgang mit diesen Tools. Sofern diese Fähigkeiten nicht vorhanden waren, mussten sie sich vor Beginn der Vorlesungszeit (kurzfristig) angeeignet und im Verlauf des Semesters weiter vertieft werden. Erst nachdem sich ein Überblick über die Funktionen und Möglichkeiten verschafft wurde, konnte die konzeptionelle Planung weiter vorangebracht werden, was einen deutlich erhöhten Zeitaufwand mit sich brachte: „Ich sitze da heute Nacht dran, morgen früh können wir darüber reden, dann habe ich es verstanden" (LP1, P4). Im Wechselspiel von Umsetzungsideen und den technischen Möglichkeiten der Realisation, arbeiten sich die Lehrpersonen durch die ersten Semesterwochen: „Die Folien für nächste Woche sind online, lass uns über die Praxis reden." (LP2, P16).

Der universitäre Unterricht kreativer Bewegungsvermittlung ist neben der Bewegungspraxis gekennzeichnet durch ein bedarfsgerechtes Einbinden von theoretischen Modellen und theoriegeleiteten Handlungsempfehlungen. Die (erzwungene) Online-Praxislehre sorgt dafür, dass praxisflankierende Unterrichtsmaterialen digitalisiert, aber auch neu geschaffen werden müssen. Alte Präsentationen werden auf Aktualisierungsmöglichkeiten geprüft und weitere Vermittlungsformate in die Lehre integriert. Die Feststellung: „Und es ist nur ein Klick zum passenden Schaubild" (LP1, P24) zeigt, dass das Prinzip der flexiblen Einbindung ergänzender Unterrichtsmaterialien sich in die Online-Praxislehre transferieren lässt. Mehr noch: „Ich versuche sowieso immer, alles möglicherweise Relevante für eine Praxiseinheit dabei zu haben und die Fachtheorie dort einzusetzen, wo durch das praktische Tun eine Frage oder ein Bedürfnis nach Klärung besteht" (LP1, P24). Die Studierenden honorieren diese „Hochglanzverpackung" (LP2, P50) durch eine gesteigerte Akzeptanz zur digitalen Bearbeitung fachbezogenen Materials, so auch zur (freiwilligen) Rezeption von fachbezogenem zusätzlichem Videomaterial. Diese Rezeptionserfahrungen wiederum zeigen verschiedene Facetten der Bewegungskünste und „machen dadurch die Studierenden mit dem Bewegungsfeld vertraut" (LP2, P16), was die Bewegungsfindung erleichtern kann.

Für die Arbeit mit Bewegung ist der Umgang mit Videokonferenz-Software ein grundsätzliches Problem, da diese in der Regel für klassische, auf verbalen Austausch ausgerichtete Konferenzen und Sitzungen, nicht aber für eine interaktive Bewegungspraxis konzipiert ist. Selbst bei guter Datenübertragungsrate aller Beteiligten entstehen Latenzen in der Darstellung von Bild und Ton, wodurch sich ein Dilemma für die Präsentation studentischer Gestaltungsergebnisse eröffnet. Denn neben der Bewegung gibt es nun einen zweiten, die Qualität der Präsentation beeinflussenden Parameter: „Ich will ja eigentlich nicht alleine präsentieren, aber wenn wir mit mehreren gemeinsam zeigen, was wir gemacht haben, stimmt bei fast allen die Musik nicht" (TN2, B29). Präsentationsformen aus dem regulären Unterricht (Howahl, 2018) lassen sich hier nicht übertragen, dafür werden neue Formen erprobt und geprüft: „Wir testen das jetzt mal gemeinsam. Oder hat da jemand noch eine bessere Idee, wie wir das machen sollten?" (LP1, B22). Es besteht die Chance, den Studierenden die Gelegenheit zu geben, sich mit ihren Vorschlägen und Ideen an der digitalen Umsetzung des Unterrichts zu beteiligen. In ihrer Kompetenz angesprochen können sie unterrichtsgestaltend wirken. Die dadurch entstehende Annäherung von Lehrperson und Studierenden hat im Falle der Mitwirkung einen motivierenden Charakter, allein das Angebot kann zur Vertrauensbildung beitragen (siehe Tab.1).

Neben der Übertragungsgeschwindigkeit sind auch Bildgröße und -qualität der Teilnehmenden von Belang. Denn guter Bewegungsgestaltungsunterricht ist ein Dialog und für diesen muss die Lehrperson sehen, wie die Gruppe sich bewegt. Der Idee eines echten, weil teilweise spontanen, kreativen Prozesses folgend, nimmt die Lehrperson Impulse aus der Gruppe für den weiteren Prozess auf und gibt diese in Form von Anpassungen der bestehenden Aufgabe oder der Formulierung neuer Aufgabenstellungen zurück. Was in der Halle eine Gruppe sich bewegender Menschen ist, erscheint digital auf einem „polaroidgroßen zweidimensionalen Fenster, in dem sich die Studierenden bewegen. Wahrscheinlich bewegen sie sich besser als ich wahrnehmen kann" (LP1, P10). Die Interaktion bleibt außerdem durch die visuelle Monoperspektivität der Lehrperson stark begrenzt. Das „wertvolle Instrument, einzelne Aktionen zu highlighten" (LP2, P10), um gelungene Bewegungsfindung oder gute Impulse mit der Gruppe zu teilen, ist nur bedingt umsetzbar. Der Unterricht kann zu einer kommunikativen Einbahnstraße werden, wodurch „die Gefahr [besteht], dass so etwas wie ein Konsumgedanke aufkommt und die Studierenden einfach nur fressen, was ich ihnen serviere" (LP1, P26).

Es bleibt festzuhalten, dass grundsätzlich Möglichkeiten und Wege bestehen, das Thema Bewegungsgestaltung online zu lehren. Durch das „technische Nadelöhr, durch das alles durch muss" (LP2, P9), fällt der Lehrperson die (neue) Verantwortung zu, die digitalen Tools zu bedienen, ohne die Aufmerksamkeit von den Studierenden und deren Ergebnissen abzuwenden. Dies kann gerade zu Beginn von Online-Praxislehre zu einer Unsicherheit seitens der Lehrkraft führen. Die vorliegenden Daten lassen vermuten, dass folgende Parameter den Grad dieser Unsicherheit beeinflussen:

1) Je weniger technisches Verständnis und Erfahrung im Umgang mit dem Medium Computer und dessen Software vorhanden ist, desto größer ist die Unsicherheit beim Wechsel in die Online-Praxislehre.
2) Je bewusster die künstlerisch-pädagogische Arbeit darauf ausgerichtet ist, möglichst alle Teilnehmenden zu inspirieren und dadurch niemanden auszuschließen, desto mehr fällt der Wechsel in die Online-Praxislehre ins Gewicht.

Dieser Wechsel bewirkt ein Herausgerissen-Werden aus den bekannten vertrauensbildenden Aktionen und Mechaniken. „Der Kontakt zu den Studierenden verläuft zäher und das Menschliche scheint auf der Strecke zu bleiben" (LP2, P12). Diese Wahrnehmung ist in den kontextuellen Veränderungen begründet und braucht eine tiefergehende Betrachtung der Beziehungsstrukturen und deren Relevanz für kreative Prozesse in der Bewegungsgestaltung (siehe 4.2).

4.2 „Es ist nur etwas Anderes" – Vertrauensstrukturen verhandeln

Von Seiten der Lehrpersonen wird erwartet, dass die Studierenden aufmerksam und neugierig dem Lehrangebot gegenüberstehen, dass sie sich innerhalb der gestellten Bewegungsaufgaben neu ausprobieren und sich bestenfalls auch trauen, sich „außerhalb ihrer Komfortzone [zu] bewegen. Aber im Falle der Online-Praxislehre befinden wir uns in der komfortabelsten ihrer Zonen: im privaten Raum" (LP1, M17). Die Studierenden erfahren ein Eindringen des universitären Unterrichts in ihren privaten Raum, ihren möglicherweise notwendigen Rückzugsraum, ein Ort zum Durchatmen und sich sammeln. Die Anforderungen, die nun an diesen Raum gestellt werden, sind grundlegend andere: Der private Raum wird, durch äußere Faktoren bestimmt, zum öffentlichen Arbeitsraum umdefiniert und somit ein Stück weit „enteignet" (LP2, B4). Die folgende, nach Wochen der Online-Praxislehre getätigte Aussage einer Lehrperson zeigt eine Schieflage in der eigenen Wahrnehmung der Studierenden: „Ich weiß bei einigen Studierenden, wie es in ihrer privaten Küche oder ihrem WG-Zimmer aussieht, aber auf dem Campus erkenne ich sie nicht" (LP1, P30).

Aus dieser Diskrepanz erwächst eine erste Problematik in der Beziehungsstruktur innerhalb kreativer Prozesse in der Bewegungsgestaltung: In dieser privaten Raumsituation besteht, anders als beim Unterricht in der Halle, für die Studierenden kein dringender Bedarf am Beziehungsaufbau zur Lehrperson. Denn im heimischen Zimmer ist eine maximale Wohlfühlatmosphäre auch ohne Verbindung zu anderen möglich. Um in der Halle einen, für den Gestaltungskontext notwendigen, *geschützten Raum* zu erzeugen, in dem sich die Studierenden wohl fühlen (u. a. Klinge, 2015), ist das Vertrauen zur Lehrperson ein entscheidender Faktor und sollte im Unterrichtsgeschehen frühestmöglich aufgebaut werden. In der Online-Lehre muss die Lehrperson allerdings sehr viel Überzeugungsarbeit für eine proaktive Teilnahme am Unterricht leisten: „Ich brauche viel Energie, um den Funken durchs Kabel zu jagen" (LP1, P4). Außerhalb der eigenen vier Wände können sich Studierende trotz einer weniger vertrauten Raumsituation ungehemmter auf Unbekanntes einlassen und kreative Aufgaben, mithilfe vertrauensbildender Maßnahmen, einfacher initiiert werden. Die Identifikation eines *Wir* spielt dabei eine tragende Rolle und kann sich durch gegenseitige Teilhabe am Gestaltungsprozess sowie durch Interaktionen der Teilnehmenden manifestieren. Sie trägt damit maßgeblich zum Gelingen von Improvisations- und Kompositionsprozessen bei und konnte im beobachteten Semester nur sehr reduziert wahrgenommen werden.

Die Studierenden „probieren [zwar] Möglichkeiten des Beziehungsaufbaus aus, die Technik schafft es aber immer wieder, ihnen den Wind aus den Segeln zu nehmen" (LP1, M11). Trotz der digitalen Einschränkungen ist zu beobachten, dass es ein aktives Streben nach Interaktion und Kontakt der Studierenden untereinander gibt. Dies zeigt sich vor allem in den individuellen Reaktionen auf formulierte Aufgabenstellungen sowie der Würdigung präsentierter Gestaltungsergebnisse durch digitalen Applausersatz. Auch hier ist der Unterschied zur Präsenzlehre deutlich wahrnehmbar: „Es fehlt das Sich-verwundert-Umschauen, wenn eine unkonventionelle Aufgabe gestellt wurde, um sich in der Unsicherheit miteinander als Gruppe zu solidarisieren. Ebenso entfällt das euphorisierte Abklatschen, wenn eine Präsentation gut gelaufen ist. All diese vertrauensbildenden Prozesse zwischen den Teilnehmenden finden nicht statt" (LP1, P37). Das gemeinsame Entdecken des Bewegungsfeldes als *Wir* ist von entscheidender Bedeutung für die Einbindung der Teilnehmenden – insbesondere derjenigen, die der Bewegungsgestaltung noch skeptisch gegenüberstehen.

Aufbauend auf einem vertrauten Miteinander kann intensiv an der Qualität der Bewegungsfindung gearbeitet werden.

„Das Vertrauen der Studierenden [wird] online auf andere Weise gebildet: Ich zeige ganz offen, dass ich mich auf der Suche nach angemessenen digitalen Aufgabenstellungen befinde. Diese Transparenz wurde bislang immer wertschätzend wahrgenommen und indirekt an mich zurückgegeben: Durch ihr aktives Mitmachen und dadurch, dass sie, Umwege und Hindernisse in Kauf nehmen" (LP2, P42). So ähnlen Lehrende und Teilnehmende sich hinsichtlich ihrer Funktion als Suchende. Die einen suchen Aufgabenstellungen, die anderen die Bewegungsantworten darauf. Trotz unterschiedlicher Funktionen im Unterrichtsprozess entsteht diesbezüglich eine Art Zusammenarbeit auf Augenhöhe, „in der Hoffnung, sie [die Studierenden, Anm. d. Red.] doch noch über den eigenen Tellerrand hinaus zu ziehen" (LP1, P30).

Durch die räumliche Trennung von Lehrenden und Studierenden in der Online-Praxislehre ändern sich maßgeblich die vertrauensbildenden Prozesse. In diesem Licht betrachtet, erfährt der von den Studierenden formulierte und im Verlauf des Kurses von allen Beteiligten oft wiederholte Satz: „Man lernt online etwas. Es ist nur etwas Anderes" eine neue Bedeutungsebene: Er bezieht sich nicht primär auf das Fachliche, sondern beschreibt das unbewusst wahrgenommene Fehlen der Vertrauensstrukturen, die im direkten Kontakt entstünden, online aber auf anderem Weg hergestellt werden müssen.

Die Vertrauensdimensionen lassen sich differenzieren in Vertrauen untereinander sowie dem Vertrautmachen mit Unbekanntem. Tabelle eins zeigt eine Übersicht der im Rahmen der Datenerhebung erfassten Dimensionen sowie eine Beschreibung für künstlerisch-pädagogische Unterrichtsprozesse. Ein Kommentar zur Anpassung an die Online-Praxislehre konnte aus den Daten abgeleitet werden. Dieser beschreibt die Reaktion und die intuitiv vorgenommenen Maßnahmen der Lehrpersonen auf die kontextuellen Veränderungen und damit einhergehenden Schwierigkeiten. Die Tabelle zeigt, dass das Vertrauen sowie die Vertrautmachung auch online obligatorisch sind, lediglich die vertrauensbildenden Prozesse sind andere. Es besteht demnach nicht die Frage, *ob* Vertrauen gebildet wird, sondern vielmehr die Frage nach dem *wie genau.*

Tab.1. *Vertrauensdimensionen im Unterrichtsverlauf kreativer Bewegungsgestaltung.*

Dimension	Beschreibung	Kommentar zur Umsetzung in der Online-Praxislehre seitens der Lehrperson
Die Studierenden vertrauen der Lehrperson	Dies ist die Grundlage für ein späteres Sich-Einlassen auf die kreativen Prozesse. Seitens der Studierenden wird auf kreativer Ebene eine Kommunikation auf Augenhöhe hergestellt, auf fachlicher Ebene kann eine Expertise festgestellt werden.	Wichtig ist eine offene Kommunikation, z.B. über mögliche Hindernisse in der technischen Umsetzung sowie formuliertes ehrliches Interesse der Lehrperson über die kreativen Ergebnisse hinaus (z.B. an der aktuellen Situation, der Meinung, Ängste und Wünsche der Beteiligten etc.).
Die Lehrperson vertraut Studierenden	Dies ist die Grundlage für ein vertrauensvolles Reduzieren der Kontrolle über die Ergebnisse in kreativen Prozessen und einem *Unterrichten am offenen Herzen*, in dem echte Neugier und ein Annehmen der Impulse aus der Gruppe den Prozess bestimmen (Tiedt, 1999).	Das (Mit-)Teilen von Unsicherheiten („gemeinschaftlich erlebte Ratlosigkeit“, LP2, P12) bezüglich des Prozesses zeigt das Verständnis und die Bereitschaft, sich als Gruppe gemeinsam auf das neue Abenteuer Online-Praxislehre einzulassen.
Die Studierenden vertrauen sich untereinander	Dies reduziert die Angst vor sozialen Vergleichen mit assoziierten negativen Folgen. Es entsteht ein Miteinander-Ausprobieren und ein Gruppengefühl (Wir).	Erwartungen, Wünsche und Befürchtungen formulieren lassen. Dies ermöglicht die verbindende Wahrnehmung, dass es der anderen, dem oder den anderen genauso oder ähnlich geht (Kompliz*innen finden). Es empfiehlt sich, Partner*innenarbeit zu nutzen, z. B. durch einen (zugewiesenen) Study Buddy, mit dem*der sich ausgetauscht werden kann.

Dimension	Beschreibung	Kommentar zur Umsetzung in der Online-Praxislehre seitens der Lehrperson
Vertrautmachen mit dem Gegenstand Tanz/ Bewegungstheater allgemein und dem konkreten Unterrichtsthema	Die Verortung der eigenen Person im Bewegungsfeld geschieht im Verlauf der ersten Einheiten. Ziel ist, dass die Wahrnehmung: „Das ist neu für mich" nicht automatisch mit: „Das ist mir unangenehm" verknüpft wird. So kann eine Kultur des Ausprobierens entstehen. Themen, die die Lebenswelt der Studierenden tangieren, erleichtern diesen Prozess.	Der fehlende Einstieg über Warm-Ups kann über eine intensive Auseinandersetzung mit Videomaterial und Literatur zum Thema nicht ersetzt, aber teilweise kompensiert werden. Es empfiehlt sich über zunächst sehr niederschwellige Aufgabenstellung, die Studierenden zum Ausprobieren zu motivieren (unterschiedliche Sitzpositionen vor dem Rechner einnehmen, eine Ich-putze-die-Kamera-Choreographie, etc.).
Vertrautmachen mit räumlichen Gegebenheiten	Zum einen ist wichtig, dass die räumlichen Gegebenheiten als angenehm empfunden werden (Größe, Temperatur, Boden). Zum anderen ist es hilfreich, sich innerhalb des Raumes unbeobachtet zu fühlen. Es gilt, einen *geschützten Raum* zu schaffen, der mit bewegungskünstlerischer Auseinandersetzung assoziiert wird, was in folgenden Einheiten zum erleichterten Stundeneinstieg führen kann.	Die individuellen Räume, in denen Online-Präsenzunterricht stattfindet, sind überwiegend private Räume der Studierenden, wodurch die Gefahr besteht, dass sie dort auch privat agieren. Und auch wenn private Räume eine Sicherheit geben, so ist dies in den wenigsten Fällen eine Sicherheit, die zur Exploration von Bewegung einlädt, sondern vielmehr eine Sicherheit, die den Abstand der Studierenden zur Lehrperson und ggf. zum Gegenstand betont. Das beobachtende Kameraauge erschwert zusätzlich die ungehemmte künstlerische Auseinandersetzung mit einem Thema.

Dimension	Beschreibung	Kommentar zur Umsetzung in der Online-Praxislehre seitens der Lehrperson
Vertrauensaufbau aller Beteiligten in schon bestehende eigene Fähigkeiten und Fertigkeiten (Lehrende)	Studierende: Die Grundannahme für kreative Bewegungsgestaltung ist: Jede*r hat die Voraussetzungen, um etwas zum kreativen Prozess beitragen zu können. Die Teilnehmenden schöpfen aus ihrer individuellen Bewegungserfahrung sowie ihren kreativen und assoziativen Fähigkeiten. Dazu können sie auf ihre kommunikativen und sozialen Erfahrungen zurückgreifen, um am kreativen Prozess teilzunehmen. Dies explizit zu kommunizieren sowie implizit zu vermitteln ist Aufgabe der Lehrperson.	Während in der Präsenzlehre Aufgaben in Paaren oder Kleingruppen dafür sorgen, dass gemeinsam das Vertrauen in die individuellen Fähig- und Fertigkeiten wächst, ist dieser Schritt für Studierende in der Online-Praxislehre komplizierter aufgrund folgender Gegebenheiten: Sie befinden sich a) isoliert b) am Bildschirm c) im privaten Umfeld und sind daher beim Abbauen der Berührungsängste mit dem Thema und der eventuell empfundenen Unbeholfenheit zum Großteil auf sich allein gestellt. Die Lehrkraft kann dabei aufgrund fehlender physischer Präsenz nicht im gleichem Maße unterstützen. Allerdings können auch hier Partner*innenarbeit oder das Study-Buddy-System helfen.

195

Dimension	Beschreibung	Kommentar zur Umsetzung in der Online-Praxislehre seitens der Lehrperson
Vertrauensaufbau aller Beteiligten in schon bestehende eigene Fähigkeiten und Fertigkeiten (Studierende)	Lehrende: Die Lehrperson schöpft das Vertrauen, dass der Unterricht gelingt, zum einen aus der Übersicht und Sicherheit, die sie aus ihrer Unterrichtsvorbereitung gewinnt, zum anderen aus der pädagogischen Freiheit, Anpassungen im Plan jederzeit vornehmen zu können.	Die Online-Praxislehre im Sommersemester 2020 ist für Lehrende eine neuartige Situation, so dass neben dem Planen der Semesterinhalte und Methoden auch zusätzlich immer noch die digitale Umsetzung und Übertragung des Unterrichts geplant werden muss. Diesbezüglich fehlen Routinen, die bestehenden Fertigkeiten im technischen Handling sind eventuell noch unsicher. Dies kann zunächst noch viel Zeit in Anspruch nehmen, auf Kosten der geplanten Inhaltsvermittlung. Die fehlende Erfahrung im Stellen von Aufgaben für Online-Settings kommt erschwerend hinzu: gestellte Aufgaben müssen häufiger angepasst und überdacht werden. Dies kann das Vertrauen der Lehrperson in ihre eigenen Fähig- und Fertigkeiten mindern, selbst wenn sie sich im Präsenzunterricht inhaltlich und pädagogisch vertraut.

5. Fazit

Die Bewegungsgestaltung in der Online-Praxislehre bleibt trotz Anpassungen auf eine Interaktion von Menschen hinter zwei Bildschirmen begrenzt. Es ist zwar möglich, kreative Prozesse zu initiieren, jedoch bleibt der Mensch (*Wer*) zweidimensional. Es fehlt eine dritte Dimension, die den Raum öffnet für körperliche Interaktion und ein gemeinsames Erleben. Dieses ist gerade in gestalterischen Bewegungsfeldern der Nährboden für eine mehrdimensionale Vertrauensbildung, die ihrerseits die kreativen Prozesse durchdringt und intensiviert.

Was die Faszie für den Muskel ist, das scheinen die verschiedenen Vertrauensgeflechte für den künstlerisch-pädagogischen Unterricht mit Anfänger*innen zu sein. Ein plastisches Bindegewebe, das die anderen Strukturen in ihrer Arbeit unterstützt und eine Leistung derer erst ermöglicht. Und ebenso, wie die Betrachtung der Faszien viele Jahre aufgrund von „scheinbar ungeordneter Präsenz" (Klinger & Schleip, 2015) vernachlässigt wurde, so sind auch die scheinbar nebenbei laufenden Vertrauensbildungsprozesse immer wahr-, aber wenig unter die Lupe genommen worden. Dennoch zeigen die Analysen auch zwei große Chancen, die sich durch den Wechsel zur Online-Praxislehre für das Feld der Bewegungsgestaltung ergeben:

1) Der Wechsel in das digitale Medium kann zu einer Pointierung der digital aufbereiteten Unterrichtsmaterialien und einer Erweiterung der Vermittlungsformate führen.
2) Die Online-Praxislehre schafft eine Notwendigkeit, sich die eigenen intuitiven vertrauensbildenden Maßnahmen zum Gelingen kreativer Bewegungsgestaltung bewusst zu machen, um eben diese Prozesse erfolgreich(er) in die Online-Umgebung zu transferieren (vgl. Tab. 1).

In beiden Fällen zeigt sich allerdings nur ein temporärer Mehrwert reiner Online-Praxislehre. Die oben angesprochene Erweiterung der künstlerisch-pädagogischen Fähigkeiten und Fertigkeiten der Lehrpersonen vergrößern zwar das Handlungsrepertoire (*Was*), der Grund für diese Erweiterung bleibt aber der Umstand, dass die echte, räumlich vielfältige und sozial vielgestaltige Interaktion fehlt und diese kompensiert werden muss (*Wie*).

Die digitale Lehre eröffnet viele neue Möglichkeiten Unterricht zu gestalten. Die volle Kraft entfaltet sich aber erst im Hybrid von Präsenz- und Onlinelehre. So bekämen die Teilnehmenden das Beste aus beiden Welten: eine dauerhafte kontextuelle und damit einhergehende methodische Erweiterung und echte gemeinsame Erlebnisse als Motor für vertrautes kreatives Arbeiten im *geschützten Raum*.

Marco Grawunder, Simone Kieltyka, Helena Rudi

Literatur

Breidenstein, G., Hirschauer, S., Kalthoff, H. & Nieswand, B. (2015). *Ethnografie. Die Praxis der Feldforschung* (2. Aufl.). Konstanz: UVK Verlagsgesellschaft.

Großkurth, W.M. & Handke, J. (2016). *Inverted Classroom and Beyond: Lehren und Lernen im 21. Jahrhundert*. Marburg: Tectum

Howahl, S. (2018). Inklusiv Gestalten, Tanzen und Darstellen. von kleinen und großen Stücken. In S. Ruin, F. Becker, D. Klein, H. Leineweber, S. Meier & H.G. Uhler-Derigs (Hrsg.), *Im Sport zusammenkommen. Inklusiver Schulsport aus vielfältigen Perspektiven* (S. 139–152). Schorndorf: Hofmann.

Klinge, A. (2015). Was Tanz kann. In Rat für Kulturelle Bildung (Hrsg.), *Zur Sache. Kulturelle Bildung: Gegenstände, Praktiken und Felder* (S. 31–33). Essen.

Klinger, W. & Schleip, R. (2015). Faszien als körpereigenes Spannungsnetzwerk: Anatomie, Biomechanik und Physiologie. In R. Scheip A. & Baker (Hrsg.), *Faszien in Sport und Alltag* (S. 15–23). München: Riva.

Körner, S. & Staller, M. (2020). Coaching Self-Defense under COVID-19: Challenges and solutions in the civilian. *Security Journal*. https://doi.org/10.1057/s412 84-020-00269-9

Mayring, P. (2010). Qualitative Inhaltsanalyse: Grundlagen und Techniken. (12. Aufl). Weinheim Basel: Beltz

Tiedt, W. (1999). Bewegungstheater. In W. Günzel & R. Laging (Hrsg.), *Didaktische Konzepte und Unterrichtspraxis* (S. 309–336). Baltmannsweiler: Schneider-Verl. Hohengehren.

Scherler, K. (2004). *Sportunterricht auswerten. Eine Unterrichtslehre*. Hamburg: Czwalina.

Zeaiter, S. & Handke, J. (2020). *Inverted Classroom – Past, Present & Future: Kompetenzorientiertes Lehren und Lernen im 21. Jahrhundert*. Baden-Baden: Tectum.

Autor*innenverzeichnis

Lucas Abel
Institut für Vermittlungskompetenz in den Sportarten
Deutsche Sporthochschule Köln

Benjamin Bonn (Dr.)
Institut für Vermittlungskompetenz in den Sportarten
Institut für Sportdidaktik und Schulsport (ehem.)
Deutsche Sporthochschule Köln

Peter Bickmann
Institut für Bewegungstherapie und bewegungsorientierte Prävention und
Rehabilitation
Deutsche Sporthochschule Köln

Birgit Braumüller (Dr.)
Institut für Soziologie und Genderforschung
Deutsche Sporthochschule Köln

David R. Buchanan (DrPH, Professor Emeritus)
School of Public Health and Health Sciences
University of Massachusetts, Amherst

Christian Büning (Dipl. Sportwissenschaften, B.Sc. Psychologie)
Institut für Tanz und Bewegungskultur
Deutsche Sporthochschule Köln

Ingo Froböse (Univ.-Prof. Dr.)
Institut für Bewegungstherapie und bewegungsorientierte Prävention und
Rehabilitation
Deutsche Sporthochschule Köln

Mai Geisen
Institut für Trainingswissenschaft und Sportinformatik
Deutsche Sporthochschule Köln

Marco Grawunder
Institut für Tanz und Bewegungskultur
Deutsche Sporthochschule Köln

Christopher Grieben (Dr.)
Institut für Bewegungstherapie und bewegungsorientierte Prävention und
Rehabilitation
Deutsche Sporthochschule Köln

Stephani Howahl
Institut für Tanz und Bewegungskultur
Deutsche Sporthochschule Köln

Petra Jansen (Prof. Dr.)
Institut für Sportwissenschaft
Universität Regensburg

Derya Kaptan
Institut für Tanz und Bewegungskultur
Deutsche Sporthochschule Köln

Simone Kieltyka (Dipl. Sportwissenschaften)
Institut für Tanz und Bewegungskultur
Deutsche Sporthochschule Köln

Stefanie Klatt (Jun.-Prof. Dr.)
Institut für Trainingswissenschaft und Sportinformatik
Deutsche Sporthochschule Köln

Maria Kosma (PhD, Associate Professor)
School of Kinesiology,
Louisiana State University, Baton Rouge

Markus Raab (Univ.-Prof. Dr. Dr.)
Psychologisches Institut
Deutsche Sporthochschule Köln

Daniel Rode (Ass.Prof. Dr.)
Interfakultärer Fachbereich Sport- und Bewegungswissenschaft/USI, Arbeitsgruppe Sportpädagogik, -psychologie und -soziologie
Paris Lodron Universität Salzburg

Helena Rudi (Dr.)
Institut für Sportwissenschaft
Johannes Gutenberg-Universität Mainz

Kevin Rudolf (Dr.)
Institut für Bewegungstherapie und bewegungsorientierte Prävention und Rehabilitation
Deutsche Sporthochschule Köln

Andrea Schaller (Univ.-Prof. Dr.)
AG Bewegungsbezogene Präventionsforschung, Institut für Bewegungstherapie und bewegungsorientierte Prävention und Rehabilitation
Deutsche Sporthochschule Köln

Gerrit Stassen
AG Bewegungsbezogene Präventionsforschung, Institut für Bewegungstherapie und bewegungsorientierte Prävention und Rehabilitation
Deutsche Sporthochschule Köln

Ilka Staub (Dr.)
Institut für Vermittlungskompetenz in den Sportarten
Deutsche Sporthochschule Köln

Claudia Steinberg (Univ.-Prof. Dr.)
Institut für Tanz und Bewegungskultur
Deutsche Sporthochschule Köln

Autor*innenverzeichnis

Chuck Tholl
Institut für Bewegungstherapie und bewegungsorientierte Prävention und Rehabilitation
Deutsche Sporthochschule Köln

Konstantin Wechsler (Dr.)
Institut für Bewegungstherapie und bewegungsorientierte Prävention und Rehabilitation
Deutsche Sporthochschule Köln

Tobias Vogt (Jun.-Prof. Dr.)
Institut für Vermittlungskompetenz in den Sportarten
Deutsche Sporthochschule Köln

Thomas Wendeborn (Univ.-Prof. Dr.)
Sportwissenschaftliches Institut
Universität des Saarlandes

Constantin Wirth (Dipl. Sportwissenschaften)
Institut für Kommunikations- und Medienforschung
Deutsche Sporthochschule Köln

Maren Zühlke
Institut für Tanz und Bewegungskultur
Deutsche Sporthochschule Köln

Zeitfracht Medien GmbH
Ferdinand-Jühlke-Straße 7
99095 Erfurt, Deutschland
produktsicherheit@kolibri360.de